W0201028

UN SI LONG MOIS DE FÉVRIER

DU MÊME AUTEUR

Le Printemps viendra. Femmes iraniennes, entre dedans et dehors, Racailles, « Zellidja », 2020

Clara Marchaud

UN SI LONG MOIS DE FÉVRIER

Histoire intime de la guerre en Ukraine

Plein Jour

La collection « Proche Europe » est dirigée
par Gwendal Piégais.

Les prénoms de certains personnages ont été modifiés.
La photo de couverture montre Anastasia et Volodymyr (voir p. 238).
unsilongmoisdefevrier.com

© *Plein jour, 2024*
www.editionspleinjour.fr

Les livres Plein Jour sont commercialisés
en partenariat avec la S. N. Anne Carrière.

ISBN 978-2-37067-100-4

À ma grand-mère

Borodyanka
Bou
Kyiv
Przemyśl
Lviv
Odess

Kramatorsk
Sloviansk
Kharkiv
Poltava
Severodonetsk
Louhansk
Dnipro
Donetsk
Zaporijia
Kherson
Marioupol
Bakhmout

© Vemaps.com

Rêver

« La nuit dernière, j'ai fait un rêve. Enfin, plutôt un cauchemar. Si vivant, si réel. Les tanks russes avaient finalement envahi l'Ukraine et nous devions partir de Kyiv. On fuyait sur les routes. Il y avait des queues sur des kilomètres pour rejoindre la frontière. Et puis les bombardements... Je me suis réveillée en sueur. Heureusement, ce n'était qu'un rêve. »

En janvier 2022, Myroslava me raconte sa nuit dans un de nos cafés préférés de Kyiv. L'un des nombreux coffee shops de hipsters de la capitale avec latte (du lait d'avoine) et grains de café moulus sous nos yeux. « Myra, c'est de la folie, ce n'est que dans les films, ça n'arrivera jamais », lui dis-je – aussi sûr que deux et deux font quatre. Face aux immenses baies vitrées, entre deux murs d'un blanc immaculé, un programmeur pianote des lignes de codes, un artiste prépare une prochaine exposition, une femme d'affaires discute sur Zoom. Ce n'est pas l'image qu'on se fait d'un pays au bord du plus grand conflit du XXIe siècle. La guerre ne se voit pas, mais elle s'entend : les conversations sont les mêmes à toutes les tables. Faut-il refaire la cuisine si on doit fuir dans un mois ? Doit-on annuler l'événement avec « tout ce qu'il se passe » ? Dois-je faire réparer mon ordinateur ? Si la guerre commence je ne pourrai pas le récupérer au magasin.

Je connais Myroslava depuis des années. Je l'appelle « Myra » ou « Myrossia », un diminutif affectueux en ukrainien. Elle vient juste d'emménager dans un superbe appartement près de la gare de Kyiv, un deux-pièces avec de hauts plafonds. Dans le couloir, une petite mezzanine fera office de confortable coin télé ou lecture. Myra, en déménageant, a résisté au bourdonnement des chars russes massés à la frontière, aux images satellitaires qui montrent en boucle des blocs noirs dans la neige, de plus en plus nombreux, disposés comme d'effrayants Lego, en rang d'oignons. En grande résistante, elle vient même d'acheter des meubles chez Ikea. Après tout, elle s'apprête à vivre dans cet appartement pendant plusieurs années. Cela faisait des mois qu'elle le cherchait. Plutôt calme, central, pas trop cher. Un an plus tôt, elle m'avait laissé sa chambre dans une colocation à Obolon, un quartier dortoir du nord de Kyiv qui borde le Dniepr. Ses recherches l'avaient tout d'abord amenée dans un studio avec des cafards et des voisins gênants, avant de trouver sa perle rare. Sa nouvelle cuisine est magnifique, avec une *evroremont,* une « rénovation à l'européenne », gage de qualité, ce qui signifie que les murs ne tombent pas en ruine.

Après mon master de journalisme et un court contrat en France dans une agence, je me suis installée en Ukraine en février 2021 comme journaliste indépendante pour remplacer deux confrères. J'avais terminé une licence sur l'Europe centrale et orientale, et appris le russe au lycée et à l'université. En 2016, j'avais découvert l'Ukraine.

C'était mon premier projet de journalisme, réalisé grâce à la fondation Zellidja, qui finance des voyages en solitaire pour les jeunes de 16 à 20 ans. À 18 ans, encore étudiante, j'avais donc parcouru en sac à dos l'Ukraine pendant un mois pour faire des portraits d'Ukrainiens. J'avais rencontré des amis, dont l'un deviendrait mon compagnon. Puis, au fil des années, j'ai fait la connaissance des personnes que vous découvrirez dans les pages suivantes. J'ai commencé à apprendre l'ukrainien par curiosité après un stage d'été à Kyiv.

Quand j'ai commencé à travailler en Ukraine – l'un des premiers postes de ma jeune carrière –, j'étais comblée de pouvoir exercer ce que je trouve être le plus beau métier du monde : correspondante à l'étranger. J'étais fière de raconter les évolutions d'une société, les soubresauts politiques, de créer des ponts entre des pays, de participer à cette tâche difficile qui consiste à éclairer les événements. À partir du début 2021, les tanks russes massés à la frontière sont devenus, malheureusement, mon principal sujet d'écriture.

À l'automne 2021, les renseignements américain et ukrainien avaient estimé que jusqu'à 100 000 soldats russes se livraient à « des exercices » à la frontière. En janvier, l'invasion n'était toujours qu'hypothétique mais elle était sur toutes les lèvres. Juste après les fêtes de Noël et du Nouvel An ukrainien, lors des négociations avec les pays membres de l'OTAN, les Russes ont lancé ce qui ressemblait à un ultimatum. La monnaie ukrainienne, la hryvnia, chutait, le rouble aussi. Même dans les bars, la télé restait maintenant branchée sur les infos, signe que la situation était grave. Contrairement aux Français, les Ukrainiens aiment boire sans écouter les infos en boucle. C'est à ce moment-là que Myra m'a parlé de son cauchemar. Sur la ligne de front, dans le Donbass, les combats étaient les plus intenses depuis 2016. Mon compagnon, qui vit à Paris, est revenu en Ukraine pour la Saint-Valentin. Cela faisait plusieurs années qu'il travaillait en France, où il m'avait rejointe quand je faisais mon master, et où il occupait désormais un emploi d'ingénieur. Sauf que depuis un an, j'étais de nouveau partie... dans son pays. Nous faisions des allers-retours, le temps de nous réinstaller tous les deux en Ukraine. Mais la menace d'une guerre empêchait de nous projeter dans l'avenir.

«Je n'arrive pas à croire que j'en suis à réfléchir à des plans en cas de guerre. La Russie se considère comme notre grand frère, elle croit qu'elle peut décider de notre futur. Je ne vais quand même pas partir, c'est ici chez moi. Je ne veux pas être une réfugiée», poursuivait Myra en sirotant son cappuccino. Elle a perdu la tête, me disais-je, ce n'est que dans les films ou dans les livres d'histoire que l'on voit des millions de personnes fuyant sur les routes. L'image me renvoyait à ce qu'avait vécu ma grand-mère, qui, du haut de ses 4 ans, en 1940, regardait, intriguée, derrière les jupons de sa mère, les conséquences de la débâcle. Sur la nationale 585, à l'orée de son petit village de Haute-Loire, des milliers de personnes désemparées fuyaient l'avancée de l'armée allemande dans le nord du pays. Les plus chanceux avaient des voitures ou des charrettes, les autres, à pied, traînaient des malles et des paquetages en tirant leurs enfants derrière eux.

Huit à dix millions de civils s'exilèrent, soit un quart de la population française de l'époque. À peu près la même proportion que le nombre de réfugiés et de déplacés ukrainiens aujourd'hui. Quand ma grand-mère me racontait ce souvenir, j'avais environ 12 ans. Assise sur son vieux canapé couvert d'un patchwork, je trépignais de curiosité. « C'était comment la guerre ? » C'était il y a quatre-vingts ans, mais elle s'en souvenait comme si c'était hier. Le cousin de sa mère fusillé pendant l'Occupation, le bombardement du maquis par les Allemands en 1944 « pendant qu'on gardait les vaches, on a vu l'avion et on s'est blotti contre un rocher avec ma sœur ». Elle revoyait encore son petit corps, tiraillé par la peur, recroquevillé contre la pierre alors que les détonations venues du village résonnaient. Depuis le 24 février, nous en parlons souvent. Quand elle me l'avait raconté la première fois, j'avais imaginé des images en noir et blanc. La guerre était un souvenir du passé pour moi. Un pan d'histoire à jamais derrière nous. Désormais, ces images ont pris de la couleur, de la substance, elles ont pris vie, nourries par des expériences que je pensais ne jamais connaître.

*

Un soir, en rentrant à la maison, je trouve Anastasia, ma colocataire, un thé dans les mains, pensive face à la fenêtre de la cuisine. Dans notre quartier-dortoir, nous habitons dans une *khrouchtchevka*, un de ces immeubles en béton construits en masse à partir des années 1960 (nommés d'après Nikita Khrouchtchev, à la tête de l'URSS de 1953 à 1964). Originaire d'Odessa et journaliste à la télévision publique, Nastya est tout aussi lasse que moi de ne traiter que de la guerre au travail. Les médias locaux expliquent patiemment depuis des semaines comment trouver le bunker le plus proche et préparer sa « valise d'urgence ». Mais nous, nous n'y avons pas vraiment réfléchi. Qu'est-ce qu'on fait si *ça* arrive ? Où se réfugiera-t-on s'ils bombardent ? La cave est humide et fermée. L'école à côté ? Pas sûr qu'elle sera ouverte. Finalement, notre refuge sera le métro, à sept minutes à pied. On ne se rend pas bien compte si ça fait loin, car on ignore l'intervalle entre une sirène et l'arrivée des missiles – je l'ai appris plus tard : de dix à trente minutes environ, trois minutes pour les plus rapides. Et puis, « au pire », on ira dans le bunker de la télévision. C'est du solide, il a été construit pendant la guerre froide. Léra, mon autre colocataire, nous charrie, et balaye d'un revers de la main : « Ça n'arrivera pas. »

Notre quartier, Obolon, est en bordure de la ville. Depuis la fenêtre de la cuisine, on voit l'horizon qui s'étend au nord jusqu'au Belarus, là où les troupes russes sont massées. « En tout cas, s'ils viennent, on sera les premiers sur leur chemin », dis-je en plaisantant. Je montre fièrement à Nastya quelques réserves de nouilles lyophilisées et de gâteaux secs que je cachais dans le placard de peur qu'elle ne se moque de moi. Quelques jours plus tard, le 19 février, sur les conseils des autorités ukrainiennes, je prépare ma « valise d'urgence ». Sans trop y croire, je jette dans un vieux sac de sport des barres de céréales, des vêtements chauds, mes papiers...

Chacun pèse le pour et le contre. Partir pour fuir une menace invisible ou rester à l'attendre ? Diana, une voisine et amie, et son copain Denys refusent de repousser leur voyage au Sri Lanka : ils en rêvent depuis longtemps et ils ont économisé pour se l'offrir. Un autre ami ingénieur, qui vient de démissionner, me dit, lui aussi, qu'il pense partir en vacances à l'étranger. Au cas où. « Je ne veux pas avoir à choisir d'aller combattre. » Après la Saint-Valentin, il part dans les îles Canaries avec sa copine et je me moque de lui, ce déserteur de luxe.

Myra pense se réfugier à Lviv chez sa sœur. Son entreprise d'informatique commence à délocaliser ses employés en Europe centrale et on lui a proposé un poste dans les ressources humaines en Pologne. Pour les ingénieurs en informatique, les salaires à Kyiv sont à peu près les mêmes, et les impôts en Ukraine ne s'élèvent qu'à 5 %. Elle hésite. Myra a toujours voulu vivre à l'étranger, elle parle turc, anglais et aime voyager. Elle revient d'ailleurs d'Italie, où elle était avec notre amie Myla. Depuis 2017, les Ukrainiens n'ont plus besoin de visa dans l'Union européenne, et, puisque des vols low cost pour Paris doivent être lancés au printemps, nous prévoyons un voyage à Paris. Une amie de France doit également venir en avril pour découvrir la capitale ukrainienne. Seuls nos parents et nos grands-parents gardent le souvenir de la guerre froide. En Ukraine comme en France, pour les gens de ma génération, nés avec l'indépendance, le soviétisme est un temps révolu. À l'instar de la plupart de mes amis, Myra sortait à peine du lycée quand elle a participé à la révolution de Maïdan. Elle n'a jamais vécu en URSS. Comment être nostalgique d'une époque que l'on n'a pas connue ? En France, mes amis, entre 20 et 30 ans, voient l'Ukraine comme un pays dynamique, connu pour sa scène techno qui fait de Kyiv le « nouveau Berlin ». Un pays qui n'est plus un « pont entre l'Est et l'Ouest », mais fait pleinement partie de l'espace européen. Ainsi, souvent, mes amis ukrainiens, lorsqu'ils viennent en France, entrent gratuitement au musée, car au guichet tout le monde pense qu'ils appartiennent à l'Union européenne. La seule chose qui rappelle que l'Ukraine n'est pas dans l'Union, c'est qu'un autre pays peut l'attaquer du jour au lendemain.

On ne cite pas l'année quand on parle de la vie d'avant, on dit juste « avant le 24 février ». La vie se divise désormais entre l'*avant* et l'*après*. Et l'après semble aussi long qu'un jour qui durerait des années. Ce que les historiens appellent le temps *autre* de la guerre. Comme si les jours étaient mille fois plus intenses et rapides, et mille fois plus lents en même temps. Quand finira enfin ce jour de février ? Dans cette temporalité autre, tous les paradigmes changent : la sécurité, les relations, les émotions, le rapport au corps, aux autres. Ce sont ces transformations que j'aimerais raconter dans les prochains chapitres. Pour que vous compreniez un peu mieux Myra, Myla, Denys, Diana, ainsi que tous ces Ukrainiens et Ukrainiennes qui traversent une guerre totale depuis deux ans. En rentrant pour la première fois en France, après le début de l'invasion, j'ai compris que je ne vivais plus tout à fait dans le même espace que vous. J'avais tout d'un coup l'impression d'être étrangère dans mon propre pays. Mes proches ne me comprenaient plus. Un gouffre d'expérience nous séparait. Tout d'un coup, je lisais dans les yeux de mes amis français une distance incroyable. L'Ukraine, désormais, c'est la guerre. Et la guerre, ça n'arrive que chez les autres, comme en Syrie ou en Afghanistan. En décidant d'envahir l'Ukraine, Poutine a lié l'histoire entière d'un peuple, d'une nation, d'un territoire, à la guerre. Et ce pour des générations. Ce n'est pas seulement une tentative d'effacer le passé, ou de maîtriser, au présent, la vie de millions de personnes, c'est le rapt de l'avenir et des rêves.

Pour rêver, il faut pouvoir penser le futur. Selon un mécanisme bien connu des psychologues, la plupart des gens que j'ai interviewés près de la ligne de front ou dans des villages libérés, parfois après des mois d'occupation, ne peuvent pas donner la chronologie des événements. La violence inonde le présent. Le passé s'éloigne, mais le futur semble inaccessible, inexistant.

Avant l'invasion, le temps semblait déjà suspendu. Le 21 février, à Marioupol dans le Donbass, l'ambiance était étrange, même si aucun signe de panique n'était perceptible. Avec mon confrère Fabrice Deprez, nous y avions rencontré plusieurs activistes, notamment dans un incubateur de start-up. Un programmeur regardait sur son ordinateur s'afficher d'un côté des lignes de code et de l'autre la réunion du conseil de sécurité convoquée par Vladimir Poutine. Ce centre avait été inauguré en grande pompe en 2019 par le président ukrainien Volodymyr Zelensky, qui entendait faire de Marioupol une vitrine du renouveau du Donbass. « Investir dans la tech, ce n'est pas comme investir dans un restaurant, le virtuel ne peut pas être détruit, affirmait Maria, 30 ans, qui avait grandi ici. Paradoxalement, la ville s'est beaucoup développée depuis le début du conflit en 2014. » Fan d'arts du spectacle, elle me parlait du théâtre d'art dramatique qui s'apprêtait à présenter sa première saison en ukrainien. Je me disais que je reviendrais un peu plus tard pour faire un sujet, quand le beau temps permettrait de profiter de la mer. On s'était quittées en se disant « à cet été ». En partant, avec mon collègue, nous nous sommes arrêtés à Kharkiv pour faire un reportage à la frontière. Le 23 février, en allant me coucher dans mon hôtel dans cette ville à 30 km de la Russie, je pensais encore que la guerre était impossible. Les 200 000 soldats à la frontière étaient là pour un exercice, pour intimider l'Ukraine. Poutine était rationnel, il n'attaquerait pas. Zelensky tenta de l'appeler une dernière fois. « Le résultat est le silence », nous apprit-il. Pourtant, l'avenir existait encore, le rêve était encore permis.

Se réveiller

Échanges de messages sur notre groupe de coloc. Appartement 68.

24/02/2022, 12:26

Moi : Les filles, vous êtes où ? Ça va ?

Nastya : Tu es où ? Je suis au travail.

Léra : Je rentre chez moi à Odessa, on a mis longtemps à sortir de Kyiv. Je vois comment ils bombardent depuis le périph. Et à Odessa aussi ils bombardent. Tu es où ?

Moi : Je suis sur la route de Kyiv.

Nastya : Personne ne bombarde ici.

Léra : Peut-être que toi tu n'entends pas ! À Podil*, il y a eu des explosions. Et à Brovary**, à Boutcha.

Moi : J'étais à Kharkiv en reportage mais on est partis, là-bas ça bombardait beaucoup.

Nastya : Léra, regarde sur le live de *Hromadske****, il y a toutes les infos à jour et vérifiées.

Moi : Il y a de l'argent dans les distributeurs à Kyiv ?

* Un quartier central de la capitale.
** Ville au nord-est de la capitale.
*** Média ukrainien en ligne.

Léra : Oui, mais il y a une limite aux distributeurs, tu ne peux pas retirer plus de 100 000 hryvnias en liquide je crois.

24/02/2022, 17:22

Moi : Les filles, ça va ?

Nastya : Je travaille, ce soir je vais passer la nuit au bureau. Tu es à 100 km de Kyiv, c'est ça ?

Moi : Oui.

Léra : Je suis déjà à Odessa, je vais au village chez ma grand-mère. On fait nos affaires avec ma mère et mon petit frère. Ce sera plus calme.

Nastya : *Vse boude dobre**.

Moi : On a une cave ?

Léra : Franchement, je sais pas.

Nastya : On a le métro. J'ai foncé à la station ce matin, ce n'est pas très loin.

Léra : Oui, il y a des gens qui attendaient dedans aujourd'hui.

24/02/2022, 18:55

Nastya : Clara, tu es déjà à la maison ?

Moi : Non, je vais dormir avec des collègues à l'hôtel car je n'arriverai pas à la maison avant le couvre-feu.

Nastya : Si demain c'est suffisamment sûr, on ira à la maison ensemble.

Moi : Oui, oui, on ira demain.

* « Tout ira bien », en ukrainien, avec un emoji du drapeau ukrainien.

25/02/2022, 9:14
Moi : Je ne suis pas à la maison, ça tire là-bas.
Nastya : Oui...
Léra : N'y va pas !! en ce moment tout se passe là-bas !

*

Nastya, 24 ans, Kyiv

À six heures du matin, mon téléphone sonne, ma mère m'appelle depuis Odessa avec la voix tremblante : « Nastya, ils bombardent ici. Dépêche-toi, la guerre a commencé. » Depuis des mois, la tension montait, montait, et alors qu'on se mettait à penser qu'elle monterait indéfiniment sans jamais relâcher, tout vient d'exploser. En entendant maman, je me mets à paniquer. Je me lève et j'ouvre les rideaux, des missiles sont déjà tombés dans le centre-ville de Kyiv. Dans le ciel, je le vois aux traînées blanches qu'ils ont laissées derrière eux et aux colonnes de fumée provoquées par les impacts. Depuis le neuvième étage, nous avons une vue sur le centre-ville et la tour de télévision où je travaille. « Maman, ne raccroche pas, parle-moi, je perds la tête. » Les explosions ou les tirs résonnent. « Nastya, je suis terrifiée comme toi, je dois y aller, courir aux abris. » Les explosions continuent. « Non, maman, je t'en supplie parle-moi, parle-moi, je deviens folle, j'ai peur, qu'est-ce que je dois faire ? »

J'ai fini tard hier soir à la télévision, mes jambes, épuisées, ne me portent plus. J'ai fait onze directs depuis le Parlement pour la chaîne, onze ! C'est mon record absolu, je suis rentrée à la maison en me disant que, ça y est, je suis une star. Les députés eux-mêmes m'ont dit de ne pas m'inquiéter : ils resteraient à leur poste, rien n'allait se produire. Tout est sous contrôle, ce n'est que du bluff de la part de la Russie. Comment j'aurais pu ne pas les croire ? Maman m'aide à reprendre mes esprits même s'ils bombardent aussi chez elle, à Odessa. Et mes amis à Kyiv, est-ce qu'on se reverra ? J'entends ma coloc Léra, qui vient d'Odessa, comme moi, pleurer dans sa chambre. Habituellement, nous ne sommes pas très proches, mais je vais la voir et on se fait un câlin en larmes toutes les deux. Elle, elle a décidé de retourner à Odessa. Je n'irai pas avec elle, je dois aller au travail.

Je prends ma valise d'urgence avec des vêtements et de la nourriture que j'avais préparée au cas où, et me voilà à foncer vers le métro. Je marche d'un pas rapide mais sans courir pour montrer que je garde la tête froide et que je ne m'affole pas. Beaucoup de gens font pareil. À première vue, tous les passants ont l'air tranquille mais, si tu regardes de plus près, ils sont au téléphone, ils se dépêchent, ils portent de gros sacs. Certains pleurent. Je prends une vidéo de notre Dream Town jaune, le centre commercial en face de la maison. Tout a l'air calme et en même temps il n'y a rien de calme. Les habitants du quartier font la queue devant la pharmacie, la panique démarre et ils essayent de tout acheter. Je n'ai pas eu le temps de me maquiller, j'ai une sale tête, j'ai toujours la tresse avec laquelle j'ai dormi. En descendant dans le métro, c'est le choc, il y a déjà du monde, des gens avec des matelas de camping, des valises, vraiment des valises. C'est clair : ils partent. Et les enfants...

c'est insoutenable de les regarder. Tu ne sais pas s'ils seront vivants ce soir. C'est un sentiment terrible. Ça y est, les enfants, la guerre a commencé.

J'arrive au bureau, je commence à écrire des trucs. Je suis journaliste, il faut que j'informe. Les Ukrainiens ont besoin d'informations. Mais rien n'est organisé. Il se passe tellement de choses, on ne parvient pas à suivre, à vérifier. La rédaction a créé un document partagé en ligne sur Google Docs rempli par chaque journaliste, que le présentateur doit lire à l'antenne, mais très vite il y a cinq cents entrées. « Bombardements à Kyiv et dans sa région, à Kharkiv, Dnipro... », « Aéroports et espace aérien fermés », « Tirs d'artillerie sur la frontière », « Dix-huit avions IL-76 russes se dirigent vers Kiyv pour atterrir ». Soudain, des hélicoptères volent dehors, tout le monde court partout. Le rédacteur en chef nous ordonne de descendre aux abris. Je suis impressionnée par sa force. Il a des enfants, une famille restés seuls à la maison et malgré le stress, il est venu, c'est un des seuls chefs présents. Mais, brusquement, il se lève. « Je m'en vais. » Il nous dit au revoir, va rejoindre et sauver sa famille. Aujourd'hui, ils vivent toujours en Pologne, je crois. Au moment des adieux, j'ai peur pour lui, je me demande s'il va réussir à s'enfuir et à rester vivant. C'est terrible.

Je ne sais pas quoi faire, où aller. Au moins, il y a un abri ici, au bureau. Pour moi, un abri c'est la manne céleste. Ici, je serai en sécurité, donc je reste. Quand j'ouvre ma valise d'urgence – un petit sac de sport –, je me rends compte que j'ai pris un paquet de pâtes. Je ne sais pas ce qui m'est passé par la tête quand j'ai emmené ça. Comment je pensais les faire cuire ? À ce moment-là, je ne sais pas que je vais vivre deux semaines sous terre.

Le deuxième jour, la moitié de l'équipe décide de partir à Lviv, à l'ouest du pays. J'hésite. Est-ce que je dois partir avec eux ? Ils ont été très clairs : on n'est pas sûrs d'atteindre la destination. Les Russes contrôlent quasiment l'autoroute de Zhytomyr, vers l'ouest. Peut-être que, le temps qu'on s'en aille, l'autre voie, par le sud, sera déjà prise ? Et de toute façon les routes sont bouchées par les gens qui évacuent. Les Russes pourraient envoyer des obus sur les files de voitures. On voit déjà ce qu'ils font dans la région de Kyiv, ils tirent sur les convois d'évacuation. À Lviv aussi, il y a des bombardements. Je panique. Je crains de prendre cette décision. Je ne peux plus respirer. Svitlana, une autre journaliste, la seule du service région qui est restée, vient me voir. On a à peu près le même âge. Je pense qu'elle va me dire qu'on doit « faire notre devoir ». C'est la première idée que j'ai eue quand je suis allée au bureau hier matin, mais maintenant je n'ai plus vraiment la fibre héroïque. Moi, je vais défendre le pays ? Je ne sais rien faire ! Je n'ai même pas d'arme ! Et, de toute manière, je ne sais pas m'en servir. Svitlana s'agenouille près de moi. Mes larmes n'arrêtent pas de couler. « Écoute : soit tu vas à Lviv, et tu seras avec des inconnus, seule, sans savoir où t'installer, puisque tu n'y connais personne. Soit tu restes ici, dans l'abri, en sécurité, avec des gens que tu connais, avec qui tu travailles. » Le familier est plus rassurant que l'inconnu. Je suis ici chez moi, pourquoi devrais-je partir ? Je reste.

Les premiers jours, je ne sors pas du tout, j'ai trop peur. Notre Obolon, le quartier où se trouve notre appartement en colocation, est sur la ligne de front, donc je ne peux pas rentrer à la maison. À vrai dire, nous sommes tous bloqués ici. Nous avons deux gilets pare-balles pour cent journalistes. De toute façon, je ne partirai pas, je suis terrorisée. Je dors à même le sol dans la cave, elle est très profonde, au moins trois étages sous terre. Le sol est froid, sale et poussiéreux, mais au moins je me sens en sécurité.

Le bureau de la télé est surnommé le crayon à cause de la forme du bâtiment. Au premier étage, il y a un petit café. On nous a donné les clés. Les premiers jours, nous mangeons tous les gâteaux qui n'ont pas été vendus. Finalement, je fais cuire mon paquet de pâtes dans la cuisine du café. Il n'y a pas vraiment de réserves de nourriture. Dès le début, des policiers gardent la tour. Ils ont leurs femmes et leurs enfants avec eux qui attendent dans l'abri, le bunker. Les enfants des employés nous y rejoignent aussi. Bunker, abri, j'utilise les deux mots de façon interchangeable, mais j'apprends vite qu'un bunker est une véritable cache, datant souvent de l'époque soviétique, avec une porte blindée, alors qu'un abri peut être une cave, un parking souterrain, une cave à légumes. Normalement, les vrais bunkers doivent posséder au moins deux issues de secours pour pouvoir sortir si l'une est bloquée par les décombres lors d'un bombardement. Au bout de quelques jours, quand on comprend que cela va durer, qu'on ne va pas bouger, des bénévoles commencent à nous amener à manger, des conserves, du pain... Au sous-sol, les enfants, emmitouflés dans de gros manteaux, assis sur des poufs qu'on a trouvés dans les bureaux, s'occupent comme ils peuvent. Pendant que tous les adultes stressent et tournent en rond, ils jouent au jeu «les villes». C'est le jeu où, tour à tour, on doit nommer des villes en utilisant la dernière lettre de la dernière ville citée. Ils ont 12-13 ans. Je souris. Les enfants restent des enfants.

Au début, on n'a rien, il n'y a même pas Internet dans le bunker. Tu ne vois pas la lumière du jour, tu n'as pas de réseau, tu es vraiment coupé du monde et tu perds la notion du temps. Tu sais juste qu'aujourd'hui c'est le premier, le deuxième, le cinquième, le quinzième jour de guerre... Après quelques jours, des bénévoles relient notre bunker à Internet et nous amènent une télévision. On reste au sous-sol, on regarde des films. Nous avons même trouvé quelques feuilles de papier et des marqueurs. On dessine pour tuer le temps. Dehors, sur un arrêt de bus, il y a une pub pour des services funéraires. J'ai fait une grande affiche que j'ai collée dessus lors d'une de mes rares sorties: «Rabais pour les Russes.»

Après cinq jours, une sorte de routine étrange se forme. La peur s'éloigne. L'humain s'habitue à tout. Même au danger. Un jour, je reste dans le bunker quand tous les autres sont en haut, au café. L'un de mes collègues sait se servir du percolateur, donc il a proposé de s'occuper du café. Un petit plaisir. Quand ça fait des jours que tu te caches sous terre, rien qu'un expresso c'est le bonheur. Mais moi, je reste dans le bunker, je suis trop effrayée. Tout d'un coup, une énorme explosion. Le crayon tremble. Une secousse. Puis une deuxième. «Mais qu'est-ce qu'ils foutent, où sont-ils ?! » Soudain, mes collègues s'engouffrent dans le bunker. Je suis furieuse : « Pourquoi vous étiez en haut putain ? Pourquoi vous vous êtes mis en danger comme ça ? Tout ça pour un café. Je suis toute seule ici ! On est censés rester ensemble. » Nous sommes persuadés que le missile est tombé sur le sommet du crayon. Puis, tout de suite, en ouvrant notre téléphone, nous voyons la vidéo de la frappe sur la tour de télévision, juste à côté. Cinq morts, dont Ievhen Sakoun, le premier journaliste tué lors de l'invasion. Il avait dit à sa mère qu'il n'allait pas au travail aujourd'hui, pour ne pas l'inquiéter. C'est fou quand même : c'est à une minute à pied, mais on l'apprend par Internet. Qui se serait risqué à sortir pour aller voir ? On s'attend à une autre frappe. Après avoir repris nos esprits, nous allons au premier étage. Notre crayon n'a plus de fenêtres. Je suis toujours furieuse après les autres. Mais je comprends cette sensation : dans des moments comme ça, plus rien n'a d'importance, quand tu ne contrôles plus rien, tu acceptes et tu t'en fous.

Au début de la guerre, tu réfléchis plus ou moins à ce qu'il faut faire, tu penses que ça, c'est peut-être mieux, ou que ça, c'est pire, tu prends des décisions, tu fais des choix. Mais après tu t'en fous. Boire un café ou apprendre que quelqu'un s'est retrouvé sous les bombardements, qu'il se passe quelque chose à la maison, à la tour de télévision, à Lviv, que plus personne n'est vivant ou qu'ils sont tous encore en vie ; plus rien n'a de sens, tout est indifférent. Même deux ans après, je le ressens, ce sentiment. Je m'en fous. Avant, je pouvais faire des plans un peu à l'avance mais maintenant, je ne sais pas ce qu'il va se produire ce soir, si je serais encore vivante, alors je m'en fous. J'ai juste quelques règles en tête. S'il y a une sirène, il y a un danger. Si quelque chose tombe, il faut se cacher. « Nastya, cache-toi ! Tu veux te sauver ! Tu veux vivre ! » Il faut se le rappeler parfois. Mais, en dehors de ces règles, je m'en fous. Ce que je veux, ce que j'aime, le futur, le passé, ça m'est égal, ce qui compte, c'est ici et maintenant.

Pendant les deux semaines dans le bunker, on survit comme on peut. En pilote automatique. Chacun a fait son « lit » avec des cartons ou des chaises et des couvertures dans la grande pièce. Je dors derrière une colonne, loin de l'entrée. Je me suis dit que si les Russes débarquent en pleine nuit et nous tirent dessus, peut-être que je survivrais. C'est juste affreux de penser ça : que, quand tu vas te coucher, tu ne sais pas si tu vas te réveiller ou pas.

*

On entend la guerre avant de la voir. Le 24 février, je suis en reportage pour des journaux français dans l'est de l'Ukraine. Ce matin-là, il est 5 heures à Kharkiv quand je me réveille avec des bruits sourds venant du nord. Boum, boum, boum. Est-ce un camion poubelle ? Des feux d'artifice ? Ils ne s'arrêtent pas. Deux jours plus tôt, nous avons quitté Marioupol lorsque Vladimir Poutine a reconnu les républiques séparatistes autoproclamées de Donetsk et Louhansk comme faisant partie de la Russie. On s'attendait à une invasion là-bas, mais pas ici. Les bombardements continuent et sur mon téléphone je lis : « Vladimir Poutine annonce une "opération militaire" de "démilitarisation" et de "dénazification" de l'Ukraine. » Un sentiment d'horreur absolue, de vertige m'envahit. On s'y attendait, mais pas partout en même temps. Kharkiv, Dnipro, Kherson, Marioupol... Les noms des villes bombardées défilent sous mes yeux. L'adrénaline me sort de ma torpeur matinale. Je tambourine à la porte de mon collègue, Fabrice, dans notre hôtel datant de l'époque soviétique : « Réveille-toi, la guerre a commencé ! » Il dormait à poings fermés. Quand il se réveille le monde a changé.

Tous les signaux deviennent soudain clairs : il y a moins de vingt-quatre heures, sur la route menant à Kharkiv, des soldats par dizaines, assis dans des camions de transport de troupes, nous observaient, parfois en faisant des signes amicaux, alors qu'on avait crevé un pneu. Des obusiers, des lance-roquettes, des ambulances, des camions-citernes : la panoplie complète d'une opération militaire sur le point de démarrer. « On a encore quelques jours, ils vont juste renforcer la frontière », nous sommes-nous dit en comptant les véhicules. Mais qu'est-ce qu'on était cons.

J'étais dans ce déni de la guerre, bercée par l'idée qu'un pays ne pouvait pas en envahir un autre comme ça, du jour au lendemain. J'avais l'illusion qu'il restait au monde un peu de rationalité. Soudain, la violence inouïe, injuste, frappe. Et nos croyances s'effondrent. Depuis des mois, je décris « le pire scénario », parfois accompagné de l'adjectif « fantaisiste » : « Une attaque impliquant des frappes aériennes et d'artillerie, suivie d'assauts aéroportés, terrestres et amphibies, par l'est, la Biélorussie et la mer Noire. » Cet adjectif était une erreur. Et, maintenant, nous y sommes, nous vivons dans le pire scénario. La guerre totale et existentielle. Pour certains, la découverte des atrocités à Boutcha et Marioupol a été la prise de conscience. Mais, le 24 février, quand j'entends ces bombardements, c'est à ce moment-là que j'ouvre les yeux. Il est déjà évident que cette guerre sera sale. Comme la Tchétchénie, la Syrie. L'armée russe n'a pas changé, et si elle a changé, c'est en pire.

Mais pas le temps de digérer la nouvelle, de ressentir de la tristesse ou de la colère, il faut survivre. Notre hôtel ferme, nous devons rejoindre celui d'en face, un palace grouillant de journalistes. À cet instant, je n'ai pas encore toutes les connaissances statistiques propres au métier de reporter de guerre : un lance-roquettes multiple peut tirer 40 obus en moins d'une minute, la portée d'artillerie est environ de 40 km... Je sais juste que 40 km, c'est à peu près la distance où se trouvent les Russes et qu'un groupe de snipers ukrainiens a pris position sur le toit de notre hôtel. Une équipe de journalistes de télévision français, avec une pointe de sexisme, se moque de moi, qui demande comment nous pouvons nous en aller. Très sérieux, l'un d'entre eux nous dit : « Ne vous inquiétez pas, si les Russes arrivent, on peut toujours leur demander un visa. » Son fixeur, blême, me supplie en ukrainien de les convaincre de partir : « Je viens de Lviv, dans l'ouest du pays, les Russes pensent que nous sommes des nazis, et j'ai collaboré avec des journalistes étrangers. Quand ils arriveront ici, ils me tueront, ils m'arrêteront, qui sait ce qu'ils me feront», mais les journalistes refusent catégoriquement de quitter la ville.

Il est évident que le chauffeur qui devait nous conduire à la frontière ne va pas venir nous chercher. Nous n'avons pas de véhicule, pas de possibilité de quitter la ville ni même d'y travailler. Avec mon collègue, nous ne savons pas quoi faire. Aller voir dehors ou sur le toit ? Attendre ? Nous cacher dans le métro ou dans l'hôtel ? Nous débrouiller seuls et partir ? Chaque choix semble décider du reste de notre vie. Allons sur le toit pour voir. Doit-on mettre notre gilet pare-balles ? Prendre l'ascenseur au risque d'être bloqués par une coupure d'électricité ? C'est quand même vingt-cinq étages. Au sommet, je croise quelques journalistes scandinaves et américains. Certains portent des gilets pare-balles, d'autres non. Je m'approche de l'un d'eux pour demander quelques conseils en m'excusant «*Sorry, it's my first war*». Il répond d'un ton sarcastique «*congratulations*» et tourne les talons. À l'horizon, des colonnes de fumée se dessinent sur les lueurs bleues de l'aurore. Très vite, l'armée bloque l'accès au toit. C'est l'un des bâtiments les plus hauts du centre, le point de vue est idéal. Juste en face, un des plus grands hôpitaux de la ville et un centre de télécommunication. Des cibles parfaites en somme.

Nous n'avons pas de nourriture, pas d'eau et presque plus d'argent en liquide. Hier, dans notre autre vie, en mangeant au McDonald's en face de la gare, nous nous sommes dit que nous avions encore une journée. «Flemme, on a le temps, on ira faire les courses demain.» Je me demande pourquoi nous avons encore de l'électricité, du réseau, pourquoi les Russes ne détruisent pas ces infrastructures ?

Je sors pour tenter d'aller retirer de l'argent au distributeur. Dans la rue, certains fuient la guerre, d'autres semblent très clairement se rendre au travail. Sont-ils sourds ? Il est 6 heures, les supermarchés sont fermés. Quelques-uns commencent à faire la queue devant la pharmacie. Assise sur un banc, sous un soleil éclatant, presque insolent, une jeune femme originaire des quartiers nord de la ville, avec son chat Chanel dans les bras et une grosse valise rose, a l'air perdue : « Je ne sais pas où je vais, je ne veux pas vivre sous les bombardements. C'est une guerre civilisationnelle, une guerre contre la démocratie, mais la Russie l'a déjà perdue. » Non loin, un groupe de cinq hommes, certains en jogging, d'autres en treillis de chasse kaki, se retrouvent devant l'arrêt de métro. « Vous partez ? » Ils portent des bardas. « Rassurez-vous, on ne va nulle part, on restera jusqu'au bout », nous disent-ils. Nous arrivons au distributeur de billets, tout près de l'immense place où se tenait la statue de Lénine jusqu'en 2014, à côté du bâtiment de l'administration régionale. Nous craignons tellement que les esprits s'échauffent que nous essayons de retirer beaucoup d'argent. Il y a une limite de 10 euros, donc ça prend du temps d'en retirer 200. J'ai honte. Et si on prend les derniers hryvnias ? Tous les habitants en ont autant besoin que nous. Mais tout le monde reste calme, tout le monde ressent la même angoisse diffuse, le même choc, la même sidération. Comment ont-ils pu faire *ça* ? La deuxième ville d'Ukraine, Kharkiv et ses 1,4 million d'habitants, n'est qu'à 40 km de la Russie. On parle russe sans problème dans la région. Le centre-ville a été construit par l'Empire tsariste et l'URSS. Des Russes ethniques se sont installés ici. Près des deux tiers de la population ont de la famille de l'autre côté. Peut-être que là-bas, ils vont se réveiller et manifester ? Ils ne peuvent quand même pas laisser faire ça, non ?

Les certitudes s'effondrent. La vie s'effondre. J'ai promis à mes parents que je partirais du pays avant la guerre. Mais je ne pensais pas qu'elle serait partout. Je ne suis pas reporter de guerre. Mais c'est trop tard. C'est fait. Je ne suis plus la même personne. Rien ne sera plus jamais comme avant. Une fois que l'on voit la violence, elle devient plus acceptable.

Face à la bataille qui s'annonce, quand, par un coup de chance, nous découvrons une voiture qui s'en va avec des personnes à bord, nous décidons d'en profiter, Fabrice et moi. Faute de place, on doit abandonner nos affaires. Entre mon sac de rechange et mon gilet pare-balles, le choix est vite fait. Je fouille rapidement pour retrouver des cartes postales de Marioupol qu'un artiste nous a données il y a quelques jours lors d'une interview. C'est trop important. Dans quelques jours, il sera probablement mort et la ville n'existera plus. Fabrice tente de négocier un passage à la gare : il veut chercher une de ses amies journalistes. Je me dis qu'elle se débrouillera et trouvera un train, dans un sentiment de « sauve-qui-peut » qui me dégoûte. Ce n'est pas moi. Le chauffeur, déjà payé par une agence pour évacuer un journaliste vers Kyiv, accepte d'abord de nous prendre gratuitement ; puis se reprend et nous demande 500 euros chacun. Je ne négocie pas. Nous sommes dans sa voiture et ses enfants sont restés chez lui sous les bombes. D'ailleurs, un peu plus loin sur le chemin, il appelle sa femme, paniquée, qui est restée dans la cave avec ses enfants. Elle le supplie de revenir. Il dit que la situation va se calmer, qu'il va encore faire quelques allers-retours avant de les évacuer. Nous passons par de petites routes vers le nord pour éviter les bouchons. Notre 4x4 s'enfonce dans la boue dont avaient tant parlé les experts militaires. « Il n'y aura pas d'invasion à cause de la *raspoutitsa*, la saison des mauvaises routes », analysaient certains il y a une semaine. Et voilà où l'on en est... on va mourir là, comme des cons, dans la boue, en poussant la voiture au milieu de petits bourgs tranquilles qui plus tard seront des champs de bataille. Les bombardements se sont arrêtés, comme si les Russes avaient fait des tirs de sommation ce matin. Quand on rejoint la banlieue de Kharkiv, des familles traînent leurs valises et fuient à pied. Certains portent des enfants, des chiens et même un perroquet dans une immense cage bleue. Sur des centaines de kilomètres, la route de l'exil et du malheur s'étire vers Kyiv : des centaines de milliers de véhicules dans un sens, remplis à ras bords, même des tracteurs, et, dans le sens inverse, des colonnes d'équipement militaire qui avancent difficilement vers le front. Un *smerch*, un lance-roquette multiple, les orgues de Staline, une horrible machine qui « nettoie » une zone. Dans la voiture, je ne dors pas. Nous ne parlons presque pas. Rien ne sera comme avant, rien ne sera comme avant, rien ne sera comme avant. À une petite trentaine de kilomètres de Kharkiv, un papi pêche sur le lac. Un autre taille sa haie, comme si les milliers de voitures arrêtées devant lui étaient une vue de l'esprit. À la radio, j'entends la chanson *Ne tvoyia viyna*, « Une guerre qui n'est pas la tienne », écrite en 2015 par le groupe Okean Elzy, au plus fort de la guerre du Donbass. Et je pense à ceux qui sont partis se battre, pour que nous puissions être vivants.

Un combat au point du jour. Le soleil et la fumée
Peu savent ce qu'il adviendra d'eux
Quels lendemains pour leurs jeunes pensées
Pour certains l'espoir et pour d'autres la peur

Les branches de l'obier* vacillent et chancellent.
Maman, qui nous faut-il donc prier ?
Combien encore d'enfants te prendra-t-elle,
Cette guerre qui n'est pas la tienne ?

Douze heures plus tard – contre six habituellement –, nous parvenons à Kyiv. Un checkpoint a pris place à l'entrée de la capitale. Le couvre-feu est à 21 heures, je n'aurai pas le temps d'arriver chez moi, à Obolon. Les colonnes de fumée, conséquences d'explosions, parsèment la ville. Les rues sont éclairées mais vides. La plupart des hôtels ont fermé, mais je réussis à négocier une chambre dans l'un d'eux, un des plus beaux hôtels de luxe que j'aie jamais vus. Le réceptionniste accepte de nous prendre « exceptionnellement » avec Fabrice car j'habite dans le nord. « Nous vous donnons la chambre pour une nuit

* *Kalina*, en ukrainien. La viorne obier, un arbuste donnant de petites grappes de baies rouges, est le symbole national de l'Ukraine.

seulement pour des raisons humanitaires»... mais pour 250 euros. Tout va bien. J'irai chez moi demain. Je tente de nettoyer la boue de l'unique pantalon dont je dispose, en écoutant des filles chanter à fond de la musique pop russe dans la chambre voisine. Ça me fait sourire. Nous sommes encore en vie, après tout il faut s'en réjouir. Pendant quelques minutes, l'adrénaline qui me plongeait dans un état frénétique s'éteint. Reste la terreur. «Fabrice, ce ne sera plus jamais pareil, je ne vais pas rentrer chez moi demain, ils vont tous nous tuer, les journalistes qui ont trop écrit sur les Russes se barrent. Ça va être un tapis de bombes, ça va être Grozny. Et après ce sera la *zatchitska*, l'opération de nettoyage. Ils vont nous tuer, et moi je suis une femme. Tu sais ce qu'ils font aux femmes, ils nous violent. Tu sais ce qu'ils ont fait en Tchétchénie, ils violent même les hommes, avec des bouteilles et des crosses de fusils.» Ça bombarde dehors. Est-ce qu'on va se réveiller demain?

Dans toutes les premières interviews, une phrase revient comme une rengaine. *Ne vkladayet'sya v holovi*, «ça ne s'imprime pas dans ma tête». Pour beaucoup, cette invasion est un choc, suivi d'un moment de sidération, l'entrée dans un état second, fait d'adrénaline envoyée par le cerveau pour permettre notre survie. Les psychologues parlent d'un état de stress aigu après une blessure ou l'exposition à un risque mortel. Il s'agit d'une défaillance de l'intégration normale et automatique des souvenirs, des perceptions, de l'identité et de la conscience. Les symptômes apparaissent au cours des quatre semaines suivant l'événement, durent au minimum trois jours, mais contrairement au syndrome de stress post-traumatique n'excèdent pas un mois. La guerre se loge jusque dans notre cerveau, retourne notre monde. C'est l'effondrement d'une croyance que l'autre est bon, de ce qui fonde le lien social. Si la guerre est possible, alors deux et deux ne font plus quatre ? En discutant avec des amis, en mars, nous faisons la liste des gens qui « y sont allés », comme on dit entre Ukrainiens, qui sont allés se battre. Les cousins de mon compagnon, avec qui nous avons passé Noël, son ami de lycée, le frère de Diana, Max, avec qui nous avons participé à un festival l'été dernier... La liste s'allonge. Et souvent avec cette idée en tête, pleine d'étonnement : « Lui ? Mais il ne ferait pas de mal à une mouche ! Il n'a jamais touché une arme, il n'est pas très sportif. » Ça ne s'imprime pas dans ma tête.

Et le choc va plus loin quand il s'accompagne de troubles dissociatifs. Dans une existence, la moitié des gens vivront une expérience de ce genre, souvent bénigne, comme quand vous avez une conversation très émotionnelle en voiture et que vous ne savez plus où vous allez. Le choc est tel que votre intégrité physique est rompue, le cerveau ne digère plus l'expérience. La continuité de la mémoire, de la perception, de l'identité, des émotions est rompue. Une femme que j'ai rencontrée à la gare de Lviv alors qu'elle fuyait était tellement choquée qu'elle n'était plus capable de me donner son prénom. Elle tremblait, sursautait à chaque bruit sec.

Souvent, les gens que j'interviewe ne peuvent pas me dire quand s'est passé tel ou tel événement, même si c'est le plus traumatisant de leur vie. Car le traumatisme, c'est avant tout l'événement que votre mémoire n'a pas eu le temps d'enregistrer. Mais le corps se souvient et restitue les sensations qu'il connaît. Les dates se mélangent tant que vous ne distinguez plus la nuit du jour. Pendant la première semaine, j'aurais été incapable de vous dire quel jour avait commencé l'invasion. Je savais que c'était le 24, mais était-ce hier, avant-hier, il y a trois ou sept jours? Et durant un mois, alors que j'attendais à Lviv que se termine la bataille de Kyiv, j'avais l'impression que c'était un mauvais rêve. Le manque de sommeil et le travail avec les déplacés, les soldats, les blessés, puis sur les crimes de guerre n'aidaient pas. La journée, j'étais en pilote automatique, je m'effondrais de fatigue le soir. Et chaque matin pendant des semaines, en me levant dans des appartements inconnus, je me disais que, «ouf, ce n'était qu'un cauchemar, je me suis enfin réveillée», avant de me rendre compte que la guerre était vraiment là.

La notion du temps change, vous êtes tiré du sommeil par les sirènes et les bombardements. Il n'y a plus de week-ends, plus de vacances. Ce qui compte, c'est de faire quelque chose et de survivre. Et quand vous avez enfin quelques minutes pour réfléchir, vous ressentez ce vide brûlant, viscéral au fond de vous: ce que la guerre vous a pris. Il se loge dans votre corps, dans votre conscience, vous vole l'avenir et le passé. La guerre, ce n'est pas seulement les champs de bataille, les bombes, les ruines, les tranchées, les uniformes. La guerre, c'est ce vide en vous.

Les jours s'écoulent en une seconde. Mais les nuits s'étirent... Parfois, vous dormez profondément tant vous êtes épuisé. Parfois, vous vous réveillez au moindre bruit. Lorsque je suis revenue pour la première fois en France, j'ouvrais les yeux à chaque avion qui passait dans le ciel. En Ukraine, la seule chose qui brise le silence de la nuit et du couvre-feu, c'est la sirène ou le bombardement.

Un soir d'hiver, en 2022, après plusieurs heures de coupure d'électricité, le chauffage central a cessé de fonctionner. Le thermostat descendait et les températures extérieures étaient négatives. J'avais déjà éteint les bougies et je regardais la lumière dehors. Ce n'était pas la lumière des lampadaires créant un dôme orangé rassurant sur la ville. C'était tout d'un coup la lueur froide de la lune, bleutée, qui aurait pu être belle mais se faisait menaçante, derrière la fenêtre couverte de scotch. Je l'avais collé en avril 2022 pour éviter les éclats et, depuis, j'observais l'extérieur barré d'une croix. Les fenêtres et la porte à double vitrage tenaient plutôt bien quand il y avait des bombardements, mais, juste derrière, donnant sur le balcon, celles en bois – non dénuées de charme – tremblaient tellement à chaque explosion que je m'attendais à ce qu'elles se brisent. Même si la détonation se produisait à plusieurs kilomètres, nous étions au neuvième étage dans un quartier où il y avait peu de bâtiments assez hauts pour arrêter le souffle.

Je me souviens d'une scène en particulier, un an après le début de la guerre.

Soudain, des sirènes lancinantes retentissent dans une pénible symphonie. Un présage funeste, puis, un lourd silence. Dois-je aller dans le couloir ? Aux abris ? Nastya et Léra ne sont pas là. Le dernier étage est le plus dangereux. Le fin toit de béton ne résistera pas à un missile ou même à ses éclats si la défense aérienne le détruit. Au même instant, les habitants du bâtiment d'en face, ceux du quartier partagent le même sentiment. Chacun, dans son lit, se pose la même question. C'est pour nous ? Ce n'est pas pour nous ? Tous, nous allumons la chaîne Telegram des forces aériennes : « Un avion russe survole la frontière. Il porte des missiles kinjal. » Après un an de guerre, tout le monde sait ce que c'est. Un bout de métal hypersonique et particulièrement puissant. « Est-ce qu'il tombera sur toi ? » « Le missile est lancé, direction sud. » « Direction Kyiv. » Cinq minutes, dix minutes, douze minutes. Explosions. De « bonnes » explosions. Des tirs partis de la défense aérienne. Et une détonation sourde dont l'écho s'étend sur la ville. Sur Telegram : « Bombardements à Kyiv. » Soulagement. Ce n'est pas tombé sur toi. Puis horreur. « Les secours sont en route, il y a des blessés. » Je cherche le quartier de la frappe. J'envoie des messages à mes amis qui y habitent. « Ça va ? Tout va bien ? Est-ce que c'est tombé chez toi ? » « Non, à côté, mais c'était bruyant. » Et, finalement, trois blessés, quatre, cinq. Un mort, deux morts. Non, ce n'était pas pour toi. C'était pour quelqu'un d'autre comme toi. Quelqu'un qui attendait dans son lit en lisant les infos sur son téléphone, en réfléchissant si cette fois encore il fallait se rendre dans le couloir ou rester au chaud encore un peu. En mai 2023, lors d'une campagne de bombardements, il y a eu des sirènes et des explosions quasiment tous les jours à Kyiv. Sur un mois, les habitants ont perdu 40 % de temps de sommeil. Entre le 24 février 2022 et le 28 mai 2023, les alertes aériennes ont duré huit cent quatre-vingt-sept heures. Près de trente-six jours. Demain, j'irai voir où c'est tombé. J'apercevrai les habitants en pyjama, errant devant leur maison éventrée.

Et puis je tenterai de compter combien d'entre eux ne se sont pas réveillés.

*

Quand Léra nous a envoyé les SMS sur le groupe de coloc, le 24 février, des avions de chasse ukrainiens fendaient le ciel au-dessus de sa tête. Ils étaient partis de l'aéroport militaire de Vassylkiv pour défendre la capitale, à 25 km au nord. Dans un énorme coup de chance, ma colocataire avait trouvé un homme qui fuyait la ville avec sa famille et proposait sur Blablacar une place pour Odessa. Départ immédiat. Assise sur la banquette arrière, elle n'avait pris qu'un pull de rechange et elle portait son légendaire survêtement fuchsia. Le seul vêtement qu'elle gardera pendant deux mois chez sa grand-mère, au village. Là-bas, il ne restait que ses vêtements d'enfant. Il n'y avait pas d'argent non plus. Le travail de Léra était à Kyiv, celui de sa mère à Odessa même. Ils ont tous vécu sur la retraite de la grand-mère, 115 euros, un tiers du salaire moyen.

Léra vient d'une famille modeste. Sa mère, célibataire, l'a eue jeune. À 26 ans, Léra, qui n'a pas fait d'études supérieures, a dû trouver un emploi pour pallier l'absence du père. Je la voyais seulement tard le soir après son travail de serveuse ou d'esthéticienne. Courageuse et débrouillarde, Léra travaillait quasiment tous les jours. Contrairement à Nastya, elle n'avait aucun intérêt pour la politique. Elle ne votait pas, ne manifestait pas, n'avait pas d'activité associative. Elle vivait hors de notre bulle d'activistes de Kyiv. Pour elle, la politique, c'était sale, et ce n'était pas l'affaire des gens lambda, dont les voix ne comptaient pas. Elle écoutait du rap russe dans sa chambre et ne comprenait pas pourquoi elle devait parler une langue plutôt qu'une autre. Je me souviens très bien de décembre 2021 : certains politiques appelaient à déplacer la fête de Noël du 7 janvier – la date célébrée en Russie, dans le calendrier orthodoxe – au 25 décembre, et Léra était mécontente : « Noël, une fête soviétique, et puis quoi encore ? Bientôt, on ne pourra plus fêter le Nouvel An ? » Comme beaucoup d'Ukrainiens, elle ne voyait pas vraiment la Russie comme un ennemi. Selon des sondages du Kyiv International Institute of Sociology (KIIS), jusqu'en 2014, 89 % des Ukrainiens avaient une bonne image de la Russie. En novembre 2021, seuls 13 % exprimaient une opinion favorable vis-à-vis du Kremlin, mais 76 % percevaient encore positivement le peuple russe, comme Léra. Avant, elle n'aimait certainement pas Poutine, mais elle n'avait rien contre les Russes : « Ils ne m'ont rien fait », « Tout n'est pas si simple », « Les fautes sont des deux côtés ».

Mais, ce 24 février, tout a changé pour elle, elle a ouvert les yeux. Tout à coup, on ne pouvait plus vivre en étant apolitique, en se foutant de la guerre. Cela a été un choc pour une partie des Ukrainiens, surtout chez les russophones. En mai 2022, trois mois après le début de l'invasion, ils n'étaient plus que 11 % à avoir une opinion favorable du peuple russe. Un monde s'était écroulé, celui où vivait le mythe des peuples frères.

Pendant plusieurs jours, Léra est restée scotchée aux infos, et, dehors, aux tanks extraits d'un vieux dépôt soviétique de la Seconde Guerre mondiale, semblables aux armes poussiéreuses qu'on sort d'un placard dans l'urgence. La plupart de ses amis d'enfance, marins au port d'Odessa, se sont retrouvés coincés à l'étranger. Mais d'autres sont revenus pour s'engager.

« Pendant trois mois, j'ai dormi deux heures par jour. J'étais constamment sur mon téléphone à suivre les nouvelles du front. Parce que tu as des gens à Kyiv, dans le Donbass, à Odessa, tu as peur pour eux. Tu suis frénétiquement les infos en espérant ne pas lire de mauvaises nouvelles qui les concernent. Ceux de mes amis qui ont pris les armes sont restés deux ou trois mois sans pause. J'étais dans un état de dépression. Le troisième mois, tu comprends que ça ne se terminera pas. C'est effrayant. Avec ma mère, nous sommes allées tisser des filets de camouflage pour les positions de nos gars. On aurait aimé faire plus. Mais on a vu aux infos que les Russes tiraient sur les volontaires qui évacuaient des gens. Donc on ne s'est pas impliquées davantage. On a vu ce qu'il s'est passé à Boutcha et Marioupol.

« On nous a proposé plusieurs fois de fuir à l'étranger, mais je ne voulais pas. Quand ce sera vraiment impossible de vivre ici, je partirai. Je ne reste pas parce que je suis une grande patriote. Je me sens bien ici, tout simplement. C'est mon pays, et je vis selon ses lois et ses coutumes, que j'ai suivies toute ma vie. Dans un autre pays, je devrais m'adapter à un autre système, à un autre mode de vie, et je ne veux pas. Je veux rester vivre ici, me développer, monter une PME, aller en vacances à l'étranger. J'ai des rêves simples, comme tout le monde. Je ne veux pas vivre dans un état d'anxiété constant, à attendre la prochaine alerte aérienne ou le prochain bombardement.

«En général, j'ai eu du mal à prendre conscience de ce qu'était la guerre avant de revenir à Kyiv, en mai 2022. Avant de voir de mes yeux la ville déserte, les check-points, les fortifications, la guerre semblait lointaine pour moi. Le 24 février, je ne l'avais pas vraiment vue ni entendue, ou, en tout cas, je ne m'en souviens plus. C'est comme si cela avait été effacé de ma mémoire. Chez ma grand-mère, au village, nous ne sommes presque pas sorties pendant trois mois. Alors pour moi, la guerre, c'étaient les images figées de villes en ruines et de tranchées que j'ai vues à la télé. Ce que j'imaginais que mes amis vivaient. Et là, de voir la ville dépeuplée qui avait résisté à l'attaque, cela m'a permis de visualiser, de faire comprendre à mon cerveau que nous vivons dans une nouvelle réalité.

«Dans la vie d'avant, les Russes répétaient tout le temps que nous étions frères. Je n'y avais pas vraiment réfléchi, comme beaucoup d'Ukrainiens d'ailleurs. En vérité, je pense que s'il n'y avait pas eu la guerre, nous aurions continué avec cette idée que nous pouvons être des nations fraternelles. S'il y a eu un temps dans ma vie où je voulais aller en Russie pour visiter, peut-être pour travailler, pour voir ma famille éloignée, aujourd'hui je ne veux rien avoir à faire avec ce pays. Je ne sais pas comment un jour nous pourrons nous parler à nouveau, avec mes parents en Russie. Ils ne s'inquiétaient pas pour nous, ils n'en avaient rien à faire de nous quand on se cachait des bombes. Mamie leur a écrit au début de l'invasion, et puis ils se sont disputés. Finalement, ces proches ne l'étaient pas tellement.»

Selon un sondage de 2021, la moitié des Ukrainiens déclarent avoir des liens en Russie, et de la famille pour 11 millions d'entre eux. Quand l'invasion à grande échelle a commencé, mon plus grand espoir ne venait pas de Kyiv, mais de Moscou. Tous ces gens vont forcément faire quelque chose, vont parler. Mais beaucoup ont davantage cru la télévision que leurs propres sœurs ou frères. Ils ne se sont pas levés, ils ont soutenu la guerre. La Russie restait dans un sommeil profond.

Marcher dans la rue

Le vide crée une sensation d'espace. Et pourtant ce matin, à l'aube, deux jours après le début de la guerre, il étouffe la ville. Des murs invisibles se referment sur nous. Kyiv va être assiégée. Des colonnes de fumée obscurcissent l'horizon. À la nuit de bombardements succède un silence imprégné d'horreur dans les rues dépeuplées. Même les vendeuses de rue ne sont pas là. Fichus sur la tête, des seaux de tulipes ou de jonquilles devant elles, ces *babouchkas* font partie intégrante du paysage urbain de Kyiv. Aussi sûrement que le soleil se lève tous les jours, les retraitées vendent leurs marchandises rue de l'Opéra, ignorant les révolutions, les tempêtes de neige et les bruits de bottes d'un voisin menaçant. Leur absence renforce l'impression que le monde s'est arrêté de tourner.

Tout paraît absurde, déplacé. Sur les murs du centre-ville, des graffitis que j'avais déjà repérés avant la guerre narguent les fuyards avec leurs valises : *Myr*, « Paix », inscrit noir sur blanc. Les publicités deviennent grotesques : un festival de musique, des réductions pour la Saint-Valentin, des appartements à vendre. « Il est temps d'acheter ! » Elles resteront longtemps sur les façades de la capitale. Le soleil d'hiver qui réchauffe la peau donne envie de se balader. Mais sortir est dangereux. Parfois, je marche en longeant les murs. L'estomac retourné par la peur, je regarde au loin pour vérifier que je n'aperçois pas des soldats, des saboteurs russes ou simplement des inconnus armés. Après tout, si quelqu'un me tire dessus maintenant, qui viendra l'arrêter ? Il n'y a plus de police, plus de lois.

D'autres fois, je marche au milieu de la rue déserte sans aucune émotion, l'air égaré dans une ville que je connais par cœur mais que je ne reconnais plus. C'est quand même chez moi, pourquoi devrais-je avancer à tâtons dans l'effroi ? Il n'y a absolument rien d'inquiétant ou d'anormal. Les oiseaux gazouillent, ignorent la tension qui tranche l'air comme un couteau. C'est bientôt le printemps. Mais pourquoi fait-il aussi beau ? Il est censé faire gris quand la guerre commence. La guerre doit être en noir et blanc. « Quelle chance vous avez d'être là, c'est Hollywood, vous vivez dans un film », me dit une grand-mère maquillée et coquette, assise sur un banc en face de chez elle. Je ne comprends pas, je lui demande de répéter. Kyiv ressemble plus à Paris confiné qu'aux films de guerre. Où sont les tranchées, les bombardements, les soldats héroïques, les ruines ? Où est l'ennemi ?

La ville respire comme un organisme dans le coma. Il faut s'approcher du métro pour trouver la vie. En face de la station Zoloti vorota, des effluves de café embaument l'air. Un homme est venu ouvrir son kiosque encastré dans un mur : un café ouvert, l'un des seuls de la capitale. Le quotidien devient un événement historique. Le barista a marché des heures pour venir au travail. Pourquoi est-il allé au travail ? « Parce que c'est ce que j'ai toujours fait. Parce que je n'ai pas peur. » Des habitants du quartier s'agglutinent près de sa fenêtre comme des abeilles autour d'un pot de confiture, s'accrochent à cette habitude quotidienne, devenue une forme de résistance. Serons-nous vivants demain ? Avant de retourner sur une position faite de blocs de béton et de sacs de sable, un soldat encombré d'une kalachnikov souffle sur son cappuccino brûlant. Hier matin, il faisait certainement la même chose chez lui, avec sa femme. Mais, aujourd'hui, l'homme ne maîtrise plus sa vie. Il est passé de l'autre côté. Pendant la guerre, le monde se divise soudainement en deux catégories : les soldats et les civils. Autour du kiosque, on échange des nouvelles du front. « Quelle est la situation au nord ? » « Ils ont pris l'aéroport de Hostomel. Ils avancent. » « Et à Obolon, vous savez ? » « Hmm... c'était bruyant hier soir mais ça semble calme ce matin, ils sont à la limite du quartier. » Mais c'était déjà il y a quelques heures. Dans quelques heures encore, j'irai peut-être chez moi. Ce soir. Ou demain. Mais s'ils sont déjà là ? Comment faire quand ton quartier se transforme en ligne de front ? Quand ton chez-toi ne t'appartient plus ?

Les vitres de mon bistrot préféré sont obstruées par des plaques de bois. Il y a une semaine, on prenait un café là, avec Myra. Une sirène retentit. Les gens courent vers le métro, des sacs de couchage et des tapis de sol sous le bras. Je vais dans le sens inverse. Des croix de scotchs apparaissent sur les vitres des immeubles, des sacs de sable et des livres bloquent les fenêtres des bâtiments administratifs. Apparemment, c'est ce qu'il faut faire pour éviter que les éclats de verre soufflés par les explosions vous déchirent la peau. Des sortes de croix d'acier parsèment les intersections, comme tombées du ciel. J'apprends que ce sont des « hérissons tchèques » qui servent à arrêter les chars. Quel joli nom pour un bout de métal rouillé. J'entre dans un hôtel plein de journalistes et d'humanitaires en me disant que je vais attendre et écrire un peu. Un couloir, un ascenseur, un escalier, puis un autre couloir. Un labyrinthe. Je ne sais pas comment je vais en sortir. Nous sommes au – 6. Puis je pénètre dans le parking souterrain, des travailleurs de la Croix-Rouge sont là avec des familles, leurs chiens, leurs enfants, assis sur des chaises ou sur des cartons à même le sol, certains emmitouflés dans les couettes d'un blanc immaculé du palace. Un petit ruban aux couleurs ukrainiennes est accroché à un sac à dos. Mon ordinateur casse. Celui que je ne voulais pas amener chez le réparateur il y a un mois « au cas où il y ait une invasion ». Tout le monde est scotché à son téléphone pour tenter de savoir ce qui se passe sur terre, à quelques étages. Ça y est ? C'est aujourd'hui le tapis de bombes ? Est-ce que la ville existera encore quand nous ressortirons ? Ou les Russes nous donnent-ils un jour de plus, jusqu'à demain ?

J'ai cinq notifications à la minute. Mais l'une me fige. Un sentiment d'effroi me traverse. « Les tanks russes pénètrent dans Obolon. » Sur une vidéo, prise par un riverain, un char fonce sur l'avenue. Je reconnais le rond-point, c'est à quinze minutes à pied de chez moi, à la limite de la ville, à une dizaine de kilomètres d'ici. Six arrêts de métro. Vingt minutes de voiture. Incroyablement proche et pourtant c'est déjà un autre monde. Puis le char écrase une voiture. L'image passe sur les chaînes du monde entier. C'est là que les combats vont avoir lieu, dans mon quartier. Le ministère de la Défense demande aux habitants d'Obolon de jeter des cocktails Molotov sur les Russes. « Super, depuis ton balcon au neuvième, on pourra filmer les tanks qui entrent dans la capitale », me dit un confrère. Oui, super, et je pense : « Prends les clés, de toute façon elles ne mèneront bientôt nulle part. »

Une partie de moi s'éteint à ce moment-là. C'est chez moi. Là où mes amis habitent. Là où ils habitaient peut-être. Faut-il parler au passé d'une époque qui date pourtant d'il y a deux jours ? Où sont-ils ? Ils ont sûrement fui, mais tous ne m'ont pas répondu. Peut-être qu'ils ont pris les armes.

Mon premier appartement à Kyiv, en 2018, lors d'un stage estival, se situait déjà dans ce quartier. On allait boire des coups sur les berges, on faisait du kayak et on se baignait. Maintenant, on peut en parler au passé. *Ça ne s'imprime pas dans ma tête.* Je pense à Halyna Ivanivna, ma voisine de palier. Une mamie dure d'oreille qui nous donne tout le temps des fruits. Est-ce qu'elle a pu partir ? Comment pourra-t-elle descendre les neuf étages si l'électricité et donc l'ascenseur ne fonctionnent plus, elle qui a du mal à tenir sur ses genoux fatigués ? Peut-être que son fils l'aidera ? Elle a aussi les clés de chez nous, peut-être devrais-je lui envoyer un message pour qu'elle récupère la nourriture ? Elle ne partira jamais, c'est sûr. Et mon entraîneur de boxe à Obolon qui aime tant la France ? S'est-il engagé dans l'armée ? Fait-il partie des gens qui vont arrêter le tank ? J'éteins mon téléphone.

Il faut tenir. Ne regarde pas. Vivre ici et maintenant. Après tout, ce n'est qu'un char qui entre dans Obolon, un seul. Même si, au fond de moi, j'imagine la suite logique : un tank aujourd'hui, cent demain.

Quelques heures plus tard, je croise un photographe qui revient de mon quartier. Il a vu un corps, allongé dans la rue, pas loin de ma salle de sport. Un vieil homme du coin. Mais comment est-il mort ? Les habitants disent que ce sont les Russes qui l'ont tué. Et il y a un autre mort, près du centre commercial et du pont, en face d'Ikea où Myra a acheté ses meubles. Un homme avec un gilet orange. Un corps comme tombé du ciel. Qui l'a tué ?

Je tombe sur mon collègue Fabrice. Il était sur l'avenue Krechtchatyk. « J'ai vu un militaire mettre en joue un couple ! » Tout le monde craint les « saboteurs » et les « groupes de subversion » des Russes infiltrés parmi la population. On ne sait plus qui est l'ennemi. Un couple marche dans la rue. L'homme en uniforme les arrête. « Où allez-vous comme ça ? Vos papiers, putain ! » Seules les personnes suspectes marchent dans la rue aussi près du quartier gouvernemental. Le jeune homme les vise avec sa kalachnikov. Les mains en l'air, le couple, apeuré, balance des passeports bleus ukrainiens. Ils se toisent en chiens de faïence. « *Nashy ? Ne nashy ?* », « Sont-ils des nôtres ? Pas des nôtres ? » Du couple ou du soldat, difficile de dire qui est le plus effrayé.

L'hôtel se barricade. Vous devez choisir. Entrer ou sortir. Après on ferme. J'espère toujours pouvoir rentrer chez moi. Je me dis que je risque de dormir dehors. Je sors, je vais dans le métro. Il a été construit suffisamment profond à l'époque de l'URSS pour protéger la population des bombardements américains. Et là ils viennent de Moscou. J'appelle Myra. « Nous sommes sur la route avec Myla, en voiture, mais il y a tellement de monde. On quitte le pays. On dirait un camp de réfugiés ici. » Nous pleurons. « Clara, pars de Kyiv, je t'en supplie, ça va être le siège. » Non, je reste pour le moment, ça va. On se dit qu'on s'aime pour la première fois. Au cas où on se parle pour la dernière fois. Iouri, mon prof d'ukrainien, devenu mon ami avec les années, m'écrit qu'il a réussi à fuir. Vingt-cinq kilomètres à pied pour atteindre un village au sud de Kyiv.

Je rejoins l'équipe d'une agence de presse pour travailler avec eux. À plusieurs, ce sera plus simple. Et puis, j'aurai quelque part où dormir, je retournerai chez moi demain. Je retrouve les membres de l'équipe dans l'appartement de la cheffe de bureau près de l'hôtel et du métro. Je la connais mais pas au point de m'être déjà retrouvée seule dans sa chambre, à fouiller dans ses placards pour trouver des vêtements. Elle a fui hier matin avec ses enfants vers Lviv, à l'ouest du pays. Chez elle, il n'y a pas de cave, mais le sapin de Noël qui trône encore dans le salon donne une ambiance chaleureuse. Les baignoires sont remplies d'eau au cas où. Dans un couloir, je croise Daphné, une journaliste avec qui j'ai déjà travaillé en France. La veille, elle s'inquiétait de ne plus avoir de cigarettes, mais, heureusement, un petit miracle a eu lieu. Quand elle conduisait dans les rues vides à bord de leur voiture estampillée « PRESS », un véhicule a foncé sur eux. « Ça y est, les Russes nous ont trouvés, ils vont nous tirer dessus. » La voiture se rapproche, les frôle, et un homme passe la tête par la fenêtre en leur balançant une cartouche de cigarettes et un « *Slava Oukraïni* ». Les Ukrainiens résistent.

Pendant le couvre-feu, je finis un article sur le bureau d'écolier du fils de ma cheffe. Allongée dans un lit d'enfant, aveugle au milieu des peluches, je m'oriente à l'ouïe. Des explosions sourdes, les claquements des armes automatiques. Mais où tombent ces bombes ? Il y en a tant. Trois heures du matin. L'agence m'appelle. Je sors sur le balcon filmer les explosions. Mais je ne rencontre que le mur en face. J'entends, mais je ne vois rien. Je n'ai aucune idée de ce qu'il se passe.

Cinq heures du matin. Fin du couvre-feu. Où va-t-on ? « Là où ça a bombardé. » On part avec Daphné et deux autres collègues dans la petite Peugeot 208 sur l'avenue de la Victoire, large de six voies, qui coupe une partie de la rive droite en deux. Les Russes annoncent déjà que c'est là qu'ils feront leur parade de la victoire, quand ils auront « dénazifié Kyiv ». Quelques mois plus tard, à Tchernobyl, un ingénieur me racontera que les officiers russes qui occupaient la centrale se baladaient au bout d'une semaine « d'opération spéciale » en tenue de parade. Ils croyaient tant atteindre la capitale en une semaine qu'ils n'avaient même pas deux treillis propres.

Nous trouvons des soldats en train d'installer un checkpoint. Qu'est-ce qu'il y a au bout de l'avenue de la Victoire ? Des combats ont eu lieu, « rentrez chez vous, c'est dangereux ici, ils sont encore là », un peu plus loin, près du zoo, il y aurait des tanks russes détruits. Donc, les Russes ne seraient pas seulement à Obolon, en banlieue ? Ils seraient déjà en plein centre-ville, près du quartier gouvernemental. « Attention les soldats ne savent pas où est le dernier checkpoint », m'a prévenue mon collègue hier. S'ils ne savent pas où commence et s'arrête la ligne de front, cela veut-il dire que Kyiv va tomber ? Sur l'avenue Lobanovsky, un tir de missile a éventré un immeuble comme si on avait mordu dans un bâtiment en pain d'épice. Un peu plus loin, un riverain promène son caniche. Ça bombarde dehors, mais il faut bien sortir le chien. En avançant sur l'avenue déserte, nous avons le sentiment que les Russes sont partout. C'est donc ça, ce que les militaires appellent le brouillard de la guerre : quand tu ne sais pas ce qui t'attend au bout de la rue ? Pourtant, le soleil est clair. On croise des gens qui rentrent chez eux après une nuit dans le métro, les yeux cernés par trois jours et trois nuits de guerre. Le murmure d'une mélodie nous parvient d'un bâtiment. Une musique militaire, avec des chœurs d'hommes et un orchestre de cuivres. Un chant russe ou ukrainien ? *Nashy, ne nashy* ? Trop loin pour le dire.

Les panneaux sont tagués de noir ou retirés « pour que l'ennemi soit désorienté ». Le GPS, brouillé, fonctionne par intermittence. Je dois guider Daphné, qui conduit, car je suis la seule qui parle ukrainien et, surtout, qui connaît Kyiv. Essayez de vous déplacer dans votre ville sans GPS. Car personne ne va inscrire sur Google Maps qu'un centre humanitaire se trouve au 120 rue Olesya-Honchara. Ce serait comme pointer la cible du doigt. Pendant le premier mois à Kyiv, puis plus tard à Lviv, on se transmet donc seulement les adresses, ou de simples indications de direction des entrepôts, des lieux d'enrôlement, des théâtres ou des écoles devenus des refuges, des hubs humanitaires, de peur qu'ils soient bombardés par les Russes. Certains le seront.

Nous avançons encore et encore sur l'avenue de la Victoire, avec le sentiment que les Russes se trouvent au bout, que la mort se trouve au bout. Comment peut-on, au XXIe siècle, ne pas savoir ce qu'il se passe à l'extrémité de la rue ? Nous tombons sur les conséquences d'une frappe : un camion ukrainien détruit en plein milieu de l'avenue. La chaleur du soleil et l'odeur de la poudre caressent les visages. « Attention, il reste des explosifs », alerte un militaire. D'autres ramassent des résidus. Certains de mes collègues disent que ce sont les morceaux de corps de camarades qu'ils veulent identifier. Mais il ne reste presque plus rien de l'intérieur du camion. Je n'y crois pas. Je ne veux pas y croire. Les premiers morts de l'invasion. Ils ont des parents, des proches. Se sont-ils enrôlés hier ? Tout d'un coup, une sirène plus forte que les autres retentit. Puis un militaire nous crie de nous mettre aux abris. « *Vozdoukh !* », « Le ciel ! » hurle-t-il en russe. Les roquettes pleuvent. On ne sait pas d'où elles viennent, où elles tombent. On se cache dans une cave où s'entassent déjà des familles avec des enfants. La peur et le manque de sommeil se lisent dans leurs yeux. Dans le bunker, je croise une entrepreneure qui travaillait pour un de mes cafés préférés. « J'y travaillais ou j'y travaille, je ne sais même pas si je dois parler au présent ou au passé », souffle-t-elle. À ce moment-là, c'est comme s'il n'y avait pas de passé, pas d'avenir. Le seul moment qui compte, c'est celui-là. Vous oubliez votre famille, vos proches, la personne que vous êtes. La seule chose qui importe, c'est de raconter et surtout de survivre.

Après une heure dans la cave, il faut partir. Je me rends compte en sortant que, depuis le début, j'étais à côté du bureau d'une amie. Je prends une photo pour le lui montrer plus tard – je ne sais pas ce que j'ai en tête, comme si on allait se retrouver autour d'un café ce week-end pour se raconter notre semaine incroyable ? –, heureusement qu'elle ne voit pas notre Kyiv comme ça. On fonce dans la ville. Faut-il respecter les feux rouges ? « Attention ! » Une voiture arrive à toute allure. Freinage d'urgence. Accident évité. Il faut respecter les feux rouges et mettre sa ceinture. Un char sort d'une grande bâtisse. C'est le centre de commandement. Il faut partir, les bombardements en fond sonore. Mais d'où proviennent ces détonations ? Il y en a tant. La guerre crée une nouvelle géographie. Ce boulevard est un axe de progression à découvert puisque la menace vient du ciel. Ce parc surélevé sur la colline sera un point d'observation idéal de la bataille pour les ponts. Ce creux près du parterre de fleurs ou ce petit muret longeant l'aire de jeux deviendront une couverture et un repli « si ça commence à tirer ». Les militaires et les civils qui ont vécu dans les zones de combat connaissent ce nouveau rapport à l'espace. S'il est théorisé par les militaires, les civils l'apprennent à leurs dépens. S'éloigner du verre. Savoir où se situe l'abri le plus proche. Se jeter au sol quand on entend un sifflement. Rien d'évident. C'est mieux de l'apprendre quand on ne tire pas à balles réelles. Durant les premiers mois de l'invasion, les secouristes se désolent de ces morts qui auraient pu être évitées. Un papi qui regarde l'explosion par la fenêtre, une personne partie au magasin pendant la sirène. Tout d'un coup, le quotidien devient une scène de crime. Je me souviens d'un convoi, dans la région de Kharkiv. Quatre voitures accidentées. Des bagages ouverts. Des vêtements, des jouets, des crèmes. Et un peu plus loin sur la route, un char russe calciné. Le face-à-face est encore figé, des mois plus tard. Des familles entières ont laissé leurs vies dans cette rencontre malheureuse. Pour l'un des véhicules, plus qu'une carcasse. Les corps des enfants n'ont pas été retrouvés. Seule la croix orthodoxe de la fille de 14 ans a résisté à l'incendie de la vieille Jigouli*.

Pendant la guerre, la notion d'espace change, désormais définie par la proximité avec la ligne de front, et *in fine* par le danger, analyse la chercheuse spécialiste de l'Ukraine Ioulia Shukan. Les humanitaires comme les diplomates et les militaires tentent arbitrairement de diviser l'Ukraine en trois zones : première ligne, deuxième ligne et arrière. Mais chaque kilomètre a son importance. Où commence l'une et où s'arrête l'autre ? Ce n'est pas très clair. Ce qui est certain, c'est qu'à chaque zone correspond sa notion du temps. « Plus on se rapproche du danger, plus l'horizon de la prédiction se réduit. Comment prévoir la semaine prochaine si on ne sait pas si on sera encore vivant ? Si la vie se résume

* Construite en masse par les Soviétiques, la Lada Jigouli est devenue un symbole de la période.

à survivre et à répondre aux besoins fondamentaux ? L'aléatoire du conflit, des frappes de missiles en profondeur, déjoue constamment les prédictions et cette carte de la guerre », explique la sociologue qui, depuis 2014, passe son temps à explorer l'Ukraine, de la première ligne à l'arrière. Je le vois après chaque campagne de frappes. On s'habitue, on se permet un peu plus, on monte à l'étage pour faire un café comme les collègues de Nastya, et puis, avec le temps, on ne se cache plus quand retentissent les sirènes. On veut vivre normalement. Comme ce jour d'octobre 2022, lorsqu'une trentaine de missiles et de drones kamikazes se sont abattus sur Kyiv, dont un dans le parc Taras-Chevtchenko, là où je suis tombée amoureuse, là où les étudiants se promenaient, allaient à la fac ou au travail. Sur le goudron, de la poudre, du sang et des débris de métal calcinés. Les mêmes que ceux que j'ai vus le 26 février. Face à l'horreur, on se remet à se cacher. Et puis, après quelques jours, la vie reprend. Comme un cycle.

D'un côté, la guerre en Ukraine est une épreuve commune pour la population, elle la soude autour d'une expérience traumatique nationale et change l'identité ukrainienne. Mais, de l'autre, chaque individu l'appréhende à travers un prisme personnel, celui de ses proches, de sa région d'origine. Finalement, il y a autant de manières de vivre la guerre qu'il y a d'Ukrainiens, et c'est là tout le paradoxe. Car la guerre forme une sorte de gouffre d'expérience. Entre les civils et les militaires. Entre ceux qui ont dû évacuer et ceux qui sont restés chez eux. Entre ceux qui ont vécu l'occupation et ceux qui sont restés dans les territoires contrôlés par Kyiv. Toutes ces divisions sont schématiques et, au sein de chaque groupe, on trouve des vécus différents. Peut-être que ce qui demeure commun à toutes les personnes que j'ai rencontrées depuis deux ans, c'est l'immensité de la douleur, quelle que soit l'expérience.

Mais il n'y a pas que la distance dans la zone de conflit qui se modifie, la distance entre cette zone et le reste du monde grandit aussi. L'Ukraine est désormais séparée de la France par le mur de la guerre. D'un côté, ceux qui ont vécu la violence insensée de l'agression ; de l'autre, ceux qui l'ont observée de loin et qui, même avec toute l'empathie possible, ont du mal à l'imaginer, parce qu'ainsi est la nature humaine, qui se protège de la question la plus redoutable : « Et si c'était chez nous ? » Quand je rentre en France, les gens me regardent comme si je rentrais de Syrie ou d'Irak ; on dit bien « c'est Bagdad », pour dire le chaos, le désespoir. Pour beaucoup, « revenir d'Ukraine », c'est revenir de la guerre, des ruines, des tranchées et des caves. Je le lis à l'effroi dans les yeux de mes interlocuteurs. La guerre efface l'avant. L'Ukraine est désormais associée à la guerre, aux bombes. L'agresseur dépossède tout un pays de son identité. C'est la Russie qui décide que la guerre est désormais le passé, le présent et l'avenir de l'Ukraine. Mais, pour moi, « revenir d'Ukraine », c'est juste revenir de chez moi.

Prendre une douche

Cri, expression du visage, voix tremblante : l'être humain repère la peur chez l'autre grâce à des signaux visuels et sonores. Mais, depuis une dizaine d'années, des recherches scientifiques ont montré qu'un autre sens est impliqué dans la détection de l'effroi. La peur se sent. L'odeur des sueurs froides est très différente de celle des salles de sport. C'est une des émanations de la guerre. Avec la poudre, la fumée, la boue, la mort, la nourriture, les lingettes.

Après le bombardement de l'avenue de la Victoire, nous étions descendus dans une cave. Là, nous avions découvert une image digne de la Seconde Guerre mondiale : des familles entières en manteaux d'hiver avaient apporté de chez eux des matelas ou des cartons, posés à même la terre battue. Un garçon de 3 ou 4 ans peut-être, des cernes soulignant son regard effrayé, serrait dans ses bras un lapin en peluche. Un refuge effrayant, sans ventilation, sans chauffage, sans toilettes, sans eau, éclairé à la seule lumière d'une ampoule poussiéreuse suspendue au plafond par un fil. C'était déjà la deuxième nuit que les habitants passaient dans cette cave. La plupart n'osaient pas remonter à la surface, même pour se doucher. Pour la première fois, j'ai senti ce relent de la peur. Celui qui me suivrait dans les trains, dans les gares, dans les bunkers, dans les bases militaires, dans les abris ou le métro transformé en refuge. Une odeur qui vous imprègne, vous enveloppe, celle des valises remplies à la hâte, du désespoir et des regrets.

Puis, soudain, j'ai senti un fort effluve de parfum masculin, qui semblait hors de propos. J'ai vu un journaliste français, grand, avec un micro à la main et une belle chemise sous son gilet pare-balles. Pourquoi porter du parfum pendant la guerre ? Ce geste du quotidien, à ce moment-là, m'a paru totalement vain. La guerre faisait de nous des animaux, à quoi bon se parfumer ? En sortant de la cave, on a eu envie de pisser, ma collègue et moi. Il fallait soit aller plus loin derrière des buissons, s'éloigner de l'abri alors que ça bombardait encore à côté, soit redescendre et uriner devant tout le monde. Finalement, nous avons choisi de nous écarter pas à pas de l'abri, en maudissant les Russes et en nous disant que ce serait une manière particulièrement conne de mourir. Car voici une règle de la guerre : ne jamais s'aventurer près des buissons sur le bas-côté des routes pour chercher un peu d'intimité. Ils sont souvent minés.

Quelques heures plus tard, juste avant l'annonce d'un couvre-feu de deux jours, qui nous a en fait semblé présager un siège, j'ai décidé de quitter Kyiv. Le matin même, j'avais vu un bus entier dédié aux 200 journalistes de CNN et du *New York Times* garé devant un hôtel de luxe avec une dizaine de voitures blindées. L'hôtel abritait même un bunker qui résistait aux attaques nucléaires.

Avec notre Peugeot et notre appartement sans cave, je me suis dit que nous n'allions pas aller bien loin. Encore une fois, je n'allais pas passer chez moi. Tant pis. Quand je suis arrivée à la gare, l'odeur était la même. Sur un quai, j'ai tenté de parler à un journaliste avant de me rendre compte, face à son mutisme, qu'il était l'un des agents de sécurité d'une présentatrice TV en plein direct derrière lui. Au milieu des adieux déchirants de tous ceux qui allaient se séparer sans savoir quand ils se reverraient, elle était grande, blonde, coiffée et maquillée comme si elle se rendait à son mariage, ou comme si elle avait été télé-portée au cœur de la guerre avec sa maquilleuse. Il s'agissait de Clarissa Ward, une célèbre reporter américaine de la chaîne CNN. Peut-être la seule personne bien coiffée dans cette gare où l'on fuyait le siège. Pour ma part, je n'avais qu'un sac à dos et certainement une tête fatiguée. Le garde du corps m'a ignorée, sans doute pensait-il que j'étais une réfugiée. À Kharkiv, j'avais dû choisir entre prendre des médicaments et ma trousse de maquillage.

« La première règle de la guerre : tu manges quand tu peux, tu dors quand tu peux, tu pisses quand tu peux, tu te laves quand tu peux », m'avait dit ma collègue Daphné. Ce serait ma règle d'or pour les mois suivants. Car la guerre bouleverse les priorités. Dans les années 1940, le psychologue Abraham Maslow a théorisé la pyramide des besoins à partir de ses observations pour comprendre la motivation. Les besoins physiologiques en bas, puis la sécurité, le besoin d'appartenance et d'amour, le besoin d'estime et de reconnaissance, puis, au sommet, le besoin d'accomplissement personnel. Du jour au lendemain, avec la guerre, la vie ne se résume plus qu'à la base de la pyramide : respirer, s'alimenter, boire, faire ses besoins, dormir, se réchauffer. La sécurité vient ensuite, le reste semble futile.

Sur le quai de la gare, les esprits étaient tendus, chacun voulait fuir. Seules les femmes, les enfants et les personnes âgées pouvaient monter dans le train. La cohue était complète. Un décret signé par Volodymyr Zelensky le jour précédent interdisait aux hommes entre 18 et 60 ans, mobilisables, de quitter le pays. Finalement, j'ai réussi à grimper dans un wagon sans vraiment savoir où il allait. Il était 15 heures, le train partirait avec seulement quelques minutes de retard de Kyiv en direction de Rakhiv, dans les Carpates ukrainiennes, au sud-ouest du pays. J'espérais descendre à Lviv et me réfugier chez ma belle-famille, qui me suppliait depuis des jours de quitter la capitale.

« Ça va, on est dedans, on est neuf adultes et deux enfants, on a un chien, six chats... ah non sept en fait, il y en a qu'on ne connaît pas encore », confiait sur le ton de l'humour, au téléphone, un retraité, Ihor, à un proche. La petite cabine de deuxième classe dans laquelle nous nous trouvions, typique des trains ukrainiens, possédait quatre couchettes en cuir rouge. Habituellement, seules quatre personnes dorment dans ce compartiment de deux mètres sur deux et demi. Mais nous étions une quinzaine. Sept chats et deux chiens. L'épouse d'Ihor, Natela, nourrissait un de ses six chats à l'aide d'une seringue. Les autres étaient dans des boîtes empilées. Dans quelques heures, cela se révélerait un problème. Où allaient-ils faire leurs besoins ? Ceux dans les boîtes du dessous manquaient d'air, je me demandais comment ils survivraient au voyage. Le couple de septuagénaires, qui ne voulait pas abandonner ses animaux de compagnie, n'avait rien emporté d'autre. Une femme avec un bébé n'avait avec elle qu'un petit sac à dos. Elle les scrutait d'un regard noir : « Je n'ai pris que ça », semblait-elle leur dire, alors que les chats prenaient la place de deux personnes. Après quelques minutes, la méfiance a fait place à l'entraide. Après tout, on était tous dans le même bateau, dans le même train à la destination incertaine. Dans le couloir, il était quasiment impossible de circuler. Nous ne savions pas quand ni où nous arriverions, ni, si jamais nous arrivions quelque part, quel chemin nous emprunterions. La voie ferroviaire habituelle, par Irpin, se trouvait déjà au cœur des combats. En quittant Kyiv, le train a longé l'aéroport Jouliany, où les Russes avaient tenté de débarquer la veille au soir.

Puisque nous risquions de ne jamais revenir, les conditions du voyage et l'hygiène ne nous semblaient pas si terribles. Les claquements brusques du train faisaient sursauter les passagers, qui gardaient tous en mémoire les bombardements. Dès qu'on entrait dans une gare, le grondement d'une foule en colère les recouvrait. Allaient-ils monter de force dans les wagons ?

Plus on avançait vers l'ouest durant cet aller sans retour, plus le train, déjà bondé, se remplissait. Au moins deux cents personnes s'entassaient dans le compartiment. Le moindre recoin était occupé. À Vinnytsia, une ville au centre de l'Ukraine, la contrôleuse a décidé que notre wagon serait réservé aux plus jeunes enfants, dont les parents resteraient debout dans le couloir ou ailleurs dans le train. Dans cette situation, où les « à tout à l'heure » sonnaient comme des adieux, chaque séparation était insupportable. Je m'en veux, mais j'ai serré mon sac à dos contre moi comme s'il s'agissait d'un enfant qu'on voudrait m'arracher, alors que des pères et des mères se résignaient à abandonner la chair de leur chair hors de leur vue. Avec trois gamines, nous sommes montées sur la couchette du dessus. Aucune de nous ne pouvait étirer ses jambes. Chaque changement de position empiétait sur le minuscule espace du voisin. Les deux fillettes, Sonia, 4 ans, et Michèle, 6 ans, jouaient ensemble sur les téléphones de leurs mères, accrochées à leurs sacs à dos qui contenaient une vie. Michèle – son père lui avait donné ce nom à cause de ses origines françaises – s'est allongée sur moi en se plaignant de mes chaussettes à sa mère, installée sur la couchette inférieure. « Maman, elle pue des pieds, je veux descendre. » Je n'avais pu en garder que deux paires à Kharkiv, et l'autre était pleine de boue. « Tu restes avec Clara », a répondu sa mère, Masha. Entre les couches, les chiens qui commençaient à faire leurs besoins par terre, la nourriture, la peur, l'air était vite devenu irrespirable. La buée envahissait les vitres. Avec la chaleur corporelle, certains étaient à la limite de perdre connaissance. Tout le monde était sale, après plusieurs nuits passées dans les caves ou dans le métro. La contrôleuse nous avait demandé de fermer les fenêtres et de tirer les rideaux. Les lumières restaient éteintes pour éviter que notre train ne soit pris pour cible par les Russes. Tout le monde transpirait à grosses gouttes. Un chien ronflait sur la couchette d'en face. Les relents de sa pâtée empestaient le compartiment. Michèle me montrait son avatar sur le jeu Minecraft. Pour la première fois de leur courte vie, elle et Sonia voyageaient en train et, entre deux jeux, elles restaient assises, les yeux vides, avant de s'assoupir, parfois quelques secondes seulement, là, pliées sur la couchette. « Michèle, tu sais que Poutine a attaqué notre pays ? » a dit Sonia en ukrainien à sa nouvelle amie. « Oui, maman m'a raconté », a répondu la petite en russe.

Je craignais tellement une frappe. Sur la couchette du bas, une mère avait laissé sa fille de 12 ans seule avec ses trois frères et sœurs, tous plus jeunes. La fillette les grondait, leur donnait à boire, les couvrait, les rassurait, comme si, à 12 ans, elle prenait déjà le relais de sa mère. Avec Ihor et Natela, le couple de retraités aux sept chats, nous tentions de les divertir, en chantant des chansons, en racontant des histoires. Si un missile tombait, là, maintenant, ce serait à nous de les sauver. On évitait de manger, car on ne pourrait pas aller aux toilettes. Les enfants ne comprenaient pas pourquoi on ne leur donnait de l'eau que par intermittence. Seulement quelques gorgées toutes les trois heures. Difficile de savoir quand nous arriverions, il n'y avait quasiment pas de réseau et le train s'arrêtait parfois pendant des heures à cause des bombardements.

Nous sommes arrivés à Lviv vers deux heures du matin. Le premier train pour Przemysl, ville à la frontière polonaise, partait à cinq heures du matin. Le couvre-feu était à 7 heures. Les adultes parlaient passeports, documents et vaccination des chiens et des chats. Michèle, elle, ramassait son petit sac à dos vert auquel était attaché son doudou lapin. Elle a demandé à sa mère et à sa mamie où elles allaient passer la nuit. Les deux femmes lui ont expliqué qu'elles essaieraient, comme des milliers d'autres personnes déjà sur les quais et dans la gare, de prendre un train vers la Pologne. Michèle s'est mise à pleurer: «Et quand est-ce qu'on reviendra à la maison?» Les adultes n'avaient pas de réponses. En descendant, j'ai croisé une file de jeunes hommes en treillis militaires et jogging, de simples baskets aux pieds. Ils prenaient le train en sens inverse. Sous les voûtes élégantes d'architecture austro-hongroise de la gare de Lviv, il était difficile de se frayer un chemin parmi les milliers de personnes, leurs valises, leurs animaux. L'humidité froide de l'extérieur s'engouffrait dans le bâtiment par les grandes portes constamment ouvertes. L'air était humide de larmes aussi, celles qui coulaient au souvenir des foyers abandonnés et de tout ce qu'on avait laissé derrière soi. Chaque bouffée d'air, âcre, emplie de douleurs et de peurs, ne vous permettait pas de respirer. Et s'ils frappaient maintenant? Une sirène a retenti, en écho à mes pensées. Mais où s'abriter? La foule ne rentrerait jamais dans l'abri souterrain. Cela allait être une catastrophe. Il faisait – 5 °C dehors. Les conditions sanitaires étaient terribles, les gens toussaient sans arrêt. La veille, le journaliste avec qui j'avais fui Kharkiv m'avait envoyé un message de politesse pour m'annoncer qu'il avait le Covid et que j'étais cas contact. Son SMS m'avait fait rire. Ce n'était pas le moment de se mettre en isolement.

En arrivant chez mes beaux-parents, j'ai pris une douche. J'avais eu la chance de pouvoir me laver deux fois à Kyiv depuis le début de l'invasion car on avait encore de l'eau. Mais je n'avais pas nettoyé mes vêtements depuis plusieurs jours, puisque je ne possédais plus que ceux que je portais sur le dos. Ma belle-mère, Lyuba, une femme forte, typiquement ukrainienne, avait demandé à sa nièce, qui habitait dans un autre quartier, de me prêter les siens. On s'était donné rendez-vous sur la colline de la tour de télévision. Sur la route, des milliers de personnes organisaient des collectes, donnaient de la nourriture aux déplacés et rassemblaient du matériel pour l'armée. « Ces Russes n'arrêteront jamais de nous faire souffrir », m'a soufflé Lyuba en se garant sous la pluie pour récupérer le petit paquet dans un sac plastique. Nous sommes allées au supermarché pour acheter au moins des chaussettes propres, des sous-vêtements et des produits d'hygiène. À Kharkiv, j'avais abandonné ma brosse à dents électrique, trop lourde. C'était ça ou mon appareil photo. Se laver les dents, un geste quotidien qui brusquement était passé tout en bas dans l'ordre des priorités. Plus tard, en mai 2022, un bénévole vivant dans le métro de Kharkiv avec des centaines d'autres gens m'en parlera : « On s'est rendu compte très récemment que des personnes âgées n'avaient pas pu prendre de brosses à dents dans leur fuite, mais qu'ils n'osaient pas en demander dans l'abri. On en avait juste distribué sans poser de questions, sans choisir ceux qui n'en avaient pas avec eux. »

À Lviv, une semaine après le début de l'invasion, presque tous les magasins de vêtements étaient fermés. Malgré tout, certains avaient ouvert leurs portes pour proposer aux réfugiés de se servir gratuitement, mais ils avaient vite été dévalisés. Plusieurs millions de personnes sont passées par Lviv les premières semaines de l'invasion. Au supermarché, les rayons vêtements et hygiène étaient quasiment vides. Les déplacés s'y étaient procuré les premiers vêtements qu'ils avaient pu trouver, et les habitants avaient pris le reste pour en faire don. Résultat : lors de ce premier mois de guerre, il était très difficile d'acheter des serviettes hygiéniques. Les lectrices pourront s'imaginer quel désagrément supplémentaire cette fuite de plusieurs jours représente quand on a ses règles.

Au même moment, Myra est à une petite centaine de kilomètres à l'ouest dans une voiture, sur la route de la Pologne. Myla, sa meilleure amie, conduit. Leurs surnoms, quasiment les mêmes, sont indissociables. Les deux jeunes femmes sont inséparables depuis 2014, quand, encore étudiantes, elles se sont rencontrées sur la place Maïdan pendant la révolution. Myla, une grande blonde, aujourd'hui gérante d'un café branché à Kyiv, transportait à l'époque les manifestants blessés par des balles de sniper jusqu'à un hôpital de campagne. De la même manière qu'il est difficile de trouver de « vrais Parisiens », les « vrais Kiéviens » sont rares. Myla en fait partie. Elle a grandi à Sviatochyn, dans un quartier-dortoir soviétique de l'ouest de la capitale, à quelques encablures du périphérique. Elle y vit encore, avec ses parents, dans une *khrouchtchevka* soviétique, où Myra l'a rejointe le 24 février. La ville se situe pile à 8 km entre les deux aéroports de Hostomel et de Jouliany. Le lendemain de son arrivée, le 25 février, avec sa sœur et Myra, Myla a choisi de partir.

*

Myla, 25 ans, Kyiv / Francfort

Mes parents sont dans la cuisine, les infos allumées pour couvrir le bruit des bombardements. Il est environ trois heures du matin quand on décide de partir, avec Myra et ma sœur. Les parents partiront après nous se mettre au vert dans le village de mamie au sud de Kyiv. À ce moment-là, je ne me dis pas «je fuis», je me dis que je dois juste évacuer Myra et ma sœur. Je suis la seule qui conduit et qui a une voiture. Je prends une douche, je me lave les cheveux. Je ne sais pas quand ni où j'aurai cette possibilité. Puis je vais dans ma chambre et je commence à préparer mes affaires. Le parfum que j'ai reçu pour mon anniversaire me regarde sur la commode. L'Interdit de Givenchy encore plein, tout neuf. Ce serait dommage qu'il soit détruit dans un bombardement, alors je le prends avec moi. J'en ris aujourd'hui : ma maison risque d'être détruite par un missile et, moi, je pense à mon parfum.

À cinq heures du matin, nous finissons de charger ma petite Polo grise avec de l'eau, de la nourriture en boîte, et surtout des plaids au cas où il ferait froid. Je ne prends pas beaucoup de vêtements, juste assez pour deux, trois jours. Je me dis qu'on reviendra vite, mais, en même temps, j'emporte quelques albums de photos de famille. Nous nous apprêtons à partir avant le couvre-feu pour éviter les bouchons. Une sirène retentit. Je ne sais plus quoi faire, j'ai trop peur. Est-ce plus dangereux de partir ou de rester? «Papa, on fait quoi, on va aux abris ? » « Assieds-toi, conduis et pars. » Nous n'avons pas vraiment de plan, sauf celui de fuir là où les bombes ne tombent pas. Je prends le périph puis l'autoroute de Zhytomyr, qui sera le lendemain le cœur de la bataille. C'est terrifiant, il y a beaucoup de voitures abandonnées sur le bas-côté, suite à un accident ou à une panne d'essence. J'éclate en sanglots en voyant nos tanks sur le chemin, nos gars avec des armes automatiques. C'est là que je réalise qu'on ne reviendra peut-être jamais. Pour moi, j'allais juste mettre Myra et ma sœur en sécurité, je ne partais pas pour être une réfugiée.

Je conduis pendant vingt-deux heures. Nous n'arrivons même pas à atteindre Lviv, à l'ouest, nous devons nous arrêter deux heures dans un village. La famille d'amis d'amis d'amis – je ne sais même plus comment on les a trouvés ni comment ils s'appellent – accepte de nous accueillir au beau milieu de la nuit. Après deux heures de sommeil, on se remet en route vers la Pologne. Mais, à 30 km de la frontière, il y a déjà la queue. C'est le début d'une période de quatre jours à vivre dans la voiture. Même si « vivre » est un grand mot. Tu attends dans la file et tu dois rester au volant quasiment tout le temps. Toutes les quelques heures, la file avance de quelques mètres. Tu ne peux pas garder le contact allumé, car cela brûle de l'essence, et tu ne sais pas quand tu pourras faire le plein. Tu ne peux pas allumer le chauffage, même s'il neige dehors. Il doit faire 10 °C dans l'habitacle, donc nous nous enrobons dans tous les vêtements qu'on a emmenés, les couvertures, les bonnets, trois paires de chaussettes. C'est très dur pour moi parce que je ne peux même pas étirer mes jambes. J'ai appris aux filles à démarrer et à faire avancer la voiture pour que je puisse aller me dégourdir un peu. Mais, la nuit, je ne peux pas les laisser au volant, car j'ai trop peur qu'elles causent un accident et qu'on n'ait plus de voiture. Je m'assoupis puis je conduis. Parfois, on te double quand tu ne te réveilles pas pour avancer, mais, le plus souvent, nos voisins de derrière nous réveillent en toquant à la vitre. On charge nos téléphones juste à 10 % sur l'allume-cigare pour recevoir les nouvelles. La route vers la Pologne s'étend en plein milieu d'une grande forêt de pins. Souvent, il y a à peine suffisamment de réseau pour charger des messages. Un jour, nous patientons pendant quinze minutes avant de réussir à charger la vidéo des gardes-frontières ukrainiens de l'île des Serpents lançant, le 24 février, à la radio, aux bateaux russes qui les attaquent : « Navire de guerre russe, va te faire foutre. »

L'attente est longue dans la forêt, par des températures négatives. Tu peux juste aller pisser dans les buissons. Il n'y a pas de douche, bien sûr. Presque pour faire passer le temps, Myra se lave les dents tous les jours avec sa brosse à dents électrique au milieu des files de voitures, en jogging, et on se moque d'elle. Heureusement que des bénévoles nous distribuent du thé chaud et à manger.

Fuir est effrayant. Mais ce qui fait encore plus peur, c'est quand on traverse la frontière. Depuis cinq jours, c'était notre but, de quitter le pays. Mais, maintenant, on ne sait pas où aller. Varsovie n'est qu'à trois heures de route, mais je sens que je ne vais pas tenir. Des connaissances nous trouvent une famille de Polonais qui vit à vingt minutes.

Un couple d'une cinquantaine d'années qui ne parle ni anglais, ni ukrainien, mais ce n'est pas grave. Le plus grand soulagement, c'est de pouvoir prendre une douche après cinq jours, de se coucher, les jambes allongées, dans un vrai lit avec des draps propres. À ce moment-là, je ne pense pas à la guerre, pas à demain. C'est simple, une douche, de la chaleur, dormir, c'est tout ce qui m'importe.

Le rapport à mon apparence a beaucoup changé pendant la guerre. Après la frontière, nous passons de canapés en appartements en Pologne, avant de partir à Francfort, car des amis d'amis y ont une chambre libre dans une coloc. Je n'ai aucune envie de m'habiller, de m'apprêter. Je suis une personne coquette, habituellement, j'aime me maquiller, me faire belle. Mais je ne mets même pas le parfum que j'ai sauvé de chez moi. Je suis arrivée avec un jean, un pull et un jogging et, pendant quelques mois, j'ai seulement porté ça. J'ai dû acheter deux tee-shirts peut-être, et un autre pull pour pouvoir en avoir un de propre. À quoi ça sert de faire du shopping ? Dans deux semaines, on rentrera à la maison et, de toute façon, je ne sors pas de l'appartement. On partage une chambre pour deux avec Myra. En partant de Kyiv, j'ai oublié de prendre un soutien-gorge, et donc, pendant des mois, je n'en ai pas. C'est une amie qui m'en offre un à Francfort après avoir entendu cette histoire. Suite à la découverte des atrocités commises à Boutcha, je ne mange pas, je ne parle pas, je ne sors pas. J'ai cette image en tête de la main d'une femme, les ongles rouges parfaitement faits. Le photographe a trouvé son corps au milieu de dizaines d'autres dans la rue. Les Russes les ont tués par balles un mois auparavant. C'est son esthéticienne qui l'a reconnue grâce aux ongles qu'elle lui avait faits quelques semaines auparavant. Ça aurait pu être moi, mes proches. Mon frère – c'est en réalité mon cousin, mais il a grandi avec nous, donc je l'appelle comme ça – faisait partie des forces spéciales. Le 24 février, il a immédiatement évacué sa femme et son fils de 4 ans de Boutcha. Mon autre cousin habitait à Irpin avec sa femme enceinte. Les deux sont militaires. Cela aurait pu être eux.

C'est le printemps à Francfort. Il fait beau, les arbres fleurissent, tout le monde est heureux, et voir ça me rend malade. Après avoir lu les nouvelles, je sors en jogging et en manteau d'hiver, et je vois tout ça. J'ai juste envie d'aller vers chacun d'eux, de les secouer et de hurler : « Réveillez-vous, comment pouvez-vous vivre ici, regardez ce qu'il se passe là-bas ! » Je marche et j'ai l'impression de ne pas être moi. D'ailleurs, je n'ai aucune photo du printemps et de l'été 2022, alors que, d'habitude, je prends souvent des selfies. Mais là, je n'en ai pris aucun, car ce n'est pas moi. Et puis je m'en fous de ce à quoi je ressemble, de ce que je porte. Je me lave juste les cheveux pour ne pas sentir et c'est tout. J'ai développé de grosses plaques d'eczéma, mais je m'en fiche. Je m'en fiche de mon corps, je ne m'aime plus, je ne me regarde même plus dans le miroir. Quand ma mère vient nous rendre visite pour la première fois au milieu de l'été, elle ne me reconnaît pas. Elle m'a amené des vêtements, mais plus aucun ne me va, ils sont trop grands, mais qu'importe. Avant l'invasion, j'avais beaucoup de complexes par rapport à mon poids, mais maintenant ma relation à mon corps a changé. C'est étrange de faire un régime quand des gens comme toi, dans ton pays, meurent de faim sous occupation. Aujourd'hui, après presque deux ans, j'aime davantage mon corps, comme il est. Et tant pis pour les bourrelets, les vergetures. Je comprends la valeur de mon corps, l'essentiel est qu'il soit en bonne santé et que je sois vivante. Je ne vis pas pour des standards de beauté. Ton corps est encore vivant, tu l'as sauvé de la guerre, donc tu l'aimes encore plus.

*

Myla me raconte cette histoire dans la chambre de son nouvel appartement à Francfort, qu'elle loue avec Myra. Son Givenchy est encore sur la commode, et Myra nous interrompt pour nous demander notre avis sur une paire de chaussures qu'elle a commandée en ligne. Deux ans après la guerre, le rapport à l'apparence revient en partie à la normale quand on est en sécurité. Mais en Ukraine, je dois encore porter ce que j'appelle « mon uniforme ». Même à Kyiv, on ne s'habille pas comme on veut, surtout quand on doit s'éloigner de chez soi pour le travail. Pendant de nombreux mois, tous les matins, j'enfile un pantalon solide, un pull Décathlon, et je me balade avec, dans un sac à dos, des chaussettes de rechange, une doudoune enroulée et de l'eau, au cas où je doive dormir dans le métro ou quitter la ville. Je ne mets pas mes vêtements d'avant. Fini les robes à fleurs, les jupes et les talons. Ce n'est pas confortable de courir ou d'attendre dans une cave pendant des heures en petite robe. Surtout en hiver, durant les coupures d'électricité. J'ai l'impression de ne pas vivre dans ma propre vie. La Russie choisit même ce que je peux porter. Je ne prends quasiment pas de photos de moi en travaillant, et surtout pas en gilet pare-balles, quand je vais sur la ligne de front. Il semble que certains vivent pour cette photo, qu'ils s'empressent de poster sur les réseaux sociaux – j'ai déjà vu un étranger à la frontière polonaise passer un gilet et faire un selfie. Mais ce n'est pas moi. Je ne veux pas que mes proches me voient comme ça. Je ne veux pas me voir comme ça. Être reporter de guerre, ce n'est pas mon identité, même si, désormais, c'est souvent ainsi qu'on me présente.

En arrivant à Lviv en mars 2022, je rejoins l'équipe de l'agence et je tombe nez à nez avec la fille adolescente de la cheffe de bureau de Kyiv. Quand je dormais dans son appartement là-bas, j'ai dû fouiller dans ses placards pour trouver un pull. Soudain, à Lviv, je me retrouve face à cette jeune fille que je ne connais pas. « Ah, mais c'est mon pull ! », lance-t-elle en désignant le haut rayé bleu et rose sous mon manteau. Je porte ses vêtements alors que je ne la connais pas. Après plusieurs mois, c'était symbolique pour moi, je le lui ai rendu en passant par sa mère, plus tard, à Kyiv. Même si ça n'avait déjà plus d'importance.

Si pour Myla ou pour moi l'apparence perd de l'intérêt, pour d'autres, les vêtements et la mode deviennent un signe de résistance. Début mai 2022, je suis retournée à Kharkiv pour un reportage. Les Russes tiennent leurs positions aux abords de la ville et la pilonnent avec toutes les armes qu'ils ont. En entrant dans le métro, alors que la deuxième ville d'Ukraine est défigurée par les bombardements, je tombe avec étonnement sur une véritable vie souterraine. Des matelas près des tourniquets, des chaises, mêmes des tentes pour les plus chanceux. Des dessins d'enfants décorent les murs. Sur une table, les habitants ont mis des fleurs cueillies dehors, dans un vase. Chaque voyage à l'extérieur peut être fatal. Il y a deux semaines, juste à la sortie de la station, les Russes ont lancé une roquette qui a provoqué plusieurs morts parmi les riverains qui faisaient la queue pour une distribution humanitaire. Alors certains préfèrent ne pas voir la lumière du jour, perdent la notion du temps à cause des néons constamment allumés. Au milieu de cette vision tragique, sur le quai froid en marbre, je vois une scène digne « de la vie d'avant ». Une jeune femme, Veronika, applique une dernière couche de vernis sur les ongles rosés de sa cliente avant de les faire soigneusement sécher sous une lampe à UV. Aujourd'hui, la station de métro de la ville fait office de salon de beauté pour cette esthéticienne. « On doit être belles pour la victoire », s'amuse Iryna, sa cliente au maquillage impeccable. Depuis deux mois et demi, elles vivent dans le métro et rentrent chez elles une fois par semaine pour prendre une douche. Arrivée dans le métro avec sa famille fin février, l'esthéticienne a récupéré son équipement chez elle pour pouvoir continuer son travail. En Ukraine, il est très commun pour les femmes de se faire des vernis semi-permanents. Pour l'enlever, il faut une machine spéciale. Au début de l'invasion, certains salons travaillaient discrètement pour les femmes dont les ongles avaient tellement poussé que ça en devenait inconfortable. Avec le temps, j'ai aussi pris l'habitude de faire des manucures. Au début, surtout lors des coupures d'électricité et donc d'Internet, je me faisais les ongles à la bougie pour m'occuper. C'est se donner l'illusion du choix et du contrôle quand on ne maîtrise plus rien. Tu ne peux pas choisir comment tu t'habilles, mais tu peux choisir la couleur de tes ongles. Iryna, en jogging rose et baskets, espère d'ailleurs retrouver sa penderie entière, et surtout ses talons préférés. En attendant, ses ongles lui permettent de garder sa dignité, de se sentir dans son propre corps et pas seulement de l'utiliser comme un outil.

Il existe une « garde-robe de la guerre ». Des vêtements confortables, bien sûr, pour être prêt à toutes les situations, mais aussi des uniformes et des vêtements « patriotiques », les seuls qui se vendent et permettent de faire vivre l'industrie du textile du pays. En juillet 2022, je rencontre d'ailleurs Oksana, une designer, à Kyiv, dans son atelier. Pendant des mois, ses ouvrières ont cousu des gilets pare-balles, mais elle commence tout juste à revenir à ses créations, des *vyshyvankas*, ces chemises brodées traditionnelles dont la demande explose. Tee-shirts avec des slogans de la guerre, l'emblème ukrainien ou des cocktails Molotov, bijoux en forme de tridents : un véritable marketing de la guerre s'est développé. Certains peuvent parler de dérives commerciales ou de nationalisme aveugle. Mais ce marketing de la guerre demeure ancré dans un patriotisme sincère, après l'expérience commune d'une tragédie à la fois individuelle et nationale. À l'étranger, il n'est pas rare de croiser des Ukrainiens arborant des vêtements « patriotiques », un moyen de reconnaissance et un sentiment d'appartenance.

Pour beaucoup d'Ukrainiens, le patriotisme s'inscrit même sur le corps, avec des tatouages de plus en plus populaires.

À Kyiv, en juillet 2022, Yehor, un tatoueur de 22 ans rencontré dans un grand bâtiment sur l'avenue Krechtchatyk, m'a raconté, au milieu des tables et des esquisses, qu'il n'avait jamais autant travaillé qu'en mars, au début de la bataille de Kyiv. Par dizaines, les militaires voulaient écrire sur leur corps leur engagement avant de partir au combat. Une trace qui pourrait leur coûter la vie s'ils tombaient aux mains des Russes. Parfois, ils découpent les tatouages des gens vivants.

Le jour où j'ai interviewé Yehor, une trentaine de jeunes étaient venus se faire tatouer. C'est là que j'ai vu Ioulia, 18 ans à peine, les cheveux rasés et des tatouages le long des bras. Cette étudiante était venue inscrire sur la nuque le symbole d'Azov, le bataillon bête noire de la Russie, où son oncle combat, comme une provocation, alors que d'autres font des tatouages plus discrets. Un dessin de ce type, et c'est le risque immédiat d'être enlevé par les Russes, comme ils l'ont fait avec des civils dans les territoires occupés. Quand j'ai demandé à Ioulia si ça ne l'inquiétait pas, elle m'a répondu, laconique : « Je préfère mourir libre. » Pour Yehor, l'encre sur le corps est un moyen de ne pas oublier.

Le 8 avril 2022, la gare de Kramatorsk, alors capitale des évacuations au Donbass, est bombardée. On compte 57 morts et 109 blessés, dont de nombreux enfants. Sous le choc, le jour même, Yehor croque une esquisse abstraite en noir et blanc. Au centre, il y a une forme humaine, accroupie, au milieu d'une explosion. « Ce sentiment qu'on tue des gens comme toi, c'est sinistre et je voulais donner du sens à l'événement », m'explique-t-il. « Le gars qui s'est fait ce tatouage, quand je lui ai demandé pourquoi il avait choisi cette esquisse en particulier, m'a dit qu'il espérait qu'avec le temps, après la guerre, quand on vivrait en paix, dans dix ans peut-être, il regarderait ce tatouage et verrait quelque chose d'autre, une renaissance, peut-être. »

Après des années, Myla aussi s'est décidée à faire un tatouage. Une phrase en ukrainien : « Garde la mer en toi », un extrait d'un poème écrit par un ami. « Cela faisait des années que je voulais ce tatouage. J'ai beaucoup hésité car j'avais peur de faire du mal à mon corps. Mais je me suis dit que ce corps pouvait se retrouver dans un fossé demain ou sous des débris à cause d'une roquette. La vie est si imprévisible, donc si tu veux quelque chose, il faut le faire maintenant. Cette phrase me rappelle de ne pas me perdre, de ne pas m'oublier. »

Avec le temps, la guerre s'inscrit également sur le visage. La fatigue répétée, les rides marquent les peaux. Je l'ai vu sur Taras, le cousin de mon compagnon, que je connais depuis 2016. Je l'avais interviewé pour mon projet « Visages d'Ukraine ». Depuis, le quadragénaire à la barbe toujours soignée a eu des enfants et, une semaine avant l'invasion, il s'est engagé dans la défense territoriale. C'est bien la seule personne que je connais qui était certaine que l'invasion allait avoir lieu. Peut-être était-ce parce que, quand il était plus jeune, ce futur conseiller municipal avait passé des heures à interroger les personnes âgées de la Galicie, qui lui racontaient la

Seconde Guerre mondiale, l'arrivée des nazis, puis de l'Armée rouge, et la résistance contre les occupants soviétiques. En mars 2022, à Lviv, Taras m'a mise en contact avec sa brigade. Grâce à lui, j'ai pu assister à un entraînement dans des entrepôts abandonnés au milieu de la forêt.

Je ne pensais pas le voir, en arrivant, en treillis militaire, avec un fusil automatique tout neuf à plusieurs milliers d'euros entre les mains et plusieurs cartouches accrochées à son gilet pare-balles. Il avait acheté l'équipement lui-même. Son casque et ses lunettes tactiques dissimulaient son visage au point que je ne l'ai pas immédiatement reconnu. La compagnie marchait en formation, s'entraînait à l'assaut, tirait sur des cibles. Ses camarades riaient de mes questions. « Garde la vidéo au cas où c'est la dernière. » Selon la loi, l'unité de défense du territoire est censée rester à Lviv pour protéger la région, mais, quelques semaines plus tard, Taras et ses « frères d'armes » allaient être envoyés dans le Donbass, où ils resteraient pendant des mois.

Désormais, voir des gens porter des vestes de camouflage à Paris, déconnectés de la réalité guerrière, me semble étrange. Ce n'est pas la guerre, pourquoi mettre des vêtements militaires ? Je tressaille parfois quand le motif ressemble à celui des uniformes russes. Ce matin froid de mars, quand Taras s'est approché de moi, c'était la première fois que je voyais quelqu'un qui m'était familier en uniforme militaire, mais pas la dernière. Ce moment où vous voyez votre ami venir vers vous sans le reconnaître tout de suite est très particulier. Le camouflage kaki l'enveloppe, efface l'individu.

Il souligne la distance entre vous et eux. Un sentiment d'effroi vous envahit. Le camouflage vous dit qu'il ne reviendra peut-être pas. Ou qu'il reviendra différent. Même s'il est ajusté, l'uniforme semble hors de propos, comme un enfant avec des vêtements d'adultes. Ce n'est pas quelque chose qui doit être. À ce moment-là, devant Taras, je pensais à ses enfants, de 10 et 7 ans, et à sa femme. Un mois et demi plus tôt, nous étions tous autour de la table de Noël, non loin d'ici, à chanter des chants traditionnels. Je revoyais ce moment, son sourire, ses vêtements du dimanche.

En décembre 2022, je revois Taras, qui vient d'être envoyé à la base de Lviv après des mois à Bakhmout. Son corps remplit cette saleté d'uniforme. Il le porte encore, en permanence, comme sa douleur. La guerre a marqué son visage. Des rides sont apparues, sa barbe est longue et grise. Son regard, hagard, se perd dans le vide. Diagnostiqué d'un syndrome de stress post-traumatique, il veut se faire réformer. Il ne dort pas, à cause de terribles maux de tête dus à de multiples commotions. À cause de l'artillerie et des bombardements, les chocs répétés ont atteint le cerveau, entraînant des maux invisibles, des sautes d'humeur, des troubles de la vision et de l'audition. Un crissement aigu dans l'oreille le suivra pour toujours à cause d'une explosion trop proche. D'habitude si joyeux, il est devenu gris, comme éteint. Il me montre les vidéos de Bakhmout. La neige, la boue et «la route de la mort» qu'ils devaient emprunter pour ravitailler les premières lignes. Sur le bas-côté, au milieu du champ, de nombreux pick-up militaires comme le sien ont vu leur course arrêtée par des mines ou des tirs, et avec elle la vie de gens comme Taras. Son unité a « de la chance ». Ils n'ont eu « que » cinq morts, dont un suicide, et dix blessés.

En août 2023, lors d'une visite dans une base près de Kramatorsk, dans le Donbass, je rencontre d'autres Taras. Ils sont au moins un million, ces Ukrainiens qui se battent pour leur pays, au cœur du danger et dans des conditions d'hygiène parfois déplorables. Tous les bâtiments autour de la petite base ont été bombardés. Les soldats dorment dehors sur des bancs. « Ici, c'est du luxe par rapport à là-bas. Tu ne peux pas boire de l'eau, tu ne peux pas te laver, tu ne peux pas manger », m'explique Ihor, militaire originaire du Donbass, de retour des positions situées à 30 km, d'où provient le grondement des bombes. « J'ai 25 ans, mais j'ai le corps d'un vieux, à cause de l'humidité, j'ai toujours mal aux genoux... mais au moins je peux vous dire s'il va pleuvoir demain », s'amuse-t-il. Étonnamment, Kramatorsk est devenu un lieu de repos. Plusieurs cafés, restaurants, saunas et même deux maisons closes ont ouvert depuis le début de l'invasion. Les salaires des soldats peuvent atteindre 2 500 euros pour les positions les plus dangereuses. D'ailleurs, Taras m'envoie chez Denys, un coiffeur qui a ouvert pendant l'invasion, une figure locale qui coupait les cheveux et les barbes des militaires dans un simple appartement avant de créer un barber shop dans le centre-ville. Dans un petit local au rez-de-chaussée, un lance-roquettes usagé sert de porte-sèche-cheveux. Lance-missiles antichar, casque d'un soldat russe, chevrons : à côté du fauteuil à shampoing, les trophées s'accumulent. Des cadeaux des clients. « Au début, j'étais même étonnée : ils arrivent parfois tout sales, comme s'ils sortaient directement des tranchées », sourit Maryna, la coiffeuse de 26 ans qui travaille avec Denys. Plus la guerre dure, plus les soldats trouvent des solutions ingénieuses pour améliorer leurs conditions de vie. Certains ont installé des saunas directement dans les tranchées. « Maintenant, il existe des "douches sèches", s'enthousiasme Ihor, tu ajoutes un peu d'eau dans le paquet, tu fais mousser avec un gant en tissu et tu peux te laver. Il y a une lingette sèche à l'intérieur qui suffit pour le rinçage. La meilleure invention de la guerre ! »

MANGER

Imaginez : du jour au lendemain, pour quelque raison que ce soit, un confinement, une guerre, vous ne pouvez plus sortir de chez vous pendant un mois et demi. Le jour suivant, l'électricité s'arrête, puis le gaz, puis l'eau. Comment allez-vous vous nourrir ? Si vous habitez à la campagne, il sera probablement plus facile de survivre. Sans doute avez-vous quelques réserves, parfois des conserves, parfois un jardin, du bois pour allumer un feu, peut-être des moyens de récupérer l'eau de pluie. Si vous êtes plus âgés, vous avez vraisemblablement fait davantage de réserves, par habitude, car vous n'avez pas toujours connu l'abondance. Je me souviens d'entendre ma mère parler de son oncle dans le Lot-et-Garonne, où nous avons toutes les deux grandi. Il s'était fait cambrioler, mais « heureusement », les voleurs n'avaient pas touché à la pièce la plus importante de la maison, le garde-manger. Le congélateur était ce qu'il avait de plus précieux.

En revanche, si vous vivez dans une ville de 450 000 habitants, au sommet d'un immeuble de cinq étages, vous n'avez pas vraiment de raison, comme la plupart des urbains, de faire des provisions pour l'hiver. Pourquoi en faire quand les supermarchés sont toujours approvisionnés, que l'eau coule du robinet ? Que faites-vous quand cette abondance, joyeuseté de la civilisation, cesse de jaillir du jour au lendemain ? C'est la situation dans laquelle s'était trouvée Maria, à Marioupol.

Je l'ai retrouvée un peu par hasard un mois plus tard, le 31 mars, au théâtre de marionnettes de Lviv.

À ce moment-là, je voyais souvent un de ses amis, un acteur originaire de Marioupol qui gérait le lieu culturel, transformé en centre d'accueil pour les réfugiés. Il n'avait plus de nouvelles de ses parents ni de ses proches, mais, me dit-il, c'était un miracle que Maria, quant à elle, soit sortie vivante du siège, qui plus est avec sa mère et sa sœur. Le siège allait encore durer jusqu'à la fin mai 2022. Près de 90 % des immeubles seraient endommagés.

Actrice amateure, comédienne au théâtre de Marioupol, chargée de projets, organisatrice d'événements culturels, Maria a toujours vécu dans « la ville de Marie ». Quand j'ai revu cette grande rousse au milieu de l'escalier en marbre du théâtre de marionnettes, sous le grand lustre du vestibule, j'ai immédiatement remarqué son visage rayonnant malgré la fatigue. « J'aime beaucoup la culture, mais je ne pensais pas que je finirais par vivre en coulisses », s'est-elle amusée en caressant son chat roux, Michka, qu'elle avait sauvé du siège. Ce jour-là, à Lviv, je devais l'interviewer pour recueillir des preuves du bombardement du théâtre d'art dramatique de Marioupol, alors même qu'y était inscrit à la peinture blanche, visible depuis le ciel, « *DETI* », « enfants » en russe. Des informations nous parvenaient de Marioupol : les Russes avaient, semblait-il, bombardé le lieu le 16 mars, mais aucun témoignage direct n'avait été publié. Moscou avait déclaré que le refuge était rempli de militaires. Plus tard, une enquête d'Associated Press estimera le bilan total à 600 morts, sur 1 000 civils, surtout des femmes et des enfants qui se cachaient dans le théâtre. Maria serait peut-être la première à pouvoir raconter comment elle avait survécu.

Avant d'aller la voir, j'avais pris une grande inspiration. Ce serait la première fois qu'elle parlerait. Je sais combien la première interview peut être traumatique. Je n'arrivais pas à imaginer ce qu'elle avait vécu, mais je savais déjà que ce moment allait être précieux et fragile.

Maria sursautait au moindre claquement de porte, évitait de se rapprocher des fenêtres et du lustre par peur qu'ils explosent, et répétait à l'envi : « Ne stockez jamais la nourriture au même endroit. » Car son mois d'enfer avait été plus rythmé par la recherche de nourriture que de sécurité.

*

Maria, Marioupol

En 2014 et en 2015, les séparatistes, soutenus par l'armée russe, avaient déjà essayé de prendre Marioupol. À l'époque, nous avions juste attendu une semaine à la maison que l'armée ukrainienne les déloge de notre ville. Alors, le 24 février, comme beaucoup à Marioupol, j'ai cru que ça allait être rapide et... disons, pas très douloureux. Nous avions survécu en 2014 et, aujourd'hui, à nouveau, nous allions survivre. Mais, finalement, ça ne s'est pas passé comme ça. Jusqu'au 2 mars, la situation était à peu près normale. Il y avait des queues de plusieurs heures devant les supermarchés, qui étaient dévalisés. Nous faisions la queue, nous aussi, mais c'était un peu comme pendant la pandémie. Tout le monde achetait du papier toilette, des pâtes, des flocons d'avoine... Mais le 2 mars, l'électricité a disparu dans toute la ville et, en conséquence, l'eau n'était plus pompée et n'arrivait plus jusqu'à nous. Après quelques jours, on a commencé à avoir des problèmes de réseau. Donc, nous n'avions pas d'électricité, pas d'eau, peu de réseau, mais, au moins, il nous restait du gaz. La véritable prise de conscience que cela allait être une catastrophe a eu lieu le 6 mars, quand ils ont coupé le gaz. La ville était déjà encerclée par les Russes. Lorsque l'électricité s'était interrompue nous nous étions procuré des produits qui ne se périment pas. Sauf que, quand ils coupent le gaz, tu te demandes : mais qu'est-ce que je vais faire avec ces foutues pâtes ? C'est à ce moment-là qu'on a entendu nos voisins à travers le mur. Le soir où le gaz a disparu, ils se sont crié dessus très fort, ils se disputaient sur ce qu'ils devaient faire, comment nourrir les enfants.

Le lendemain, tous nos voisins sont sortis dans une ambiance bon enfant avec des barbecues portables, des casseroles et ils ont commencé à couper du bois. Mais, chez nous, il n'y avait que des femmes : ma sœur, ma mère et moi. Nous n'avons pas d'hommes à la maison, pas de hache, personne pour couper du bois. Comment faire ? Nous étions très désespérées. Quelques jours plus tard, les gens se sont mis à avoir peur de sortir, car on entendait les bombardements de la rive gauche. Alors ils tentaient de ne pas s'aventurer plus loin que leur cour d'immeuble. Mais nous, nous voulions prendre l'air, voir les destructions. En nous promenant dans la ville, ma mère et moi avons trouvé une solution à notre problème de bois. Comment ça marche, les bombardements ? Une bombe s'écrase et l'onde de choc fait tomber l'arbre et le déchire. Du bois idéal pour la cuisine ! Nous l'avons donc simplement ramassé dans la rue. Ensuite, les gens ont fait la même chose, puis, finalement, on s'est mis à coopérer pour allumer des feux de camp plus grands avec une seule grande casserole en fonte. Nous avons fait connaissance avec nos voisins, tout le monde s'entraidait.

Dès le 6 mars, avec la coupure du gaz, nous avons eu peur. Les pillages et les cambriolages ont commencé. La défense territoriale nous a dit que c'étaient les Russes qui cassaient les magasins pour provoquer les pillages. Près de chez nous, dans la rue principale du centre, tous ont été détruits, même la poste ! Pourtant, il n'y avait rien à manger à la poste ! Quand on a compris qu'on ne pourrait plus rien acheter, on a fait l'inventaire de notre nourriture. Pour notre famille de trois personnes, on pouvait tenir deux semaines. C'est drôle, parce qu'à ce moment-là nous ne voyions pas cela comme un problème. On se disait juste « le plus important, c'est que Kyiv tienne », « pourvu que Kharkiv se défende ». Il y avait une rumeur qui courait dans la ville selon laquelle la Légion étrangère viendrait libérer Marioupol *(rires)*. On s'est dit « c'est bon, on a plus qu'à les attendre, on est sauvés ! » Il faut juste attendre et tout ira bien.

Nous vivions comme dans un village du XIXe siècle. Le soleil se lève, on se lève. Le soleil se couche, on se couche. Le 10 mars, nous avons décidé de ne plus dormir dans nos chambres, car nous avions de grandes baies vitrées qui pouvaient exploser avec le souffle. Nous avons mis un matelas par terre pour dormir toutes les trois le plus loin possible des fenêtres, avec la table de chevet pour nous protéger. Le jour où les vitres, et même le cadre des fenêtres, ont été soufflées par une explosion, la table de chevet nous a beaucoup aidées.

On discutait, on se préparait à aller chercher de l'eau dehors, et soudain on a entendu un grand «douuuf». On se couvre aussitôt d'une couverture, puis on entend un deuxième «douuuf». Nous étions recouvertes de débris, allongées par terre. Nous allions toutes bien, mais nous avions un trou énorme à la place des baies vitrées. La porte qui menait au couloir était déformée, coincée dans le mur à moitié effondré. Je sentais de la fumée, la maison brûlait, mais je n'arrivais pas à ouvrir la porte de la cuisine. Finalement, j'ai tiré fort et j'ai réussi à l'ouvrir. Et là, c'était juste la dévastation. La cuisine s'était totalement effondrée. Le carrelage, la cuisinière, tout était détruit. La porte d'entrée s'était envolée, arrachée. La roquette s'était écrasée pile sur notre appartement et la fumée venait des débris dans la rue. J'étais sous le choc devant le vide de la cuisine et je me suis rendu compte que je n'avais pas mon chat, Michka. Quand je me suis tournée vers l'entrée, j'ai vu le voisin qui était là, sur le pas de la porte. Il n'avait pas l'air bien, il titubait puis il est tombé. Il venait de promener son chien. On a compris après qu'il avait été touché par un éclat et qu'il était parvenu à courir se réfugier dans l'immeuble. Sa famille arrive, on le tire dans notre appartement, car il y a des débris partout dans la cage d'escalier. Finalement, il meurt dans notre couloir. Il s'est vidé de son sang. Ma mère, encore sous le choc, répète : « Il faut balayer, il faut balayer », et elle commence à balayer autour d'une personne morte. Je lui dis : « Maman, ça ne sert à rien, il n'y a plus rien à faire. » On ne savait pas comment réagir. Puis, soudain, on a pris conscience qu'on avait été vraiment stupides. Toutes nos réserves de provisions avaient disparu en une seconde avec la cuisine. Il ne faut jamais stocker toute la nourriture au même endroit, c'est un conseil.

Tout était sens dessus dessous dans l'appartement, dehors il faisait froid, les températures étaient négatives la nuit. On aurait pu aller chez mon oncle, mais il n'avait pas de nourriture. Nos voisins de derrière le mur nous ont proposé de venir chez eux. Nous nous sommes installées dans leur appartement et, à partir de ce jour-là, on nous a littéralement bombardés tous les jours.

Nous n'avions pas compris que la bataille avait lieu dans notre quartier. La roquette dans la cuisine n'était qu'un début. Nous ne pouvions pas partir. Les voisins ont fermé les fenêtres avec des meubles, calfeutré les trous des portes, et on a attendu. Nous avons vécu dans le couloir de deux mètres sur un mètre et demi à six personnes pendant une semaine. Notre seule source de lumière était une guirlande à piles que j'avais achetée pour le Nouvel An. On nous tirait dessus toutes les heures avec tout ce que vous pouvez imaginer, car l'immeuble était juste en face de l'université et la garde nationale y avait établi une base temporaire. Nos soldats mitraillaient les Russes depuis un terrain vague pas très loin. Nous nous sommes retrouvés sous des tirs croisés. Nous entendions tout. En une semaine, on est devenus des spécialistes. Ça, c'est un lance-roquettes multiple, ça, une arme à sous-munitions, une bombe lâchée d'un avion, des tirs d'armes automatiques, un missile balistique. Nous ne pouvions tout simplement pas sortir. Nous n'avions pas beaucoup de nourriture, car elle était dans la cuisine.

Un soldat ukrainien nous a beaucoup aidées en matière de nourriture. Puisque notre voisin gisait dans le couloir, ma mère a décrété qu'il fallait agir. Elle est allée voir les militaires pour leur demander des conseils. Ils nous ont dit qu'on devait le sortir. C'était une opération très difficile de l'extraire du couloir et de l'enterrer dans le jardin. On l'a fait seules, car les soldats ont dû partir mais ils ont donné à ma mère une boîte de cookies Maria. Ces biscuits sont les plus vendus en Ukraine. Ce sont des galettes, ni sucrées ni salées, fines, un peu comme des petits-beurre. Nous en mangions six par jour et par personne, parfois moins, avec une très légère couche de pâté que nous avions trouvé chez les voisins.

Nous avions conservé quelques bouteilles d'eau, mais, sans chauffage, l'eau avait gelé. Nous étions obsédées par l'idée d'avoir toujours du bois et une casserole dans la cour. Il faisait très froid, et nous voulions faire du thé. Mais, chaque fois qu'on sortait et qu'on essayait de cuisiner ou de faire fondre de la neige, ils recommençaient à bombarder. Alors on n'arrivait pas à faire fondre notre eau. Nous avons donc compris que nous devrions survivre d'une manière ou d'une autre sans faire bouillir de l'eau. Heureusement les voisins eux aussi avaient un peu d'eau. On la gardait avec nous. Dans notre couloir, réchauffée par nos corps, elle ne gelait pas. Alors on a pu boire un verre par jour et par personne.

Au bout du sixième jour, nous manquions d'eau et nous arrivions à la fin du paquet de biscuits. Nous ne sortions plus de l'immeuble. Les quartiers voisins avaient été capturés et trois chars ukrainiens stationnaient devant chez nous. À cause des bombardements, on craignait que notre appartement finisse par être totalement détruit, avec nous dedans. Et même si l'appartement tenait, nous comprenions bien que la ligne de front, déjà toute proche, risquait de l'être encore davantage, et qu'il était probable que l'armée russe parvienne en bas de chez nous. Et si l'armée russe débarquait, alors c'en était fini de nous. Nous devions partir.

Le 15 mars, j'ai allumé mon téléphone avec le peu de batterie qu'il me restait et, comme par magie, j'ai eu un peu de réseau. J'ai appelé mon père à Kyiv, qui m'a dit qu'un convoi humanitaire évacuait les gens depuis le théâtre d'art dramatique. Nous n'avions qu'à y aller. C'était à environ une heure de marche. C'était relativement proche. Entre les très lourds bombardements, il y a des intervalles de calme, mais ils sont courts. Nous avons décidé de traverser la ville de cour en cour, près des entrées, pour nous cacher dans les caves si ça recommençait. On a échafaudé un plan : nous allions emporter le reste d'eau et des cookies avec nous, car nous pensions que le voyage pouvait durer plusieurs jours. On risquait de rester coincées dans un sous-sol pendant une journée.

Quand nous sortons pour la première fois depuis une semaine, le plan tombe à l'eau. Je ne reconnais pas notre cour. Il ne reste plus rien. Nous nous rendons compte que la plupart des bâtiments que nous voulions utiliser comme abri n'existent plus. À quelques maisons de la nôtre, il y a des chars avec la lettre *Z*. Nous finissons par nous mettre à courir. Et ces chars commencent à rouler sur l'avenue et à nous tirer dessus avec leurs canons. Les Russes sont en train de « travailler sur le secteur ». Finalement, nous arrivons au théâtre le jour suivant. Les Russes n'y sont pas encore. Après l'horreur qui s'est produite dans notre quartier, c'est si étrange : les gens promènent leur chien dans le parc, le soleil brille. À l'intérieur du théâtre, je me rends compte que c'est mon ami Denys qui s'occupe d'inscrire les gens, de noter leur nom et leur numéro. Et je dis : « Denys, tu as le paradis ici, tout simplement le paradis. »

Il y avait une cuisine de campagne sur le côté, où des centaines de personnes prenaient un déjeuner chaud. Ils nous ont offert du thé. Comment ça marchait, cette cuisine ? Chaque matin, beaucoup de monde venait au théâtre pour manger. C'étaient donc des chaudrons, de grands feux, un tas de barbecues pour nourrir les gens réfugiés dans le théâtre.

Pendant que ma mère cherchait une place avec ma sœur dans le théâtre, j'ai décidé de rendre visite à mon oncle pour voir s'il allait bien et chercher de l'eau. Je savais qu'il y avait des vieux puits près de chez lui. Je serais de retour à l'heure du déjeuner.

Quand je reviens quinze minutes plus tard, je vois que le toit n'est plus là. J'avais vu un avion voler et entendu un gros boum. Mais je ne m'étais pas dit que c'était le théâtre.

Je cours vers le théâtre et j'entends cette cacophonie de cris. Beaucoup de « maman ! maman ! ». Je rentre, les gens sont ensanglantés et tout gris au milieu des débris. Et tout le monde hurle la même chose, des prénoms similaires, des « mamans ». Alors je me mets à crier mon nom de famille. « Koutnyakova, Koutnyakova ! » J'ai l'impression de percevoir une réponse en haut, au troisième étage. Ou bien provient-elle du sol ? Je ne comprends pas d'où le son vient. Ça y est, les morts me parlent déjà. Mais je retrouve ma mère, ma sœur, mon chat dans sa caisse et même les voisins. Tout le monde est vivant. Les gens commencent à se précipiter dans l'abri aérien, avant de saisir qu'il est en feu. On entend des tirs de Grad dehors, un lance-roquettes qui nous vise. C'est juste une impasse. Vous ne pouvez pas être dehors, mais vous ne pouvez pas descendre au refuge non plus, car le bâtiment est en feu. Que faire ? Nous voyons comment les gens se précipitent dans des directions différentes à l'extérieur. Nous ne savons pas où nous courons. Nous courons juste. Les gens autour de nous ont eu le temps de prendre leurs affaires avec eux, contrairement à nous. « Il y a de la nourriture là-bas. La nourriture ne doit pas être jetée », dit ma mère. Et je lui crie, exaspérée : « Seigneur, mais quelle nourriture ? » Nous courons jusqu'à la gare. Ça bombarde. Alors on court à la philharmonie, qui sert, elle aussi, de centre pour les réfugiés. Ils nous donnent de la soupe. Oh, cette soupe, nous l'avalons d'une traite. Cela fait une semaine que nous n'avons pas eu de repas chaud. Puis, on nous donne des *pryanikys*, une sorte de pain d'épices. C'est merveilleux. C'est comme si nous avions oublié ce qui venait de se passer. Ce jour-là, nous avons parlé de deux choses uniquement : le bombardement du théâtre et à quel point ces *pryanikys* étaient savoureux (*rires*). Cependant, le soir, même la philharmonie est bombardée, ainsi qu'un centre sportif où des réfugiés survivent.

Nous décidons de quitter Marioupol. Des bénévoles ont trouvé un van, d'autres de l'essence. Ils nous amènent à une intersection à la sortie de la ville pour économiser du carburant. Il faut continuer à pied. Nous marchons trois heures sous la neige sur l'autoroute jusqu'au prochain village, Melekine, une station balnéaire sous occupation. La directrice de l'école du village refuse de nous héberger, car, selon elle, « il n'y a pas de nourriture à Melekine : vous vous rendez compte, cela fait des jours que nous n'avons pas vu du pain ». On rigole en lui disant qu'à Marioupol il n'y a même pas d'eau. Et cette collabo appelle les militaires de la DNR (république populaire de Donetsk, gouvernement fantoche créé par les Russes en 2014 dans le Donbass) pour nous virer, mais, en réalité, ils l'obligent à ouvrir les classes pour accueillir les réfugiés. Finalement, je trouve un peu de réseau et j'arrive à joindre des connaissances qui nous laissent dormir dans leur datcha, on n'a pas besoin de l'école. Et là, c'est la fête ! Il y a des conserves, de l'électricité, du chauffage, même du vin ! *Poushka raketa !* On fait un festin pour célébrer le fait d'avoir survécu. Mais les réjouissances prennent fin très vite quand on comprend que la nourriture ne durera pas éternellement. Il faut fuir à nouveau. En fin de compte, nous mettrons deux semaines à traverser le pays de ville en ville, en voiture puis en train, pour enfin arriver ici, à Lviv.

*

Le 15 mars 2022, je suis allée chercher ma colocataire Nastya à la gare de Lviv. J'avais réussi à la convaincre de quitter son bunker sous la tour de télévision. Je la suppliais depuis des jours de venir dans ma belle-famille, en lui assurant que la situation n'allait qu'empirer. Je voulais l'effrayer, puisqu'elle ne cessait de répéter que « dans une semaine, ce serait fini ». Je me disais qu'elle ne mesurait pas le sérieux de la situation, qu'elle avait peut-être perdu la notion du temps, après deux semaines sans voir la lumière du jour. Deux ans plus tard, elle me dira qu'elle m'avait haïe pour ça. « Elle se prend pour qui, la Française, à venir dans mon pays pour me dire qu'on va perdre. »

Une fois la décision prise à contrecœur, Nastya réussit à passer dans notre appartement à Kyiv une dernière fois, en coup de vent. Aucun chauffeur de taxi ne voulait aller à Obolon. « Ça ne va pas, ma fille ?! C'est la ligne de front chez vous », lui avait lancé un policier qui, finalement, avait accepté de l'emmener parce qu'elle avait menacé de s'y rendre seule, à pied. Je ne voulais pas embarrasser Nastya de trop d'instructions par téléphone, alors je lui avais dit de prendre juste mon deuxième ordinateur et une peluche qui me tenait à cœur. Quand je l'ai vue arriver à la gare de Lviv, à cinq heures du matin, le soleil était écarlate. Nastya était rayonnante. Comme si elle venait en week-end. «Mais, Nastya, c'est tout ce que tu as pris ? Où est ta valise ?» Dans ses mains, un tout petit sac à dos rose matelassé, avec une robe d'été à l'intérieur «parce qu'il va commencer à faire beau», des vêtements pour trois jours et une énorme boîte tupperware remplie de *pelmenis*, des raviolis à la viande. «Mais pourquoi tu as pris les *pelmenis*, on s'en fout des *pelmenis*, tu n'avais rien de mieux à prendre ? On ne sait pas si on va rentrer !» «C'est au cas où j'avais faim sur la route, et puis ils allaient pourrir dans le congélo.» Sur le moment, j'étais presque en colère. Elle avait eu l'occasion de prendre ce qu'elle voulait, de choisir, et elle avait gâché de la place avec des pâtes. Je n'avais qu'un pull, j'avais laissé mes bijoux, mes livres, des documents importants, mes carnets, du liquide, et elle avait pris des pâtes ? À l'époque, je n'avais pas compris le raisonnement de Nastya. Aujourd'hui, un peu plus. Ma colocataire venait de passer deux semaines dans le bunker avec peu de nourriture. Moi, je savais déjà qu'il n'y avait pas de pénuries de vivres ici, dans l'ouest de l'Ukraine. Nastya avait tout simplement eu peur d'être coincée sur la route et de ne pas rejoindre Lviv, à cause d'une frappe sur le train, par exemple. Dans le pire scénario, vous ne pouvez pas manger vos bijoux ni vos vêtements.

En temps de paix, nous percevons l'alimentation comme quelque chose de banal, si bien qu'on n'y réfléchit plus. Mais, dès le premier jour de la guerre totale, le rapport à la nourriture a changé pour les Ukrainiens, m'a expliqué l'anthropologue ukrainienne Marianna Douchar. «De nouvelles pratiques alimentaires ont commencé à voir le jour. En plus de la menace immédiate que représente la guerre, la population saisit instantanément qu'elle risque de manquer d'eau ou de nourriture», a développé cette spécialiste des pratiques culinaires. «Pour les Ukrainiens, l'histoire, marquée par les famines, les guerres et les pénuries, a été formatrice, tout comme, plus récemment, l'épidémie de Covid. Même si ce n'était pas une expérience aussi extrême que celle de la guerre totale, la pandémie et le confinement ont ravivé certaines pratiques qui étaient tombées dans l'oubli, surtout dans les jeunes générations, comme faire plus d'achats, plus de stocks, faire pousser des légumes sur son balcon ou faire des conserves pour plus d'autonomie alimentaire.»

Votre rapport à la nourriture dépend de vos expériences passées. Quand ma grand-mère parle de la guerre, c'est invariablement à table, devant de délicieux plats: «Nous, nous n'avions pas tout ça pendant la guerre.» C'était il y a plus ou moins quatre-vingts ans. Le maraîchage répondait aux besoins de la famille dans ces pays pauvres de Haute-Loire. L'élevage servait à vendre des bêtes ou des produits laitiers. Durant la guerre, les pénuries ne touchaient pas trop la région. La seule chose qui manquait était le café, remplacé par du café d'orge. Depuis quelque temps, ma grand-mère répète de plus en plus «nous, pendant la guerre, on n'avait pas tout ça». Ça lui sert d'excuse, car elle n'a plus vraiment l'envie de cuisiner ou de manger des plats élaborés. «Nous, pendant la guerre, on mange des sushis», je lui réponds, parce que je pense au restaurant de sushis, à Kramatorsk, à une quarantaine de kilomètres de la ligne de front dans le Donbass, qui n'a jamais fermé et qui, pendant très longtemps, était l'un des seuls restaurants ouverts de la ville, malgré les bombardements russes.

En général, l'Ukraine en guerre ne meurt pas de faim, sauf dans des situations de siège ou de quasi-siège : au printemps 2022 à Marioupol, à Tchernihiv ou dans les villes du nord de Kyiv comme Boutcha ou Irpin. Dans ce cas, selon les autorités ukrainiennes, la faim est utilisée comme une arme de guerre. En effet, à de nombreuses reprises, les Russes ont refusé le passage de convois humanitaires de la Croix-Rouge à destination des villes assiégées. Mais l'économie fonctionne encore dans la grande majorité du pays. Tant qu'il existe une route d'approvisionnement, la nourriture arrive. Les bénévoles fournissent également, parfois au prix de leurs vies, les villages meurtris par les combats. De plus, l'Ukraine est un pays agraire. De nombreux habitants sont paysans ou travaillent la terre à côté d'un autre emploi. Je me souviens du père d'une connaissance qui ne voulait pas évacuer son village du Donbass car « c'est bientôt la saison des patates et, si je pars, il n'y aura personne pour les planter ». Le potager est synonyme de survie.

Dans chaque village libéré que j'ai visité, dans les régions de Kyiv, de Tchernihiv, de Soumy, de Kharkiv ou de Kherson, l'une des questions principales, après la découverte des crimes de guerre, était de comprendre comment les habitants avaient survécu. Et survivre, dans ces conditions, c'est pouvoir boire et manger. À Stariy Saltiv, dans la région de Kharkiv, c'est la responsable d'une association qui a pris sa voiture et a traversé la ligne de front afin de chercher du pain pour son village après avoir trouvé un boulanger qui avait accepté de se rapprocher le plus possible d'elle. À Tchernihiv, les habitants d'un quartier ont fait des boucles de discussion sur l'application Viber pour partager la nourriture. Ceux qui avaient réussi à évacuer donnaient accès à leurs réserves. L'un avait des œufs, l'autre de la farine, et ils faisaient ensemble un gâteau.

Si l'Ukraine était peut-être plus apte à supporter un conflit de grande ampleur qu'un autre pays, c'est qu'elle a une connaissance profonde de la faim, acquise pendant les conflits mondiaux et les pénuries de l'Union soviétique. Mais surtout, de 1932 à 1933, l'est de l'Ukraine – frappée de plein fouet par les combats aujourd'hui – a été au cœur d'une des plus grandes famines du XXe siècle, l'Holodomor, «extermination par la faim» en ukrainien. À l'époque, la république socialiste soviétique d'Ukraine (dans l'est de l'Ukraine actuelle, l'ouest étant sous domination polonaise) constitue le grenier à grains de l'Union soviétique, avec ses terres noires fertiles. Moscou mène alors une politique de collectivisation forcée obligeant les paysans à aller travailler dans des fermes collectives. Les autorités soviétiques, qui soumettent les paysans à des quotas d'exportation démesurés – il s'agit de nourrir les ouvriers des villes –, réquisitionnent les céréales, les récoltes, mais aussi les réserves de nourriture. Certains villages sont fermés. Impossible de fuir la faim. Certains survivent en ramassant les quelques grains tombés dans les champs pendant la récolte. Un crime appelé «vol de la propriété socialiste», punissable de dix ans de prison à la perpétuité. Les habitants meurent de faim, leurs corps gisent dans les rues des villages. On les enterre dans des fosses communes. Au total, l'Holodomor a fait au moins 4 millions de morts sur les 30 millions d'habitants de la RSS d'Ukraine, des chiffres sous-estimés selon des historiens. Jusqu'à la moitié des habitants de certains villages ont disparu en un hiver dans le centre du pays. Sans parler du déficit des naissances, de la mortalité infantile élevée, des maladies qui ont suivi. L'espérance de vie en Ukraine a chuté de dix ans en 1933. Après la famine s'ensuivit le silence de plomb des autorités soviétiques. Ce fut seulement après l'indépendance, en 1991, que les historiens ukrainiens commencèrent à publier les premiers témoignages, conservés discrètement sous l'URSS.

Dans les campagnes ukrainiennes, ce souvenir de la faim marque les pratiques alimentaires et le rapport à la nourriture. C'est un attachement à la terre nourricière autant qu'à la maison. Face à un invité de marque, comme une journaliste française, ou pendant les fêtes, la table déborde de plats. Mais l'abondance cache un profond traumatisme. Dans la région de Poltava, l'une des plus marquées par l'Holodomor, où j'ai été invitée par des agriculteurs en mai 2022, je me souviens de la table garnie de viandes, de *pelmenis,* de légumes marinés. Pas un espace de libre sur ce buffet.

À la fin du repas, j'avais posé une question sans imaginer à quel point elle changerait l'atmosphère conviviale. « Votre famille a-t-elle souffert de l'Holodomor ? » « Mes arrière-grands-parents sont morts de faim, ils sont enterrés derrière l'église, leurs enfants ont été confiés à d'autres familles ou envoyés dans des internats », « toute la famille de mon père est morte de faim : son père, sa mère et deux enfants, il ne restait que lui. Sa tante l'a élevé, il a pris son nom de famille et le patronyme de son mari. Mon père m'a même raconté comment ils sont morts. Au bout du potager il restait quelques betteraves. Les Soviétiques sont arrivés et ont confisqué ces dernières réserves ». Tout d'un coup, les tracteurs et le grain volé par les Russes aux agriculteurs ukrainiens sous occupation ravivaient un traumatisme.

« La mort par la faim est terrible, c'est une mort longue, dans l'agonie. Ceux qui ont survécu, même quand c'était possible d'en parler après la perestroïka, à la fin des années 1980, avaient peur », m'a expliqué Maria Takhtaulova, historienne et directrice de l'Institut ukrainien de la mémoire nationale, à Kharkiv. Parfois, c'est la honte d'avoir pillé pour survivre ou d'avoir mangé des animaux domestiques. Quelques cas de cannibalisme ont été rapportés pendant l'Holodomor. Marianna Douchar raconte qu'aujourd'hui elle retrouve cette honte d'avoir pillé chez les personnes qui ont survécu, notamment à Marioupol. Dans les villages libérés, la nourriture est la première ressource apportée par les autorités ukrainiennes. Les habitants se jettent dessus. « La faim est une arme. Retirer la nourriture est l'un des moyens les plus efficaces d'humilier, d'atteindre la dignité humaine. Une personne affamée ne contrôle pas la situation et se comporte différemment. Elle est facile à manipuler », poursuit Marianna Douchar.

Après avoir écrit sur le siège de Marioupol, et surtout quand les coupures d'électricité ont commencé en octobre 2022, j'ai acheté des rations de survie en France. J'avais peur de me retrouver dans une situation avec beaucoup de bombardements ou au cœur d'une attaque chimique ou nucléaire, ce qui nous aurait empêchés de sortir pendant plusieurs jours. J'ai donc fait des réserves. Juste au cas où. J'ai aussi laissé des rations de survie à ma belle-famille, à Lviv, qui se moquait un peu de ma prévoyance. Pour eux, c'était de la paranoïa. Les rations de survie sont des sortes de blocs de poudre farineuse blanche que l'on mélange avec de l'eau et qui représentent 2 400 calories l'unité, les besoins journaliers d'un adulte. Je m'étais procuré des barres-repas de 500 calories pour les employés de bureau débordés. « Une solution pratique et équilibrée, ponctuelle ou quotidienne, et qui vous permet de profiter de votre temps précieux à votre guise », nous informe le paquet. En Ukraine, j'en mange quand je suis en reportage sur la ligne de front ou bien quand je n'ai pas d'électricité ni le temps d'aller chercher de la nourriture avant le couvre-feu. Dans un pays en paix, je ne comprends pas bien l'utilité. Pourquoi consommer de son plein gré une barre sans goût devant son ordinateur quand on peut jouir d'un repas chaud ? Après avoir dévalisé le magasin d'un camping à Paris à l'automne 2022, j'ai demandé au vendeur, amusée et curieuse : « Mais qui peut bien acheter ces rations de survie ? On a inventé l'eau, l'électricité, les supermarchés, pourquoi s'infliger de vivre comme un homme des cavernes quand on a le choix ? » « Des gens qui font du trek en autonomie », m'a-t-il répondu.

Si vous avez de bonnes connaissances en matière de survie, vous vous débrouillerez sans problème pendant la guerre. Des mois durant, j'ai passé pas mal de temps à regarder des blogueurs survivalistes, impressionnée par leur ingéniosité et leurs préparations. Cela a été très utile, même si je demeure perplexe sur l'intérêt de la démarche en France, surtout pour les plus extrémistes d'entre eux. Ils se préparent à la fin du monde et nous on la vit ?

Quand la guerre frappe à votre porte sans prévenir, vous n'avez parfois pas d'autre choix que d'être créatif et ingénieux. Récupérer l'eau des radiateurs ou du jus de bouleau pour remplacer l'eau potable. Utiliser les cratères d'obus pour allumer des feux de camp. Faire mariner les pâtes dans de l'eau pour les rendre mangeables. Un bénévole de Kharkiv m'a raconté avoir dû cuisiner 100 kilos de saumon fumé et du caviar le 24 février pour la défense territoriale. C'est ce qu'il restait dans les frigos de son restaurant. Celui-ci s'est transformé en association. Elle emploie aujourd'hui des dizaines de personnes, et prépare des plateaux-repas pour les villages sur la ligne de front et les militaires.

En hiver, les coupures d'électricité rendent les problèmes d'alimentation particulièrement graves dans les villes. Impossible de cuisiner si vous avez une plaque électrique. Les produits se périment dans le frigo. J'ai appris à mes dépens qu'après douze heures sans courant, vous pouvez les jeter. J'use parfois de la technique des campeurs : faire cuire les flocons d'avoine ou la *hrechka* (du sarrasin que les Ukrainiens mangent comme du riz) en les laissant dans l'eau une nuit entière. Avec quelques épices, ce n'est pas mauvais. Les plus audacieux mettront des bougies dans leur four, sous une casserole, pour réchauffer les plats, ou sous une cafetière italienne pour un café chaud. Certains allument un barbecue sur le toit de l'immeuble. Je ne vais quand même pas aussi loin.

L'ingéniosité est partout, comme le raconte Maria Banko sur son compte Instagram war.cookbook (« carnet de recettes de guerre »). Cette blogueuse ukrainienne recueille des témoignages sur la nouvelle gastronomie guerrière, comme celui d'Oleksandr. Dans la vie civile, ce garde national était déjà plutôt doué en cuisine. Alors, en mai 2022, quand la base de son unité est envahie par des escargots, il parie avec ses frères d'armes qu'il peut faire de ces petits envahisseurs un délicieux repas. Dans son autre vie, il payait cher pour les manger dans des restaurants huppés de Kyiv. Là, au milieu des fagots, il faut les ramasser, les faire baver dans de l'eau salée puis les cuire à la casserole. Et voilà, vous avez des escargots « à la guerre ».

Pour d'autres, l'alimentation est un moyen de participer à l'effort de guerre. Vitaly Koloschtchyts, un pizzaïolo ukrainien, a ainsi conçu un four à bois sur roulettes de 2-6 tonnes. Ce bénévole se déplace avec lui sur la ligne de front, prépare des pizzas pour apporter un peu de réconfort à ceux qui sont à table et à ceux qui cuisinent. Vitaly n'est pas une exception. Depuis 2014, de nombreux volontaires, en particulier des femmes, confectionnent des rations séchées, des barres de céréales et des pâtes de fruits. À tel point qu'au début de l'invasion les soldats disaient parfois qu'ils mangeaient « mieux qu'à la maison ». « Pour certaines femmes qui ne peuvent pas s'engager, faire la cuisine est le seul moyen de montrer son soutien », analyse Marianna Douchar.

De manière générale, presque toutes les communautés professionnelles de l'industrie gastronomique ont lancé leur propre mouvement pour soutenir la victoire, en Ukraine comme à l'étranger. Les membres du mouvement #ChefsForUkraine ont ainsi récolté des dizaines de millions de dollars pour World Central Kitchen, l'organisation du chef espagnol José Andrés. Cette mission humanitaire a été l'une des plus actives et les plus rapides à se déployer. De Lviv à Kramatorsk et même sur la ligne de front, elle achète de la nourriture et paye les chefs locaux afin de produire des plateaux-repas gratuits pour la population ou les militaires. Décentralisée, horizontale et vitale, elle était l'une des rares organisations internationales présentes dès le début sur les zones touchées.

Si la faim peut déshumaniser, la nourriture permet de retrouver un peu d'humanité. Ce n'est pas pour rien que les familles envoient des gâteaux par la poste aux militaires, quand ils sont en deuxième ligne. Et que le café devient la «boisson des dieux» dans les tranchées. À l'origine vendu dans des cafés de hipsters à Kyiv, les *drips*, ces filtres individuels remplis de grains moulus où il suffit de verser de l'eau chaude pour avoir un très bon café, sont devenus de plus en plus populaires. Lorsque je suis en reportage, je ne peux pas m'en passer. Pour les soldats que j'ai interviewés, c'est un plaisir quotidien, une façon de se rappeler qu'on n'est pas seulement un soldat, pour qui manger se réduit souvent à ingérer les calories suffisantes pour survivre.

Sous occupation, la nourriture devient un moyen de rapprocher les gens entre eux. Pour l'anniversaire de son neveu en mars 2022, la mairesse d'un village du nord de Kyiv avait récolté tous les restes de farine qu'elle avait pu trouver pour faire un gâteau. À l'étranger, faire du bortsch ou d'autres plats nationaux permet de se rappeler l'Ukraine. Ce n'est pas pour rien que les restaurants ukrainiens ouvrent un peu partout où les réfugiés se sont installés. À Francfort, Myla passe son temps à cuisiner les mêmes recettes qu'elle faisait dans son café de Kyiv. Le jour où je suis allée lui rendre visite pour la première fois, au printemps 2023, elle avait ramené d'Ukraine l'ingrédient secret de son bortsch : la poire séchée. Son bortsch n'était plus seulement une soupe, il avait le goût de la maison. Nous étions ensemble enfin en sécurité, autour d'un bon repas, avec tout d'un coup le sentiment de retrouver dans ces délicieuses effluves un bout de notre vie d'avant.

Passer un coup de fil

C'est peu, 1 200 km : la distance qui sépare Rennes de Nice. Et Oksana – la mère de mon amie Diana – de moi. Pourtant, nous étions dans le même pays, en Ukraine, mais je me trouvais du côté de la « bonne frontière », à Lviv, près de la Pologne, et elle, elle était restée dans le Donbass. En mars 2022, ce n'étaient pas seulement 1 200 km qui nous séparaient, mais le gouffre de l'occupation, la ligne de front devenue aussi dure qu'un mur de béton. Toutefois, nous nous parlions au téléphone, alors que j'étais « en évacuation » lors de la bataille de Kyiv.

Dès le 24 février, les tanks russes avaient dévalé l'asphalte défoncé des rues de la ville d'Oksana. Les cheveux noirs et la peau pâle, le nez fin, les yeux noisette malicieux, un sourire généreux, elle a 55 ans mais en paraît dix de moins. Née en Russie, elle a passé la majorité de sa vie dans le Donbass, d'où est originaire son mari ukrainien. Quelques semaines avant le 24 février, un dimanche, nous avions mangé un excellent poulet dans sa maison recouverte de neige et entourée de trottoirs verglacés. Nous étions avec une consœur en reportage dans la région, et Oksana et son mari nous avaient invitées à déjeuner. Nous avions acheté des chrysanthèmes jaunes à la gare de Kyiv. Oksana m'avait montré la chambre d'adolescente de Diana ainsi que des photos gênantes d'elle à la fête du collège. Plusieurs jours après, elle nous avait apporté des crêpes au fromage blanc dans notre hôtel miteux : nous n'avions pas le temps d'aller prendre un café avant de partir travailler. En fourrure et bottes à talons, elle slalomait sur le verglas avec grâce et assurance, son tupperware à la main et son éternel sourire aux lèvres.

À Lviv, je n'arrivais pas à croire que c'était sa respiration, entrecoupée de sanglots bruyants comme des spasmes de douleur, que j'entendais dans la vidéo qu'elle m'avait envoyée. En arrière-plan, il y avait des cris, des drapeaux ukrainiens qui flottaient dans l'air, mais surtout des tanks et de jeunes soldats russes perdus qui semblaient ahuris de ne pas être accueillis avec des fleurs.

Quand les chars de Poutine étaient entrés dans la ville, Oksana était allée à leur rencontre avec une cinquantaine d'habitants. Juste avant, cette athée convaincue avait fait un crochet par l'église. « Dieu, protège-nous, sauve-nous », répétait-elle encore entre ses pleurs dans la vidéo. Ce jour-là, elle filmait l'invasion, à l'instar de nombreux autres manifestants qui arboraient des drapeaux européens et ukrainiens sur le dos. Ils bloquaient des dizaines de tanks flanqués du *Z*. Des voix s'élevaient de la foule en colère. « Gloire à l'Ukraine ! » « Occupants ! » « Partez, ici c'est l'Ukraine ! » Les quatre jeunes soldats russes en face d'Oksana, qui paraissaient à peine sortis de l'adolescence, étaient visiblement déconcertés. « Rentrez chez vous », lançait une femme. Les manifestants se mettaient à chanter l'hymne ukrainien. « Dieu, protège-nous, sauve-nous. » À un mètre d'un conscrit qui cachait son visage, un quinquagénaire appelait son épouse en visio. L'invasion en direct. Les militaires s'impatientaient. Ils avaient des ordres. Les esprits s'échauffaient. « Dieu, protège-nous, sauve-nous. » Soudain, des claquements de kalachnikovs, encore des cris, puis la caméra qui tombe et la vidéo qui s'interrompt.

Les occupants russes avaient tiré en l'air pour effrayer les habitants. Sans armes, avec l'armée ukrainienne qui avait dû partir le jour précédent, la population était livrée à elle-même. Comment organiser la résistance dans ces conditions, alors qu'une grande partie des habitants était apeurée et que l'autre était indifférente, voire carrément heureuse de voir arriver les Russes ? Quelques jours plus tard, j'ai téléphoné à Oksana et elle m'a raconté son quotidien sous occupation, la voix tremblante et souvent secouée par les pleurs :

« Je prie jour et nuit. Tout en moi est gelé par le chagrin et les larmes. J'ai pleuré pendant dix jours sans pouvoir m'arrêter. Maintenant, ça va un peu mieux. Ma belle-fille est en sécurité. Diana est en sécurité. Mais mon fils assure la défense de Kharkiv, et je prie pour lui jour et nuit. Quand j'ai vu les tanks dans la rue, j'y suis descendue, car je savais que leur chemin, après, c'était pour aller attaquer mon fils. Je me disais qu'il fallait les retenir. Il y a eu deux manifestations. Mais aujourd'hui, je ne fais rien, je suis au chômage technique. Chez nous, le territoire est occupé, les drapeaux russes battent au vent. Nous restons confinés à la maison. Je prie et je regarde quand mon fils a été en ligne pour la dernière fois. Il ne m'écrit pas beaucoup, mais parfois il envoie des cœurs. Il appelle rarement car il n'a pas de réseau. On tient bon.

« Clara, même dans mes pires cauchemars, je ne pouvais pas envisager que la Russie, comme un traître, tue nos proches, notre famille de cette manière, qu'elle détruise tout sur son passage. Je suis russe, mais maintenant je les déteste. Je les méprise tous. Ma propre nièce, la fille de ma sœur qui vit en Russie, m'a écrit : "Ce ne sont pas les Russes, les Russes sont venus vous libérer. Mais vos nazis vous tuent et détruisent tout." Tu imagines ! Je l'ai supprimée de mes contacts et je l'ai bloquée. Je ne communique plus avec ma propre nièce ni avec ma sœur. Nous n'avons pas faim, mais j'ai perdu sept kilos à cause de mes inquiétudes. Mais ce n'est pas le plus important. Le plus important, c'est mon fils. L'important c'est que la guerre s'arrête. Les nôtres assurent la défense partout, à Kyiv, à Kharkiv... Mais j'ai vu que les Russes se redéploient et qu'ils accumulent des forces. Je ne sais pas, je suis juste très inquiète. Pour moi, c'est comme si le monde entier avait basculé. Depuis dix jours, nous dormons par terre dans le couloir avec mon mari, habillés et prêts à chaque minute à fuir la maison si elle s'effondre sur nous à cause d'un bombardement. Imagine, cela fait des décennies qu'on construit cette maison, cette vie paisible. Nos enfants y ont grandi. Toute notre existence est ici. Et maintenant, tout cela s'écroule en un instant. Si les Russes restent, nous ne vivrons certainement pas ici. Nous partirons nous installer en territoire ukrainien. Nous irons là où seront nos enfants.

« Nous craignons que les soldats passent nous voir. Je me suis débarrassée de toutes les photos de mon fils.

Je supprime immédiatement les SMS. Mon Dieu, j'espère que personne ne viendra nous poser des questions sur lui ! Il y a quelques jours, des gens armés se promenaient en ville. Ils frappaient aux portes et, si on n'ouvrait pas, ils les faisaient tomber, tout simplement. Ils ont fouillé les maisons, les caves à légumes, les sous-sols. Ils ont tout retourné. Certains, qui se sont rendus au rassemblement, ont été arrêtés. Je ne sais pas où ils sont maintenant. Les occupants cherchaient aussi ceux qui avaient des liens avec l'armée, qui avaient combattu en 2014. En ce moment, nous sommes sous occupation, ainsi que les villes plus loin, à une cinquantaine de kilomètres à la ronde. Je ne sais pas comment on peut partir. Une copine de Diana a essayé, mais ils l'ont stoppée au checkpoint. Les Russes ne laissent pas passer. On pourrait prendre par le sud, là-bas nos forces tiennent bon, mais cela signifierait franchir la ligne de front... Des gens des villages alentour évacuent vers chez nous car il y a des bombardements tout le temps.

« Quand les Russes sont arrivés, ils ont installé leur propre administration militaro-civile. Ils ont nommé à sa tête un ancien politique local. Il avait pris sa retraite récemment, il a plus de 70 ans. Il collabore. Tout le monde doit choisir son camp, surtout les fonctionnaires. Un ami de mon mari était agent de sécurité dans une banque. Depuis, il a démissionné : ils l'ont forcé à communiquer des informations sur ses proches. Son fils était infirmier dans le centre de détention provisoire. Lorsque les forces d'occupation ont débarqué, elles lui ont lancé un ultimatum : "Soit tu portes nos épaulettes et tu continues à travailler, soit on t'envoie en première ligne." Ils lui ont donné trois jours de réflexion. Et voilà, il a aussi démissionné et à présent il se cache chez lui. Plus de salaire, plus d'argent. Ils parlent déjà de faire la rentrée scolaire avec les programmes russes et les profs collabos. Et bien sûr, si tu refuses, tu n'as plus de salaire. Pour le moment, on a encore notre monnaie, la hryvnia, mais ils veulent instaurer le rouble.

« Depuis une semaine, nous n'avons plus de réseau téléphonique du tout. Les opérateurs ukrainiens ne fonctionnent plus. Mais nous avons encore du Wi-Fi. Notre lien avec le monde et avec nos enfants passe par le Wi-Fi. J'espère qu'ils ne le couperont pas. »

Pendant l'Occupation, si vous étiez à Paris et que vous vouliez contacter vos proches à Marseille, en zone libre, il fallait envoyer des lettres et souhaiter qu'elles contournent la censure. Difficile d'avoir des nouvelles de l'autre côté du mur infranchissable de l'Occupation. Mais aujourd'hui, on peut se voir en direct, sur Skype. Nous vivons dans un monde de l'information et de l'immédiat. La guerre n'échappe pas à ce changement de paradigme. Les soldats ukrainiens publient sur YouTube ou TikTok les images de leurs assauts, filmés à la caméra Go-Pro ou au drone. Oksana m'a d'ailleurs montré une vidéo de son fils, prise avec sa caméra accrochée à son gilet pare-balles. Le 4 × 4 tout neuf de son unité, reçu le jour précédent, a été touché par des tirs. On le voit prodiguer les premiers soins et courir, en disant « au revoir, la voiture ! » face à l'objectif.

Quand ils ont la chance de ne pas être en première ligne et d'avoir un peu de réseau, les soldats passent parfois des heures pendus à leur téléphone ou sur Skype, grâce au réseau de Starlink. À l'été 2023, j'ai rencontré un militaire sympathique dans une base du Donbass. La cinquantaine grisonnante, le sourire édenté, il m'a immédiatement demandé de le suivre sur TikTok, où il fait sensation en déclamant des poèmes dans les tranchées. Si le réseau aide les familles à se parler, comme pour Oksana et son fils, il ne permet pas toujours, en revanche, de mieux se comprendre entre ceux qui sont à l'arrière et ceux qui vivent à l'avant. Chacun évite les sujets qui fâchent. Les soldats avec qui j'ai pu discuter me racontent souvent plus de détails qu'à leurs épouses sur leurs vies de combattants. « Moins tu en sais, mieux tu dormiras. »

À l'époque où j'appelle Oksana, en mars 2022, il est difficile de saisir le flot d'informations. Durant les trois semaines qui suivent le début de l'invasion, mon téléphone sonne toutes les dix minutes. Les rédactions, des sources, mes amis en France. À peu près tout mon répertoire y passe, si bien que je dois demander sur les réseaux sociaux à mes proches de ne pas m'écrire et de prendre de mes nouvelles par mon conjoint ou mes parents. En même temps, je reste en contact avec les gens que j'ai vus les semaines précédentes dans le Donbass. Mais les nouvelles ne sont pas bonnes. Beaucoup tentent de fuir sans succès.

J'envoie un message à Édouard, un homme jovial et généreux qui avait déjà dû partir de Louhansk en 2014. Je l'ai rencontré un mois plus tôt, dans le Donbass. Avec sa fille adulte, handicapée et alitée, le quinquagénaire vit depuis 2014 dans sa datcha de Chtchastia, un village mal nommé « Bonheur », situé sur la ligne pudiquement baptisée « de démarcation ». Le bourg avait déjà été bombardé deux semaines avant l'invasion, mais la famille ne pouvait pas évacuer à cause de la santé de sa fille. En mars 2022, « Bonheur » s'est transformé en enfer, un enfer qu'Édouard me retranscrit dans un SMS de quelques lignes.

« Bonjour Clara. Malheureusement ma famille ne va pas bien. Ma fille est décédée. Je suis à Chtchastia, j'y reste jusqu'à ce que je puisse l'enterrer, elle ainsi que ma première femme. Elles sont toujours sous les décombres. Le ministère des Situations d'urgence pense que les corps ont brûlé jusqu'aux os. Excusez-moi. Pour le moment, je ne vais nulle part. Mais un jour, je partirai d'ici. »

Quelques jours plus tard, je reçois l'appel inattendu d'un officiel de la région de Louhansk, très haut placé, ivre de désespoir autant que d'alcool. Il me prie de me rendre à Sloviansk, qui se trouve, à ce moment-là, à une dizaine de kilomètres de la ligne de front. On s'attend à ce que la ville de 100 000 habitants tombe assez rapidement. Tout le monde regarde vers Kyiv.

« C'est évident que je ne vais pas vous emmener au Nord, vous faire courir des dangers inutiles, mais ce que vous verrez ici sera suffisant. Je peux venir vous chercher à la gare de Sloviansk.

— Mais quelle est la situation ?

— Tout est relatif, parfois ça bombarde, parfois non. À Sloviansk, c'est à peu près OK. Pourquoi, vous avez peur ?

— C'est que ce n'est pas vraiment mon boulot, d'être correspondante de guerre.

— Envoyez-moi vos correspondants de guerre, alors. Ou prenez une voiture blindée et venez à l'avant et je vous montre. Ce sera la meilleure interview que vous aurez de votre vie.

— Je ne viendrai pas, mais vous pouvez me raconter par téléphone.

— Non, ça ne sert à rien... vous avez bien des hommes, des correspondants de guerre, qui peuvent faire le déplacement ? Avec qui vous pouvez me mettre en contact ?

— Mes collègues couvrent la bataille de Kyiv, ils ne viendront pas. Et ils tirent aussi sur les couloirs humanitaires, comme à Marioupol ?

— Oui, bien sûr, c'est sous les bombardements, tous les jours. On a eu trois bus qui se sont retrouvés sous les tirs. On a déjà évacué 10 000 personnes. Non, mais si vous ne voulez pas vous déplacer tant pis.

— Et sur l'occupation à Louhansk, vous avez des informations ?

— Non, ça ne m'intéresse pas, on n'a pas d'informations ! Mais réfléchissez, contactez vos chefs ! Je vous emmène là où ce n'est pas trop dangereux.

— Mais personne ne peut venir maintenant, soit ils ne veulent pas, soit ils sont à Kyiv ou à Kharkiv. Certains de mes collègues ne veulent pas aller en Ukraine, ils ont peur.

— Et vous, vous avez peur ?

— Non, je suis ici, en Ukraine, j'étais à Kyiv, je ne pars pas du pays. Mes collègues viennent et repartent, moi je continuerai à couvrir l'Ukraine pendant des années, et, pour ça, je dois rester en vie.

— Mais je ne vais pas vous raconter par téléphone, vous devez venir et votre article ce sera de la bombe. »

Pendant un instant, je me demande s'il n'a pas fait défection et s'il ne veut pas prendre une journaliste en otage. En ligne, je ne vois pas la confirmation qu'il travaille encore pour les Ukrainiens. À ce moment-là, on ne sait pas vraiment quelle ville est occupée. Cependant, je passe quand même sur une application sécurisée, où nous parlons en ukrainien. Même si, complètement saoul, il s'impatiente face à mon refus de le rejoindre, j'arrive malgré tout à lui soutirer des informations sur la situation dans le Donbass.

« Il n'y a plus de bâtiments, des cadavres et des blessés gisent dans les rues. On ne peut pas enterrer les morts car il y a des bombardements constants. À Popasna, à Zolote, il n'y a juste plus de ville, tout a été rasé. Il y a des tirs avec des armes chimiques, probablement du phosphore, mais on ne peut pas faire d'enquête. "L'horreur" n'est pas un mot assez fort. Les gens sont dans les caves depuis des semaines. Même s'il y a des bus d'évacuation, ils restent dans les abris car ils ne sont pas au courant qu'on vient les chercher, il n'y a pas de réseau. Les hôpitaux ne peuvent pas fonctionner sans eau, ni gaz, ni électricité. Mais, de toute façon, les gens ne peuvent pas amener les blessés. Ça bombarde trop. Je ne comprends pas... Ce sont des civils, des centaines de civils... Pourquoi ils les tuent ? Pourquoi ? »

Tout à coup, la distance qui me sépare de cet homme, d'Édouard ou d'Oksana me paraît immense. Ils sont dans un autre monde, inaccessible. Pendant que les batailles de Kyiv et de Kharkiv font rage, se déroule dans le Donbass et dans les territoires occupés un massacre à huis clos. Mais personne ne va se rendre dans le Donbass alors que la capitale risque de tomber. Depuis deux ans, je m'en veux régulièrement de ne pas pouvoir faire plus, de ne pas apporter de vivres à ceux qui en ont besoin, mais, là, ce militaire me demande juste d'effectuer mon travail. Je m'en veux tellement de ne pas être plus courageuse, de ne pas y aller. Les visages de ceux que j'ai vus il y a quelques semaines me hantent. Il n'y a quasiment pas de journalistes dans le Donbass, où la Russie commet les mêmes crimes qu'à Marioupol.

Avoir accès au réseau, et a fortiori aux informations, se révèle plus compliqué sous occupation que sur la ligne de front. Suite à la libération de plusieurs territoires, j'ai observé différents cas de figure selon les régions. Certains villages avaient été complètement coupés du monde, ce qui les avait parfois sauvés : les civils ukrainiens qui y vivaient ne pouvaient pas communiquer leurs positions. Ailleurs, la population avait été contrainte de se rendre au seul endroit de leur bourg qui recevait du réseau, au bout d'une route à découvert, à l'orée d'une forêt, comme quand j'étais petite, dans les zones blanches de mon village. Beaucoup de risques étaient pris pour quelques secondes de connexion, pour dire qu'on est vivant ou vérifier si vos proches le sont. Dans une rue du village de Demydiv, au nord de Kyiv, une seule personne allait chercher et donner des nouvelles pour sauvegarder la batterie et éviter les Russes. Si possible c'était une babouchka, qui ne craignait rien : les Russes ne la toucheraient pas, ils étaient venus pour « libérer » des gens comme elle. De temps en temps, certains habitants utilisaient le réseau pour transmettre la position des tanks russes. Et puis, il y avait tous les coups de fil restés sans réponse, passés dans l'espoir d'avoir un signe de vie de ses proches.

À Lviv, j'allais plusieurs fois par semaine au théâtre de marionnettes pour connaître les dernières nouvelles de Marioupol. Maria Koutnyakova, qui a survécu là-bas avec un paquet de gâteaux, se rendait tous les jours au siège de Kyiv Star, un opérateur ukrainien, en face de chez elle : jusqu'au 2 mars, date à laquelle Marioupol a été coupée du monde, deux courageux ingénieurs venaient jour et nuit ravitailler en essence les générateurs qui alimentaient les antennes relais. C'est grâce à eux que Maria a su que des convois d'évacuation étaient organisés depuis le théâtre d'art dramatique. D'abord accompagnés par des soldats, les ingénieurs se sont retrouvés à protéger seuls les antennes quand les Russes sont entrés dans la ville à la mi-mars.

Dans les territoires occupés, c'étaient parfois des fermiers qui réapprovisionnaient les générateurs des antennes en essence. Grâce à eux, un groupe de journalistes a réussi héroïquement à envoyer des photos des bombardements, les seules qui nous permettaient d'apprendre ce qu'il se passait. Marioupol était la scène d'un crime de masse sans témoins. Comment peut-on faire disparaître une ville entière au XXIe siècle ?

Certains hackers ukrainiens sont connectés à des milliers de caméras de surveillance en Crimée ou au Donbass, ils assistent en direct à l'occupation en utilisant les images des banques, des bijouteries, des magasins de vêtements. Je peux également appeler Oksana, voir les tanks comme j'ai vu l'invasion, en visio. Mais les Russes peuvent aussi effacer une ville de 400 000 habitants de la carte en la plongeant dans le noir complet. Les témoignages recueillis auprès des survivants éclairent par petites touches cette toile obscure, comme une lampe torche met en lumière les différentes pièces d'un puzzle macabre, sans divulguer le tableau complet ; des cadavres gisant en bas de chez eux, des tombes creusées à la main par des voisins dans la terre battue des cours d'immeubles, des fosses communes de 300 mètres de long, où 9 000 personnes sont enterrées, une maternité bombardée. Le 20 mai 2022, Marioupol rejoint cet autre monde, là où l'horizon s'est figé depuis huit ans. Un monde entier hors de notre vue. Après presque trois mois de siège, la ville de Marie est tombée.

Quand vous n'avez pas de réseau, non seulement vous ne pouvez pas contacter vos proches, mais vous ignorez aussi ce qu'il se passe au bout de la rue. En juillet 2022, j'ai téléphoné à Maria, et elle m'a rapporté qu'un ami l'avait appelée : « Il ne captait plus depuis cinq mois, il ne savait pas ce qui était arrivé. Le siège, la bataille de Kyiv, la prise de Kherson... J'ai dû lui raconter les cinq premiers mois de la guerre. » La tante d'un ami, elle aussi à Marioupol, s'était cachée pendant des semaines dans sa cave. La sexagénaire était persuadée que c'étaient les Ukrainiens qui bombardaient la ville. Comment elle aurait pu être au courant ? Elle ne voyait que les bombes et les ruines depuis le pas de sa porte. Des soldats russes sont venus chez elle à la mi-mars, ils lui ont apporté de la nourriture en lui disant que les Ukrainiens frappaient la ville. Comment le vérifier ? Cette médecin d'origine juive voyait où les obus tombaient, pas d'où ils s'envolaient dans le ciel. Comment ne pas croire les soldats descendant de ceux de l'Armée rouge qui avaient chassé les occupants nazis après qu'ils avaient « nettoyé » la ville de ses 8 000 Juifs ?

Dès la fin du siège, en mai 2022, les Russes qui se sont emparés de la ville ont immédiatement installé des écrans géants partout, sur lesquels passaient en boucle les infos de la télévision d'État. Gagner les cœurs et les esprits à défaut de gagner la guerre. La tante nostalgique de l'URSS est montée dans un bus russe qui devait emmener les habitants dans un « camps de réfugiés ». C'est en tout cas ce qu'on lui avait dit. Mais, une fois passée la frontière, elle est descendue à Taganrog avec son sac à dos, lors d'une pause toilettes. Son instinct ? Elle ne sait pas. Pour finir, elle a eu de la chance : des bénévoles russes lui ont payé un billet pour aller voir de la famille à Moscou, puis elle a fui en Israël. C'est seulement des mois après qu'elle reviendra à la raison et comprendra ce que la Russie, qu'elle admirait tant depuis sa jeunesse, a fait.

*

Les images défilent en boucle sur les écrans de télévisions et de téléphones. Et pourtant, on ne sait pas grand-chose. Les territoires occupés s'éloignent de l'Ukraine, et nous n'avons jamais eu autant d'images, de rumeurs. Le 7 juin 2023, un jour après l'explosion du barrage de Kakhovka, je me rends dans la région pour constater l'ampleur des dégâts. Des milliers de tonnes d'eau déferlent sur les steppes du sud de l'Ukraine, dans la région de Kherson. Des centaines de journalistes comme moi se ruent sur place. Le premier jour qui suit l'explosion, les centaines de civils restés dans les quartiers de la ville libérée en novembre 2022 évacuent par bateau. Des bénévoles, la protection civile, les pompiers se coordonnent pour aller chercher les habitants et les animaux. Les journalistes font la queue pendant des heures pour monter dans les barques et filmer des images impressionnantes. Mais que se passe-t-il sur l'autre rive, occupée par les Russes ? Malgré la forte présence médiatique et le réseau disponible, des dizaines de rumeurs se répandent, et les pauvres habitants, coincés sur les toits de leurs maisons en argile, utilisent ces informations erronées pour décider de partir ou non. Des rédacteurs m'appellent pour me dire qu'une école a été bombardée à Kherson. Pourtant, nous sommes sur place, et il n'y a pas de bombes. En fait, le bruit qui court vient du maire d'une ville occupée, en exil sur la rive droite contrôlée par les Ukrainiens.

Volodymyr Zelensky dit que c'est un carnage rive gauche, que les Russes refusent d'évacuer les gens sans passeports russes, qu'ils leur tirent dessus et que des cadavres flottent sur les berges. C'est d'ailleurs comme ça qu'un des journaux pour lesquels je travaille titrera mon papier. Ça fait du clic, les corps à la dérive. J'ai passé plusieurs jours à téléphoner à une dizaine de personnes pour confirmer l'information. Elle était vraie.

« Patientez, s'il vous plaît, l'abonné est en ligne. Pendant qu'il discute, la victoire se rapproche. » En tentant de joindre des habitants des villages submergés, je tombe sur le message automatique de l'opérateur. Cela fait partie des petits changements quotidiens amenés par la guerre : certains opérateurs ukrainiens ont modifié leurs messages vocaux pour soutenir le moral des troupes. C'est assez paradoxal d'entendre cette phrase alors que j'essaie de parler à des gens en territoire occupé. Nous discutons en ukrainien, en faisant attention à ne pas employer des mots transparents en russe. Il faut passer par une autre personne pour nous mettre en contact. Je suis de retour à Kyiv, dans l'appartement d'un quartier chic du centre, avec de l'eau, de l'électricité et une vie au sec. À côté de moi, une amie venue me rendre visite écoute attentivement et prend des notes pour m'aider. Je me rends soudain compte que des larmes coulent en silence sur ses joues alors que les habitants décrivent leurs maisons inondées, les gens qui se noient dans l'eau trouble en tentant de rejoindre les bateaux d'évacuation, les maisons traditionnelles en argile qui s'effondrent sur elles-mêmes avec leurs propriétaires à l'intérieur, les corps des victimes imbibés d'eau ramassés par des bénévoles et qui ne tiennent pas tous dans la morgue de l'hôpital.

Le soir, en me couchant, j'ai tellement peur. Peur que ces personnes soient fusillées pour m'avoir parlé. Nous savons que les Russes écoutent les communications, que ce soit sur Internet ou par téléphone. J'essaie de me remémorer la conversation en réfléchissant à ce qui pourrait être utilisé contre eux. Mais à quoi bon se torturer ? Rien que le fait d'avoir parlé peut être utilisé contre eux. Je me sens mal à en vomir. Une amie m'appelle. Ses parents, en exil à Dnipro, viennent d'une des villes submergées. « Ils se sont installés dans la maison. » Qui ? « Les Russes. Les voisines les ont vus entrer. » Un unique coup de fil peut être d'une grande importance.

« J'ai donné l'information à l'armée ukrainienne. Maintenant, on attend qu'elle les frappe. »

Fermer la porte à clé

Mes plantes, les premières que j'avais réussi à faire tenir, n'avaient pas supporté l'absence d'eau pendant deux mois. Les tulipes jaunes de la Saint-Valentin avaient fané et pourri, ce qui accentuait l'odeur de renfermé qui flottait dans mon appartement. Les tasses sales trônaient encore dans l'évier. Mon maquillage sur la commode recouverte d'une fine couche de poussière et les tiroirs ouverts me rappelaient le 20 février 2022, où j'avais dû abandonner ma chambre en bazar pour attraper le train pour Marioupol. Cela ne m'arrive jamais de laisser ma chambre comme ça, avec mes vêtements qui traînent et mon lit défait. Mais, ce 20 février, je n'étais censée m'absenter que trois jours en reportage, trois jours de mission qui se sont transformés en deux mois « en évacuation », selon la formule consacrée en Ukraine. Pour certains, l'évacuation s'est muée en exil.

Ma « valise d'urgence » me narguait, bien rangée dans un coin de la chambre aux murs vert pâle. J'aurais bien aimé l'avoir quand j'avais dû abandonner mes vêtements à Kharkiv, quand je n'avais pas de brosse à dents à Kyiv, ou de chaussettes propres à Lviv.

Les portes des chambres de Léra et Nastya étaient entrebâillées, la poubelle de la cuisine sortie et une fenêtre entrouverte. C'est sûr, quelqu'un était entré en notre absence. C'était Halyna Ivanivna, ma voisine de palier dure d'oreille, qui n'avait pas bougé durant ces deux premiers mois « bruyants et effrayants ». Son fils, qui travaille à la protection civile, la ravitaillait. La septuagénaire avait surveillé notre appartement. Elle avait aussi jeté ce qui s'abîmait dans le frigo, du moins ce qui avait été entamé, car je n'ai jamais vu de lait aussi moisi que celui de la bouteille qui était restée fermée. Le propriétaire lui avait donné un double des clés il y a longtemps, sans que nous soyons au courant. Cet homme méprisable qui, le 1er mars, alors qu'il ne savait même pas si nous étions vivantes, nous avait envoyé ce message : « J'attends le virement du loyer. » Pourtant, beaucoup de propriétaires, les premiers mois de la guerre, ont accordé un délai à leurs locataires. Tandis que tout le monde fuyait dans un chaos total, certains ont même logé gratuitement ceux qui ne travaillaient plus, des militaires ou les bénévoles.

Quand je suis arrivée à Kyiv, le 25 février, après des heures de route depuis Kharkiv, j'avais une idée fixe : retourner chez moi. Mais ma volonté s'était sans cesse heurtée à de nouveaux obstacles. Les métros s'arrêtent : bon, je me mettrai en route plus tard. Je dois faire mon reportage : OK, je partirai plus tard. Je suis coincée par le couvre-feu : très bien, je remets mon départ à demain. Et un jour, je suis sous un bombardement, la ligne de front se rapproche de mon quartier, un couvre-feu de quarante-huit heures est décrété, alors non, c'est sûr, je n'irai pas chez moi, je quitte la ville.

Pendant les deux mois suivants, passés à l'ouest, dont deux semaines en Pologne et une en France, j'ai eu le temps de réfléchir à ce que j'avais perdu. Les six mois précédents, j'avais petit à petit déménagé la plupart de mes affaires à Kyiv. Après tout, je prévoyais d'y rester quelques années. Une fois à l'ouest, mon chez-moi me manquait, mes affaires me manquaient, même si je ne me rappelais plus vraiment ce que j'avais laissé derrière moi. J'essayais de me remémorer, de visualiser la pièce, de revoir ce que j'aurais aimé prendre. Mais, à vrai dire, je ne me souvenais plus des livres, des vêtements, des documents, des carnets, des babioles que j'avais certainement possédés ; au fond, ce n'était rien de vraiment important. Je ne me serais pas jetée dans une maison en feu pour les sauver. Ce qui me manquait, toutefois, c'était le confort, ce sentiment d'être à la maison, de boire dans ma tasse, de dormir dans mon lit, dans mes propres vêtements, et non pas dans un pantalon trop grand qu'on m'avait prêté.

Le 30 avril, dès que je suis revenue à Kyiv, je n'ai donc pensé qu'à retourner chez moi. J'habitais avec des consœurs dans le centre de la ville, c'était plus simple : le métro ne fonctionnait que partiellement, sitôt qu'il y avait une sirène, c'est-à-dire plusieurs fois par jour, les magasins fermaient, et il y avait des bombardements meurtriers environ une fois par semaine.

Le premier jour, nous avions nettoyé cet appartement. Près de dix personnes s'y étaient réfugiées au début de l'invasion, et ça se voyait. Partout, il y avait de la nourriture, des sacs et des vêtements dont on ignorait à qui ils appartenaient. Des gens avaient dormi où ils pouvaient. Quand ils étaient repartis, ils n'avaient ni rangé ni lavé.

C'est la guerre, pourquoi faire le ménage quand l'appartement peut être détruit le lendemain par un missile ?

Mes collègues n'avaient pas la force de venir avec moi à Obolon, mais, cette fois, je n'attendrais pas une minute de plus pour y retourner. J'irais toute seule s'il le faut, mais j'irais tout de suite. Cela sonnait comme un caprice, mais c'était si important pour moi.

À travers les vitres du taxi, les rues étaient vides sous le grand ciel bleu. Environ 3,6 millions de gens vivaient à Kyiv avant la guerre, auxquels s'ajoutait chaque jour un million de banlieusards qui travaillaient dans la capitale. La moitié des habitants de la ville était partie au début de l'invasion, une moitié s'était dispersée dans toute l'Ukraine, un tiers était resté dans la région de Kyiv, et un dixième avait fui à l'étranger.

Un checkpoint trônait au seuil de mon quartier, avec des hérissons antichars. Des soldats armés nous regardaient franchir l'entrée de ce quartier qui avait tenu bon. Des tranchées avaient été creusées à la va-vite et consolidées à la place des parterres de fleurs. Des militaires attendaient dans l'une d'elles, au milieu du rond-point, près de ma salle de sport. Un peu plus loin, l'arrosage automatique qu'on avait oublié d'éteindre noyait des tranchées vides. Les chats, si nombreux dans le quartier, se baladaient. Ils étaient quasiment seuls dans la rue. Le centre commercial était fermé et un unique supermarché fonctionnait. Même si les autorités répétaient qu'il était trop tôt pour revenir à Kyiv, des bouchons se formaient aux portes de la ville. Environ 20 000 à 50 000 personnes par jour rentraient chez elles. Fin avril 2022, environ 2,1 millions de personnes habitaient à Kyiv, dont de nombreux déplacés de l'est et du sud du pays.

En arrivant chez moi, la première chose que j'ai faite, c'est ma valise. Vous pouvez trouver cela étrange, mais je ne suis pas la seule. Une amie qui vit dans le centre-ville, en face d'une usine régulièrement bombardée, a fait pareil. Par peur d'être chassée de nouveau. Le 25 février, elle avait laissé les lasagnes refroidir dans le four et s'était enfuie à Lviv, en train, avec seulement un petit sac à dos. « En avril, de retour chez moi, j'ai fait mes valises, car, quand j'ai fui en février, je n'avais pas eu le temps de vraiment choisir ce que j'emmenais. Je me suis sentie expropriée de ma propre vie. »

Moi aussi, j'ai pris le temps de choisir. Par exemple, ce livre de la journaliste russe Anna Politkovskaïa sur les horreurs commises par l'armée russe en Tchétchénie. Plusieurs fois, alors que j'étais sur les routes, j'avais imaginé les occupants pénétrer dans mon appartement, comme ils étaient entrés dans le quartier avec leurs tanks, et tomber sur ce livre. Ironie du sort. J'ai aussi glissé dans ma valise mes carnets de notes, une carte postale, mon rouge à lèvres préféré, une céramique, un cadeau de Myra, un bracelet que j'avais piqué à ma mère quand j'étais ado, mon kit d'aquarelles, une tasse décorée d'un lama.

Ces choses n'ont pas de valeur en elles-mêmes. Je suis quasiment sûre que si ce n'était pas la guerre, si ces objets n'étaient pas des survivants de la bataille de Kyiv, je ne les aurais pas gardés plus longtemps. Mais, ensemble, ils représentent le confort du foyer, le souvenir de cette vie d'avant-guerre, les espoirs de construire une existence dans mon pays d'adoption.

Avant le 24 février, je n'aimais pas particulièrement mon appartement à Obolon, dans ce quartier-dortoir où les ivrognes titubaient parfois devant des babouchkas en train d'arroser les fleurs des jardins partagés. Le bâtiment était sans charme – un bloc de béton soviétique avec ses balcons en bois qui s'écroulaient presque –, l'ascenseur des années 1990 sombre, sale, agrémenté d'un miroir sur lequel était inscrit: «Il est temps de sourire», la pub bien placée d'un dentiste au milieu de petites annonces. La cage d'escalier puait le chat. Quelqu'un vivait dans la réserve avec les tableaux électriques. Je réfléchissais à déménager dans le centre. Mais, tout d'un coup, sous la loi martiale, je me suis mise à adorer ce quartier comme les amoureux s'aiment au premier jour. Le chat roux Kesha, qui gardait la porte d'entrée à la place du concierge, guerre ou pas, la vue sur le lever de soleil depuis le balcon, les potagers au milieu de la ville, remplis de hérissons et de scarabées dorés, le rire des enfants depuis l'aire de jeux et les cris de leurs mères qui les appelaient à dîner, la plage sur les rives du Dniepr, la voisine qui nous amenait des prunes du jardin.

Vous aimez beaucoup plus ce que vous avez perdu: soudain, j'éprouvais une sorte de fierté à annoncer que j'étais d'Obolon. Obolon était aussi devenu le quartier qui a tenu. Ici, les habitants ont pris les armes et fabriqué des cocktails Molotov, malgré les tanks aux portes du quartier. Ici, une mamie, devenue une légende, a balancé un bocal de cornichons marinés sur un drone de repérage russe. Bien sûr, ce ne sont que des mythes, en partie basés sur la vérité, mais quand même des mythes, des légendes urbaines auxquelles on a envie de croire. Ici, il est plus facile de penser à la résistance qu'aux femmes violées, aux hommes fusillés et aux corps qui pourrissaient dans la rue, à seulement trente minutes de voiture.

En regagnant Kyiv après mon « évacuation à Lviv », fin avril 2022, j'ai mis du scotch sur les fenêtres. Quelques semaines auparavant, celles d'un correspondant en Ukraine avaient explosé à cause d'une frappe. Dans le bâtiment en face, un appartement avait brûlé, laissant une immense trace noire sur la façade. Une roquette ? Non, juste un incendie alors que les locataires étaient absents. Je connaissais un autre correspondant qui avait subi un énorme dégât des eaux, si bien qu'une partie de son appartement avait pourri. C'était d'ailleurs une de mes principales craintes, quand j'étais « en évacuation ». Et si on a un dégât des eaux ? Et si on nous cambriole ? Et si l'immeuble prend feu ?

En une heure à peine, j'ai rangé mon appartement, préparé une valise que je vais envoyer en France, fermé la porte à clé, et je suis repartie passer la nuit dans le centre-ville. Je ne veux pas dormir chez moi : il n'y a pas d'abri, c'est au neuvième étage, et les défenses aériennes se situent juste à côté, dans un parc où j'ai l'habitude de me promener. Il y a régulièrement des frappes, et des débris tombent sur les immeubles.

J'attendrais que Léra revienne d'Odessa, un mois plus tard, pour retourner habiter à Obolon. Réfugiée chez sa grand-mère avec sa mère et son frère, elle n'avait plus d'argent et plus de travail, comme sa mère. Léra ne voulait pas aller à l'étranger, elle voulait rentrer chez elle, à Kyiv. Nastya, quant à elle, partie pour rester deux semaines à Lviv, y restera six mois.

Deux jours après mon retour, mon amie Diana doit débarquer de Vienne. Ancienne journaliste reconvertie dans la communication pour un groupe de télécoms, Diana a habité dans mon appartement pendant quelques années avant de déménager dans le bâtiment d'à côté avec son copain. Elle revient juste pour une semaine afin d'installer son père et sa mère, Oksana, la femme qui s'était opposée aux tanks russes dans sa ville près de la frontière avec la Russie. Après presque deux mois d'occupation, le couple de quinquagénaires a décidé de partir, à leur grand regret. Ils ont traversé la ligne de front en bus ainsi que les multiples checkpoints russes, avant de rejoindre Dnipro, où ils sont demeurés quelque temps.

Ce premier jour à Kyiv, le 1er mai, est le premier jour de leur nouvelle vie, même s'ils ne le savent pas encore. Ils doivent passer la journée chez moi jusqu'à ce que Diana arrive. De loin, je mets quelques instants à reconnaître Oksana, qui sort du taxi devant l'immeuble. Les cheveux noirs tirés, en jogging, les yeux marqués par des semaines de larmes et d'insomnies. Vassil, son mari, a le regard fermé. Il traîne les deux seuls sacs qu'ils ont pu prendre avec eux. Le couple jovial et enjoué, qui n'est plus que l'ombre de lui-même, porte les restes de la vie qu'ils ont construite empaquetés dans un sac taille cabine.

En entrant dans l'appartement, je me rends compte qu'il est très sale. Quand je suis venue la dernière fois, j'ai juste eu le temps de faire ma valise, pas de passer l'aspirateur ou la serpillière ni de ranger la cuisine. J'ai honte de les recevoir dans ce chez-moi qui ne m'est plus vraiment familier. En fait, il est quasiment vide. Léra a pris pas mal de choses. Faute de draps propres, je donne un plaid à Vassil pour qu'il dorme sur le canapé. Il n'a toujours pas prononcé un mot. Cela contraste avec Oksana, qui ne tient pas en place. Le silence doit lui rappeler l'immense vide qui les attend. Elle prend un balai et commence à nettoyer. Puis une serpillière. Elle astique le sol à la main. Et maintenant la salle de bain, de fond en comble. Je suis derrière elle, gênée, en tentant de l'aider en même temps que j'écris un article. Je lui demande d'arrêter, de laisser l'appartement tel qu'il est. Mais ça l'occupe de faire le ménage, comme elle l'aurait fait dans la maison qu'elle n'a plus. Nous partons faire les courses, puis nous cuisinons une délicieuse soupe de poulet et une salade de chou. Le train de Diana a déjà six heures de retard à cause des contrôles à la frontière. Quand elle arrive enfin, je la serre dans mes bras. Elle est bien là. J'ai cru qu'on n'allait jamais se revoir. Son apparition apporte aussi un autre type de soulagement : sa mère va enfin cesser de nettoyer mon appartement et se reposer. Sur le chemin vers l'appartement du centre-ville, Diana m'écrit : « Au secours ! ma mère fait pareil chez moi, elle ne s'arrête plus ! »

*

Diana, 26 ans, Donbass / Kyiv / Bratislava

Qu'est-ce qu'un « chez-soi » ? Ce ne sont pas seulement des murs, un salon, une cuisine, des meubles, ce sont d'abord tous les souvenirs qui y sont attachés. C'est ton environnement, ta ville. Quand je ferme les yeux, je ne vois pas le Donbass des usines et des prostituées des années 1990-2000, ni les bombes et les tranchées près de la frontière russe. Non. Je vois ma ville natale, une enfance heureuse, des amis, de l'affection, et l'amour parental. Mon premier souvenir remonte à mes 5 ans, devant ma maternelle « Myosotis », entourée de bacs à sable et de barrières métalliques colorées. Je porte une jolie robe. Ma mère s'approche de moi, elle tient un énorme gâteau de deux kilos. C'était quand elle travaillait dans l'usine de pain. Elle marche dans les allées et m'amène la pâtisserie. C'est ma fête, je suis comme une princesse. Je me rappelle aussi mon grand frère qui me tire par la main en m'emmenant à l'école. Les balades et les pique-niques sur la rivière bordée de peupliers. Les ruches de mon père et le miel délicieux que ses abeilles fabriquaient. Comme beaucoup d'Ukrainiens, mes parents ont épargné toute leur vie pour rendre notre maison confortable. Ils agrandissaient petit à petit, refaisaient une pièce, puis une autre.

Nous n'avions pas la guerre. Je me souviens que, quand les images de guerres qui se déroulaient dans d'autres pays passaient à la télé, je me disais : « Heureusement qu'on vit dans un endroit et dans une époque où cette réalité est déjà derrière nous. » En 2014, il n'y a pas eu de combats chez nous, juste quelques escarmouches. La ligne de front était loin. Mais dès avril 2021, on sentait que, cette fois, c'était beaucoup plus sérieux. Ma mère rêvait d'une super baignoire d'angle avec des jets, mais elle hésitait à refaire la salle de bain à cause des attroupements de soldats à la frontière. Finalement, elle l'a fait. On ne peut pas vivre constamment dans l'attente de la guerre.

Moi aussi, j'avais des rêves. En octobre, j'avais acheté des billets pour séjourner trois semaines au Sri Lanka, en février, sur la plage, avec mon copain Denys. J'avais toujours souhaité partir en hiver dans un pays chaud et, à l'époque, c'était à la mode en Ukraine, alors j'avais économisé pendant des mois et trouvé un vol low cost et un Airbnb.

Le 21 février 2022, Vladimir Poutine a fait son discours pour annoncer qu'il reconnaissait l'indépendance des républiques fantoches de Louhansk et de Donetsk qu'il a créées. Ma région, donc. Si personne ne savait qu'il allait y avoir la guerre partout le 24 février, c'était en revanche sûr que la Russie allait attaquer ces deux régions. J'ai demandé à mes parents de se rendre chez mon frère, à Kharkiv, pour quelques jours, mais ils ne voulaient pas partir.

Quand l'invasion a commencé le 24 février, nous étions à la plage. Denys prenait sa première leçon de surf et je commandais notre petit déjeuner sous les cocotiers lorsque j'ai vu aux infos que des missiles tombaient sur l'Ukraine. J'ai explosé en larmes et, après quelques minutes, Denys est sorti de l'eau. Ensuite, je ne me souviens plus, c'est le brouillard. En une seconde, je suis passée de touriste à réfugiée. Nous avons reçu un mail pour nous avertir que notre avion, comme tous les vols vers l'Ukraine, était annulé. Par chance, l'hôtel nous a logés gratuitement. J'avais craint que notre monnaie ne s'effondre alors j'ai tout transféré sur un compte en euros. À ce moment de l'année, il y avait beaucoup de Russes en vacances au Sri Lanka, et j'avais peur de sortir. Nous sommes restés enfermés dans la chambre pendant des semaines. De toute façon, une telle dichotomie était inacceptable. Je regardais l'océan bleu azur quand mes amis me racontaient les bombardements. Plus rien n'avait de sens. J'étais constamment en contact avec eux et avec mes parents. J'étais angoissée. Des images me hantaient : j'étais aux côtés de mon frère sur le champ de bataille, je traînais avec lui des soldats blessés ; je faisais face aux tanks russes avec ma mère ; j'étais avec une amie dans une cave, j'écoutais les explosions et j'étais terrifiée. Ma tête était en Ukraine. Ces images, ces souvenirs qui appartiennent à mes proches sont gravés dans ma mémoire comme si je les avais vécus moi-même. Et cette identification va plus loin. J'imagine ce qui aurait pu m'arriver si j'avais vécu à Boutcha, à seulement trente minutes de notre appartement à Obolon. Quand j'ai lu les histoires des femmes qui ont survécu à l'occupation, leurs mots se sont imprégnés dans ma mémoire, leur vécu s'est comme enraciné en moi.

Au Sri Lanka, je n'osais pas sortir dans la rue. J'avais en tête les bombardements et les massacres, j'avais peur. Pendant longtemps, j'ai eu honte d'exprimer ce sentiment. Je n'étais pas en Ukraine, je n'avais pas vécu ça. Ce n'est rien par rapport au traumatisme des personnes qui ont survécu aux combats, à l'occupation. C'est seulement en rentrant en Ukraine que ça s'est calmé, quand j'ai vu mon Kyiv toujours debout, ma maison qui existait encore. Plus tard, j'ai travaillé avec une psychologue pour que mon cerveau comprenne que ce n'est pas moi qui étais à Boutcha, dans les tranchées, dans les caves, sous les bombardements. J'ai réussi à dissocier ma personne de l'expérience de l'Ukraine entière.

En tout, nous sommes restés six semaines au Sri Lanka. Puis, à partir de la mi-mars, une crise politique et économique a éclaté et, en quelques semaines, la situation est devenue pire qu'à Kyiv. L'électricité ne fonctionnait que quelques heures par jour, il y avait des pénuries de nourriture et de carburant, car la plupart des produits sont importés sur l'île. Nous avions l'impression que le monde était en train de s'écrouler et que tout pouvait arriver désormais. On se voyait déjà survivre en mangeant des bananes et des noix de coco, en attendant un bateau pour rentrer en Europe. On s'est décidés à rentrer en Europe de peur de ne plus trouver d'avion. Aujourd'hui, ça me fait rire : nous étions persuadés que c'était le début de la Troisième Guerre mondiale. En même temps, qu'est-ce qu'il peut advenir de pire dans la vie ? La guerre. Le pire scénario, que tu ne pouvais pas imaginer même dans tes pires cauchemars, a eu lieu. Alors, maintenant, tout est possible.

Le monde tel que tu l'as connu n'existe plus. Des missiles volent au-dessus de ta ville. Mon frère et mes amis ont pris les armes. Des tanks sont entrés dans ma ville. Les parents cachent tout ce qui est lié à mon frère, car le voisin est un collabo et qu'il va les balancer. C'est la merde.

Nous avons choisi de partir, Denys et moi. De prendre l'avion vers un lieu que nous connaissions. Des relations un peu partout en Europe m'ont proposé de venir chez elles. Tu m'as proposé d'aller chez tes parents, en France, mais nous avons refusé pour deux raisons. Déjà l'argent, car ça coûtait beaucoup plus cher que les autres pays de l'Union européenne, mais, surtout, je ne pouvais pas m'autoriser à voyager en France alors que j'adore la France. J'avais et j'ai toujours ce sentiment que je ne peux pas être heureuse tant que la guerre continue. Donc, partir pour la France pour vivre ma meilleure vie, pendant la guerre ? Non, ce n'était pas possible. Et puis, nous voulions rester près de l'Ukraine, pour pouvoir aller chercher nos proches s'ils décidaient de quitter le pays. Finalement, nous nous sommes installés à Budapest, puis à Vienne, où j'avais une connaissance. J'avais constamment la guerre en tête. Et si des missiles détruisent la ville ? Est-ce qu'il y a un abri ? Avec Denys, on avait des réflexes, des sortes de flash-back, même si nous n'avions pas vécu le début de l'invasion. C'est d'ailleurs pour cela qu'on a toujours loué des appartements avec des parkings souterrains.

La première fois que je suis rentrée en Ukraine, Denys n'a pas pu m'accompagner, car les hommes de 18 à 60 ans sont mobilisables et n'ont pas le droit de sortir du pays. Je devais m'occuper de l'évacuation de mes parents, les déménager dans mon appartement. Tout d'un coup, les rôles étaient inversés. C'était le 1er mai, et la ville était presque vide, même en pleine journée. J'étais très émue en voyant les avenues entrecoupées de checkpoints et de sacs de sable, nostalgique en pensant à la vie d'avant. Mon Kyiv qui a tenu. Je reviens chez moi, mais ce n'est plus la même ville.

Après le taxi, je n'ai pas eu un moment pour pleurer, pour digérer ce retour, je devais baby-sitter mes parents, les mettre dans mon appartement, les aider à trouver leurs repères. Comme beaucoup de jeunes Ukrainiens, j'ai dû les protéger, chercher un moyen de les évacuer.

Revenir a été salvateur. Je me rends compte que je n'ai pas tout perdu, même si ce n'est qu'un appartement loué où sont entreposées quelques affaires. C'est très dur pour mes parents, car eux doivent tout reconstruire, à presque 60 ans. C'est pour cela qu'ils ne voulaient pas quitter leur maison. Je suis restée seulement une semaine. J'ai pris tout ce que je pouvais dans mes valises, je voulais surtout sauver les carnets que je tiens depuis mes 13 ans, ils ont beaucoup de valeur pour moi. Maintenant, je les garde toujours avec moi, car c'est une partie de moi.

La guerre a changé mon rapport au matériel. En général, les objets ça s'achète, ce n'est pas l'essentiel. Mais tu investis des sentiments dans tes affaires, elles deviennent une partie de ta personnalité. Bien sûr, j'aurais survécu sans ces meubles, mais c'est moi, ou en tout cas une partie de mon moi d'avant. Pris individuellement, ce ne sont que des vêtements, des meubles, de la vaisselle, mais, mis bout à bout, c'est ce qui fait ton chez-toi. Quand je suis arrivée à Budapest fin mars, après le Sri Lanka, avec ma valise remplie de vêtements d'été et de maillots de bain, je suis allée au centre commercial. Et là, dans les allées éclairées, devant les posters flashy, au milieu des passants faisant leur shopping, je me suis mise à pleurer. Je n'avais rien avec moi. Je ne voulais rien acheter. J'ai déjà tout ! Mais tout est en Ukraine, punaise... et chez nous, c'est la guerre. Toutes mes affaires à Kyiv sont soudainement plus précieuses. Parce que ce sont mes affaires, c'est mon histoire, qui peut disparaître d'une minute à l'autre. Aujourd'hui, ces affaires à Kyiv ont perdu de leur valeur. Je peux venir les récupérer, mais elles ne me sont plus nécessaires. Maintenant, le plus important, ce sont mes proches et moi.

Il a été compliqué pour nous de nous installer pour de bon quelque part dans l'Union européenne. C'est même devenu une blague. D'abord, des millions d'Ukrainiens vivaient avec cette idée qu'encore «deux, trois semaines et ça sera fini». Parfois ça a aidé, parfois pas vraiment. Quand nous sommes revenus du Sri Lanka et que nous cherchions à louer un appartement à Budapest, nous avions l'impression que, de toute façon, nous ne vivrions pas dans cet appartement, que ça se terminerait vite et qu'on repartirait en Ukraine. Ce sentiment était une évidence. «Encore un tout petit peu à tenir, les nôtres les virent rapidement, et on rentre.» Notre plan, dans tous les cas, c'était d'aller en Slovaquie, car la langue est proche de la nôtre. Nous étions déjà traumatisés, nous voulions quelque chose de familier, nous n'avions pas l'énergie de faire plus d'efforts. Il y avait tellement de stress, on avait besoin de calme et de clarté. En plus, en Slovaquie, il y avait beaucoup d'Ukrainiens. Mais, à Bratislava, tu ne peux que louer pour un an, et ça veut dire que tu t'engages à rester un an à l'étranger. Penser que la situation allait durer plus que quelques semaines était impossible pour nous, du coup on a navigué entre Budapest et Vienne, dans des locations au mois. On s'est tellement disputés avec Denys là-dessus. Il y avait tellement d'angoisse. Tu pleures et tu déménages tout le temps. Il n'y a aucune stabilité dans ta vie. Alors, à un moment donné, cela n'a plus été une douleur de prendre un appartement à long terme, mais un soulagement. Et d'ailleurs, nous en avions tellement besoin qu'on a pris le premier appartement à Bratislava où on nous a acceptés.

Même si c'était notre nouveau logement, nous ne l'acceptions pas totalement. Pourquoi perdre du temps à trouver un appartement qui te plaît et à le meubler, si tu ne penses qu'à rentrer à la maison ? Pour nous, c'était un rejet de la ville, du pays. Ce n'était pas tant parce que je ne les aimais pas, c'était parce que je n'avais pas eu le choix. Au début, nous ne voulions rien acheter. Nous avions juste accroché le drapeau ukrainien au balcon. Dans l'appartement, il y avait les meubles basiques : un lit, une armoire. Et puis, petit à petit, on a commencé à acheter des choses, une table, des bibelots, des bougies... Après plus d'un an, nous nous sommes procuré une chaise de bureau. Un an ! Nous travaillions tous les deux à distance et je n'en pouvais plus d'avoir mal au dos à force de travailler assise sur le lit.

Au-delà de l'appartement, le rejet de ce nouveau « chez-nous » allait plus loin. En Slovaquie, nous ne voulions pas nous intégrer, trouver de nouveaux amis. J'ai honte de ne connaître que quelques mots de slovaque et de ne pas apprendre la langue. Je pense que je vais commencer à prendre des cours, mais c'est très douloureux pour moi. J'ai l'impression de trahir mon pays, de l'abandonner. Apprendre la langue d'un pays, c'est accepter d'y rester, alors que je désire que mon existence ici demeure provisoire. C'est tellement de stress d'apprendre une nouvelle langue, de discuter avec des inconnus, quand tu souhaites juste te cacher et ignorer ce monde qui te fait mal. Aujourd'hui encore, je peine à discuter avec des étrangers, car je ne sais pas comment ne pas leur parler de la guerre. Quand j'évoque les bombes, l'occupation, ils me regardent comme si je venais d'une autre planète. Leurs regards me montrent que ce que l'on vit n'est pas normal. Quand je suis arrivée à la banque pour ouvrir un compte, je me suis retenue très fort pour ne pas pleurer. J'ai déjà un compte en banque en Ukraine, je ne veux pas d'un deuxième.

J'ai honte de ne pas parler slovaque, de ne pas avoir d'amis slovaques, mais au moins mes amis ukrainiens, ici, me comprennent. Je n'ai pas besoin de leur expliquer.

Il y a aussi autre chose d'important, c'est Internet. Si je peux vivre un an et demi, avec mes pensées, en Ukraine, c'est parce que je suis constamment en contact avec mes amis sur mon téléphone. On s'envoie des pavés de textes, des photos, des messages vocaux, des vidéos. Je peux ne pas les voir pendant un an, car tous les jours je peux leur parler, discuter, compatir, et c'est aussi pour ça que je n'ai pas besoin de chercher d'autres amis. Je peux passer des heures avec mon esprit là-bas. Ma vie s'est effondrée le 24 février, ma communauté a éclaté, entre ceux qui ont fui en Europe, à Lviv ou à Dnipro, et ceux qui sont partis se battre. Mais, grâce à Internet, j'arrive à réunir ces différentes parties de ma vie.

On peut dire qu'aujourd'hui j'ai trois maisons. Ici à Bratislava, où je vis physiquement ; ma maison à Obolon, où mes parents se sont installés ; et mon appartement sous occupation, dans ma ville natale, où mes proches habitent encore et qui a été mon premier chez-moi. Ce sont trois parties de mon identité. Trois endroits, et un grand chez-moi symbolique : l'Ukraine. À Bratislava, c'est seulement là où je dors, où je mange et où je fais les courses. Peut-être que cette ville ne correspond pas à ma personnalité. Ou peut-être que je ne lui permets pas de devenir chez moi. Je ne pourrai jamais retourner dans ma ville natale : ce ne sera plus comme avant. Ce n'est déjà plus le même endroit. Des Russes et des collabos se sont établis dans les maisons de ceux qui sont partis, ils s'approprient les lieux. C'est d'ailleurs pour cette raison qu'on a donné notre maison à des gens, pour qu'ils y vivent. Pour qu'au moins les Russes ne nous la prennent pas. On a trouvé une fille, qu'on ne connaît pas, qui peut y habiter tout le temps, gratuitement. En retour, elle doit faire attention à la maison. Je ne sais pas si je verrai à nouveau le Donbass.

Il n'y a pas très longtemps, j'ai installé le jeu vidéo *Les Sims* et j'y ai créé une réplique virtuelle de ma maison. Je me dis que si j'ai des enfants, je pourrai la leur montrer, même si ce n'est que sur un écran. Le plus important, c'est que je revienne à Kyiv. Je n'oublie pas ma grande maison : l'Ukraine. J'ai beaucoup voyagé à travers le pays, je connais des gens dans chaque région. Je ne me sens pas étrangère. Je ne ressens pas de dissonance, je suis chez moi partout. Pourquoi j'aime l'Ukraine ? Parce que j'aime les gens qui font l'Ukraine. C'est un pays, mais ce sont aussi des gens qui me sont chers, ma famille, mes amis qui sont partis se battre ou qui sont volontaires. Le plus important, c'est qu'ils restent en vie. Que l'Ukraine reste en vie.

*

À l'été 2023, la gare de Kyiv est écrasée par la chaleur étouffante et les effluves du charbon des locomotives. Pendant la guerre, le chassé-croisé des vacances se résume à une triste navette entre plusieurs chez-soi, une saison ponctuée de départs et de retours, de retrouvailles et de nouvelles séparations – loin de l'exode du 24 février, mais un crève-cœur tout de même.

Plus aucun avion de ligne ne survole l'Ukraine depuis le 24 février. Désormais, il faut au minimum une journée pour sortir du pays, patienter à la frontière polonaise ou hongroise, puis continuer son chemin dans l'Union européenne, sous un ciel où, enfin, ne volent plus que des oiseaux. La distance temporelle et symbolique entre l'Ukraine et le reste de l'Europe s'est agrandie. Aux passagers traînant de multiples valises, leurs billets à la main, du stress dans leur regard, je pose la question la plus difficile : « Où habitez-vous ? » Un grand-père, un violon sur le dos, met trois bonnes minutes avant de pouvoir donner une réponse : « En Suisse, mais temporairement. » Une femme et sa fille me disent qu'elles viennent de Kyiv, mais qu'elles rentrent en Italie où elles habitent à présent, avant de quitter, en pleurs, le père mobilisable et donc coincé en Ukraine. Avec le temps, le temporaire devient de plus en plus permanent. Chacune de ces personnes possède une histoire et des motivations différentes : le sauve-qui-peut immédiat, le 24 février, comme pour Myra et Myla ; la fuite après de longues semaines sous occupation ; l'obus qui tombe dans le jardin, et décide une famille à finalement quitter une ville en ruine. Myra et Myla avaient des contacts à l'étranger et parlaient anglais, contrairement à la grand-mère du Donbass qui n'est jamais sortie de sa région. Pour la jeunesse, il est assez facile de se réinstaller quelque part, déclare la sociologue Ioulia Shukan. En revanche, il est plus difficile d'évacuer les gens plus âgés. Les parents de Diana, par exemple, qui refusaient de reconstruire leur vie ailleurs à cinq ans de la retraite.

Certains réfugiés en Union européenne ou dans l'ouest de l'Ukraine sont rentrés parce qu'ils ne trouvaient pas de travail. À l'été 2023, j'ai fait un reportage dans le Donbass sur les Ukrainiens qui sont revenus. La majorité des personnes rencontrées, exclusivement des femmes, me confiaient faire ce voyage de retour afin de se rapprocher de leurs maris – les hommes mobilisables restent parfois dans la maison familiale pour éviter les pillages. Toutefois, pour d'autres, il n'y a plus de maison où revenir. Selon la Kyiv School of Economics, au 1er septembre 2023, près de 147 800 maisons de particuliers et 19 100 immeubles d'habitations ont été endommagés ou détruits. En janvier 2024, 17 % du territoire ukrainien était encore occupé, contre un quart en mars 2022. Je me souviens d'une activiste de Marioupol, Diana Berg, qui, après sa fuite du siège, avait posté des photos de ses clés. À côté du trousseau, elle avait posé celles de son appartement de Donetsk, qu'elle avait quitté en 2014.

Pour près d'un million d'Ukrainiens du Donbass, 2022 a été le deuxième exil.

La question du retour de l'étranger est complexe. Certains, entre autres les femmes et les enfants qui avaient fui dans la précipitation dans l'ouest de l'Ukraine, sont immédiatement revenus dans la région de Kyiv après le retrait des forces russes du nord de la capitale, en avril. D'autres font des allers-retours réguliers. Leurs valises, autrefois d'énormes paquetages, se sont transformées en bagages cabine prévus pour une semaine ou deux « à la maison ». Pour les réfugiés, ce voyage est souvent une course. Aller chez le dentiste, moins cher en Ukraine, ou chez le médecin et le gynécologue, qui parlent votre langue. Rendre visite à sa grand-mère au village. Revoir ses amis pour tenter de rattraper le temps perdu. Les deux fois où elle est revenue à Kyiv depuis Francfort, Myla a eu l'impression de n'être que de passage chez elle. En août 2022, c'était la réadaptation à la vie en guerre, mais aussi le déménagement des meubles, des casseroles, des oreillers vers l'Allemagne. Tout ce qui pouvait rentrer dans sa petite voiture grise, de plus en plus fatiguée par les longues distances. Le deuxième été, en 2023, Myla enchaînait les rendez-vous médicaux, non couverts en Allemagne, les retrouvailles avec ses amis et le nettoyage de son café, dont elle devait rendre les clés. La jeune entrepreneuse est également allée voir ses amis qui ne sont plus là, au cimetière.

Contrairement aux guerres du XXe siècle, certains réfugiés, même s'ils sont une minorité, perdent leurs maisons, mais pas leurs boulots, ni leur mode de vie. Comme 20 %

des Ukrainiens, Diana, Denys, Myra ont gardé leur travail en ligne. Je ne parle pas seulement d'employés dans l'informatique. J'ai vu des profs, des psys, des conseillers en assurance, en ressources humaines, des fonctionnaires continuer à travailler à distance, derrière leur écran.

En passant chez Diana et Denys, à Bratislava, au printemps 2023, j'ai ressenti un étrange mélange de soulagement et d'infinie tristesse. D'immenses baies vitrées éclairaient un large salon-cuisine dépouillé, aux murs blanc immaculés. À Francfort, Myla et Myra ont trouvé un appartement à peu près similaire. Tous les appartements de mes amis « réfugiés » ressemblent à des logements IKEA. Mais, avec le temps, ils les décorent, impriment leur présence. En voyant ces nouvelles maisons se transformer en foyers douillets, la perspective de nous retrouver tous ensemble à Kyiv s'éloigne, ainsi que mes souvenirs de dîners aux chandelles, d'apéros et de discussions autour de thés brûlants. Notre cercle social entier a éclaté avec la guerre. Je compte sur les doigts d'une main mes amis restés chez eux.

Pourtant, lorsque je rends visite à Myla et Myra en septembre 2023, j'ai l'impression d'être à la maison, de retour à Kyiv. Nous parlons ukrainien, nous écoutons de la musique ukrainienne, nous mangeons des plats ukrainiens. Cet appartement est comme un morceau d'Ukraine à Francfort. D'ailleurs, je vois dans l'entrée un poster encadré : un tournesol sur un fond bleu nuit avec l'inscription « Ukraine ». Dans la chambre de Myla, une boule disco réfléchit la lumière de la fin d'après-midi, le parfum Givenchy trône toujours sur la commode. Elle a recommencé à l'utiliser. « La première fois, quand je suis rentrée à Francfort à l'été 2022, c'était horrible. C'étaient des larmes en continu sur des milliers de kilomètres. Mais, en août 2023, quand je suis revenue de Kyiv vers Francfort, c'est comme si je rentrais de la maison depuis mon autre maison. Il me tardait presque de retrouver mon nouveau chez-moi pour me reposer, pour ne rien faire après ce marathon de cafés et de rendez-vous.» Myla suit des cours d'allemand depuis deux ans et pense reprendre ses études de tourisme, avec l'espoir de développer l'activité vers l'Ukraine après la fin de la guerre. «Quand je revoie mes amis à Kyiv, en été, sur les terrasses, je me demande pourquoi je suis partie. Et puis, une frappe le soir, et je me rappelle que Kyiv peut redevenir un champ de bataille en un instant.»

Maintenant que Denys a commencé à s'enraciner en Slovaquie, à y refaire sa vie, il s'imagine difficilement se réinstaller dans un endroit où le futur dépend d'un tsar étranger, et l'avenir immédiat du décollage d'un avion armé de missiles. Denys vient de Kharkiv, à 30 km de la frontière. «Comment construire un avenir, s'établir, créer une entreprise, avec un voisin qui peut venir à n'importe quel moment et tout détruire?» se demande-t-il. «Même si la guerre se termine, je ne suis pas sûr de revenir. Mais peut-être que je dis ça maintenant...» L'Ukraine n'a plus que 29 millions d'habitants contre 45 millions il y a encore quelques années. Si, au début de l'invasion, 90 % des réfugiés et des déplacés disaient qu'ils étaient certains de rentrer, ce chiffre ne fait que baisser, tandis que les destructions s'accumulent et qu'on s'adapte à un nouveau pays. Le poète, romancier et chanteur ukrainien Serhiy Zhadan compare ses compatriotes à des

« escargots d'une Europe sans défense » : « Le chemin est lourd, quand on porte sa maison et son passé sur le dos. » Il leur intime de ne jamais oublier l'emplacement des meubles de la maison parentale, de cacher dans leurs poches leurs clés comme des fleurs séchées. « Soyez dignes de ce voyage, vous êtes privés de maison, mais pas privés de cœur. »

Parler

Avec la pandémie de Covid, de nouveaux mots ont envahi notre vocabulaire : « masque », « confinement », « cas contact ». La guerre, en tant qu'expérience sociale, a également un impact sur notre façon de parler. « Drone », « shrapnel* », « garrot », « missile balistique », voilà des termes dont je ne m'étais presque jamais servi avant le 24 février, et pourtant, aujourd'hui, je les utilise plus souvent que « camion » ou « mascara ». À la veille de l'invasion, mon ukrainien n'était pas très développé. J'ai appris le russe à l'école et à l'université, je le parle depuis une dizaine d'années. Puis, en 2017, quand je me suis intéressée à l'Ukraine, j'ai commencé à prendre des cours d'ukrainien en ligne avec un prof devenu un ami. À l'aube de la guerre totale, mon vocabulaire en matière de combat reste assez limité. Je m'exprime surtout en ukrainien avec mes copines et dans les commerces. Et vous ne discutez pas de lance-grenades au supermarché. Alors que les bruits de bottes se faisaient plus forts, j'ai dressé une liste des différentes armes et des rangs militaires. J'ai punaisé mon nouveau lexique sur le mur face à mon bureau en me disant qu'à force de le voir

* Éclats d'obus.

je l'assimilerais. Finalement, je n'ai pas eu besoin de mon pense-bête, j'ai appris sur le terrain.

Le langage contraint notre manière de voir le monde. J'ai vécu la guerre en V.O., en langue originale. Les mots prennent un autre sens. En Ukraine, par exemple, on descend dans le métro pendant les bombardements. « Métro » revêt alors une nouvelle fonction, s'imprègne de nouveaux souvenirs, pour certains assez traumatiques. Avec le temps, on s'habitue à « aller dans le métro ». Ces pratiques rentrent dans l'ordinaire. Le nom « bombardement » devient commun.

La guerre crée également ses propres mots. Soit parce que les concepts n'existaient pas, soit parce que les mots prennent un sens différent ou euphémisant. Par exemple, jamais les soldats ukrainiens ne disent qu'ils ont abattu quelqu'un, ils ont seulement « détruit l'ennemi ». Un euphémisme pour éloigner la violence, pourtant bien réelle. Jamais on ne pose *la* question aux militaires : « Est-ce que tu as dû tuer quelqu'un ? » L'auteur Artem Chapaï l'a appris à ses dépens. Journaliste et intellectuel pacifiste, il s'est toutefois engagé dans l'armée en février 2022. Il relate son expérience entre autres dans le texte *Qui surveille nos arrières ?** publié en 2022. Il y évoque Sanya, un quinquagénaire qui a rejoint l'armée comme lui au moment de l'invasion. Artem peine à trouver les mots pour lui parler et il lui demande « s'il a tué beaucoup de gens ». Sanya fond en larmes. « Tu comprends, dans ce

* Repris dans l'anthologie Военний Стан *Voyennyy Stan* (« Loi martiale ») aux éditions Meridian Czernowitz (2023, en ukrainien, non traduit).

moment-là, que tu es assis en face d'un homme qui a tué des gens. Pas un meurtrier, non – un homme qui a été forcé de tuer », écrit l'écrivain.

En ukrainien, comme partout, les mots péjoratifs pour parler de l'ennemi, pour le déshumaniser, se multiplient ; une façon de le mettre à distance. Car personne ne veut en arriver à devoir tuer un individu. Les Russes sont des « orcs », les gobelins maléfiques du *Seigneur des Anneaux*. Certains mots pour les désigner sont historiques, tels que *moskal*, qui se réfère aux ressortissants de la grande-principauté de Moscou entre le XIIIe et le XVIe siècle. Avec l'expansion de l'Empire russe à partir du XVIIIe siècle, ce nom – auquel s'est ajouté l'ukrainien *katsap*, un jeu de mot avec « bouc » – est devenu un sobriquet hostile pour qualifier les Russes, et surtout les militaires et les Moscovites. Par ailleurs, beaucoup d'Ukrainiens ont commencé à omettre la majuscule aux mots « Russie », « Russes » ou « Moscou ». Une résistance grammaticale, un petit geste pour rabaisser l'ennemi, même si les Russes n'en dorment pas moins bien. Les Ukrainiens parlent aussi souvent de « rachistes », une contraction de « russe » et de « fasciste ». D'autres expressions, en revanche, deviennent des codes : comme *palyanytsya*, la « miche de pain », ou *Oukrzaliznytsia*, l'équivalent de la SNCF, des mots compliqués à prononcer en ukrainien et qui permettent donc de vérifier la prononciation sur les checkpoints. Même si je parle presque couramment ukrainien, je ne passe pas le test, mon accent me trahit.

Le mot « coton », en ukrainien *bavovna*, devient un symbole de la résistance. Car, en russe, *khlopok* veut dire « coton » mais aussi « boum », une explosion. Il apparaît sur les réseaux sociaux russes pour évoquer les détonations entendues dans les territoires occupés ou en Russie. Sur les réseaux, les Ukrainiens parlent donc de « coton » pour désigner ces actes de sabotage menés par les résistants sous occupation ou des frappes ukrainiennes.

Le vocabulaire évolue selon la situation militaire. Par exemple, tout le monde avait des « Bayraktars » à la bouche, des drones turcs ou encore « Javelins », une arme antichar particulièrement performante, au début de l'invasion, au point de donner leurs noms à des animaux de compagnie. Aujourd'hui, ces mots sont moins utilisés que « Shahed » ou « Kinjal » par exemple, les armes ennemies qui frappent le plus souvent. Les Ukrainiens manquent cruellement de munitions.

Mais, au-delà du vocabulaire de la guerre en ukrainien, parfois les mots me manquaient face à l'immensité de la tragédie. Je me souviens du jour où j'ai reçu le message d'Édouard, qui avait perdu sa fille sous les bombardements dans le Donbass. Je ne savais pas quoi dire, encore moins par SMS. Quand j'ai demandé à ma belle-mère ukrainienne comment présenter mes condoléances de façon sensible, quoi dire dans ces cas-là, elle n'a pas eu de réponse. Ce n'était pas une question de lexique.

Longtemps, j'ai eu du mal à évoquer la guerre en français, surtout avec mes proches. « Ça s'est bien passé cette nuit, il n'y a pas eu de bombardements ? » Rien que cette phrase banale que mes parents m'envoient plusieurs fois par semaine est douloureuse. C'est étrange de les entendre prononcer ces mots. Que la guerre fasse partie de notre quotidien. Avec le temps, on en rit. On parle de feux d'artifice, en particulier quand ce sont des drones iraniens Shahed, que les Ukrainiens appellent «les mobylettes», parce qu'ils sont assez lents, bruyants et pas très efficaces. «Prisonniers de guerre», «résistance», «occupation», «conscrits», «crimes de guerre», «collabos». Chaque mot est désormais bien réel, tangible. Chacun peut s'appliquer aux personnes que j'ai en face de moi, à leur maison, à leurs parents, à leur travail. Les lier à ces mots dépassés, associés aux deux guerres mondiales, ajoute à la dissonance temporelle que représente la guerre.

La philologue, essayiste et journaliste ukrainienne Tetyana Ogarkova se heurte à cette dissonance chaque fois qu'elle rencontre des étrangers. Cette parfaite francophone, qui a étudié de nombreuses années en France, m'explique que nos représentations contaminent le langage que l'on utilise pour parler de la guerre, et donc notre vision du conflit. Dans ce contexte nos cadres de pensée sont inévitablement issus de l'expérience historique des deux guerres mondiales.

«Beaucoup de mes interlocuteurs occidentaux abordent l'Ukraine avec des schémas préconçus. Souvent, les médias et les journalistes français évoquent la "résistance ukrainienne", la "résilience", le "courage", au point que parfois ça sonne faux. On a l'impression que les Ukrainiens sont des surhommes, des surfemmes, qui sont capables de tout. C'est un peuple héroïque, David contre Goliath. C'est une approche erronée de dire que les Ukrainiens sont forts, qu'ils sont faits pour ça, pour tenir pendant la guerre, cela met une distance entre nous. Alors j'essaie d'expliquer que nous sommes pareils que les Français, nous avons les mêmes corps, les mêmes fragilités, le même épuisement face au stress. Avant l'invasion, en tout cas dans les grandes villes, nous avions à peu près le même mode de vie qu'à Paris ou à Berlin. Les Ukrainiens qui se battent, ce sont des gens comme vous et moi, ce sont nos potes avec qui nous prenions des verres il y a quelques mois. Le revers de la médaille de l'héroïsation, c'est qu'on attend beaucoup des Ukrainiens. La première année, 2022, a été marquée par les succès militaires pour l'Ukraine, mais quand les choses marchent moins bien – car la guerre c'est aussi ça, ce n'est pas une série télé, parfois tout ne va pas bien –, les déceptions poussent les Occidentaux à nous laisser tomber. »

En écoutant Tetyana, à Brovary, sa ville de banlieue au nord de Kyiv, je me souviens de ce que m'ont raconté mes amies Myla et Myra, réfugiées à Francfort. Elles peinaient à communiquer avec certains Allemands. Plusieurs fois, de façon naïve, des Allemands croisés à des soirées demandaient à Myra : « Bon, quand est-ce que c'est fini, la guerre ? » « Vous n'en avez pas marre ? » « Vous ne pensez pas que ce serait mieux de se rendre pour éviter toutes ces morts inutiles ? »

Difficile de trouver les mots pour parler aux Ukrainiens. Beaucoup de familles françaises qui ont accueilli des réfugiés le savent, et ce n'est pas seulement une question de langue, mais d'ignorance de ce qu'est, concrètement, la guerre. Tetyana conseille surtout de nous mettre à la place des Ukrainiens. Que ferions-nous si nous étions dans cette situation ? Comment aimerions-nous qu'on s'adresse à nous ?

*

Quand on se penche sur la question de la langue en temps de guerre, on pense à une spécificité ukrainienne : le fait qu'ils utilisent à la fois l'ukrainien et le russe, la langue de l'ennemi.

Au début de l'invasion, j'étais plutôt russophone. « Attention, Poutine va vouloir vous libérer, vous, les russophones de France », m'avait dit un jour sur le ton de la blague un officiel dans le Donbass. Car c'est au nom de la langue de Pouchkine – et des russophones de l'étranger, que Vladimir Poutine considère comme faisant partie du « monde russe » – que Moscou a attaqué l'Ukraine.

Avant le 24 février 2022, le russe constituait toujours la langue principale de près de 40 % des habitants de l'Ukraine ; le reste de la population s'en sert de façon passive, en s'exposant à du contenu culturel ou médiatique en russe, expliquent les linguistes. Mon compagnon, par exemple, n'a jamais parlé russe en Ukraine. Il vient de l'ouest du pays, où l'on n'en entendait presque jamais. Pourtant il le connaît sans jamais l'avoir appris. Pendant son enfance, les dessins animés, les livres de la bibliothèque, la télévision, certaines musiques à la radio étaient en russe, et puis, plus tard, ce furent certains cours à l'université de Kyiv. Durant ses quatre années de fac, dans son dortoir d'université, le compagnon de chambre de mon copain venait de Louhansk, à l'extrême est du pays. Chacun s'exprimait dans sa langue sans que cela pose jamais de soucis. « L'Ukraine n'est pas la Belgique ou la Suisse, on ne peut pas la diviser en deux territoires, un russophone et un ukrainophone », affirme l'anthropologue Volodymyr Koulyk, chercheur à l'Académie nationale des sciences d'Ukraine. Beaucoup d'Ukrainiens parlaient – et parlent encore – *sourjyk*, un mélange des deux langues, parfois teinté de mots locaux selon la région. C'est très difficile pour nous, Français, vivant dans un pays monolingue et homogène, de comprendre la situation ukrainienne. Les cartes que nous avons vues à la télévision en 2014, scindant l'Ukraine entre un Est et un Ouest, sont trop simplistes. « Il y avait cette grande différence entre l'identité linguistique et la pratique linguistique, qui est assez unique dans le monde. Dans la plupart des pays, lorsqu'une personne s'identifie à une langue, elle la parle », poursuit le professeur associé à l'université américaine Harvard. « En Ukraine, beaucoup de gens confiaient que leur langue maternelle était l'ukrainien, qu'ils étaient ukrainiens, mais dans la vie de tous les jours ils utilisaient surtout le russe. Je conceptualise cela comme la différence entre l'identité linguistique et la pratique linguistique. Autrement dit, ils s'identifient à la langue ukrainienne, mais dans la pratique, pour communiquer, ils privilégient le russe. Il y a plusieurs raisons à cela. Le russe était la langue de la mobilité sociale en Union soviétique et la langue prédominante dans l'enseignement, notamment dans l'enseignement supérieur. Certaines personnes, surtout les plus âgées, socialisées à l'époque soviétique, sont plus à l'aise en russe, surtout pour les sujets difficiles. »

En ukrainien ou en russe, on emploie l'expression « trouver une langue commune » pour dire « se comprendre ». Et pourtant, les Ukrainiens se comprennent tout en parlant parfois les deux simultanément. Je me souviens de rencontres dans un pub de Kyiv, en sous-sol, avec les amis de fac de mon copain, où chacun se servait d'une seule des deux langues, et moi je perdais mes mots, je n'arrivais plus à en parler aucune. Selon les linguistes, leurs lexiques se ressemblent à 70 % (à peu près autant que le français et l'espagnol). Avant l'invasion, il suffisait de regarder l'émission *The Voice* pour se rendre compte à quel point la transition d'une langue à l'autre dans l'espace public était fluide. Les jurés et les candidats discutaient en russe ou en ukrainien dans l'indifférence la plus totale.

Je me rappelle avoir essuyé par deux fois des remarques avec des amis à Kyiv, parce que nous nous servions soit du russe, soit de l'ukrainien. La première a eu lieu à mon arrivée. Un vendeur de cartes SIM a refusé de passer au russe, même si j'avais du mal à le comprendre et que je lui avais dit que j'étais étrangère. D'après une loi entrée en application en 2021, les employés sont obligés d'entamer la conversation dans la langue d'État, mais ils peuvent ensuite en changer selon la préférence du client. Dans les faits, avant l'invasion, parler ukrainien dans les commerces n'était pas un automatisme, surtout à l'est et au sud du pays. La seconde fois s'est produite dans une pharmacie à Obolon, avec Diana. Un homme énervé a commencé à rouspéter contre une mamie qui n'allait pas assez vite dans la file d'attente. Diana a pris sa défense en intimant à l'homme d'être patient. Il s'est alors mis à l'insulter, en lui reprochant notamment de le prendre de haut car elle parlait « la langue d'État ». Dans les deux cas, je suis persuadée que la langue n'avait été qu'un prétexte pour des gens de mauvaise humeur ou agressifs. Si ça n'avait pas été la langue, cela aurait été autre chose. Pour Volodymyr Koulyk, « en réponse à la guerre de 2014, l'identification à l'ukrainien – c'est-à-dire le nombre d'Ukrainiens qui déclaraient que c'était leur langue maternelle – a augmenté, mais les pratiques sont restées quasiment les mêmes. Les gens se sont mis à parler un peu plus ukrainien grâce aux politiques d'État, aux quotas dans la musique, les médias, à l'obligation pour les fonctionnaires de s'exprimer en ukrainien au travail, et surtout, en 2019, à la loi sur l'obligation de parler ukrainien dans les services sociaux et les commerces, appliquée progressivement. Mais ce n'était qu'une tendance, certes marquée, mais une tendance seulement. »

Certains russophones ont fait « leur transition » vers l'ukrainien, comme Diana pendant ses études. Même si elle venait du Donbass, elle parlait tout le temps ukrainien. C'était un choix politique pour elle. En arrivant à l'université de Kharkiv, pendant Maïdan, elle a petit à petit commencé à se renseigner sur l'histoire de sa région, à se demander pourquoi tout le monde parlait russe dans l'est de l'Ukraine. Elle a découvert l'existence de l'oukase d'Ems, datant de 1876, sous l'Empire russe, qui interdisait l'utilisation et l'enseignement de l'ukrainien, ainsi que l'impression et l'importation de livres en ukrainien. Elle a aussi appris que les élites de Kharkiv avaient été exterminées, qu'une génération entière d'écrivains et d'artistes ukrainiens appartenant à la république socialiste soviétique d'Ukraine, des années 1920 au début des années 1930, avait été fusillée ou réprimée par le régime totalitaire de Staline. Elle a pris conscience de l'importance de la famine de 1932-1933, orchestrée par les autorités soviétiques pour mettre au pas les paysans ukrainiens, de cet Holodomor qui a tué près de quatre millions de personnes dans les campagnes.

Je n'ai jamais compris comment Diana faisait pour sortir avec Denys. Par principe, elle ne s'exprimait qu'en ukrainien, car le russe était pour elle la langue de l'agresseur. Or, avec son propre copain, c'était le russe qu'elle utilisait. La langue de l'agresseur et la langue de l'amour. Je me souviens d'un dîner chez eux à l'automne 2021, dans leur petit deux-pièces à 200 m de chez moi. À la lumière des chandelles, dans l'air embaumé par le parfum des fleurs sur la table, nous parlions politique, langue, invasion. Et j'ai posé à Denys la question qui me brûlait les lèvres : « Mais enfin, pourquoi ne parles-tu jamais ukrainien alors que c'est essentiel pour Diana ? » « Je n'en vois pas l'utilité, ça n'a pas d'importance pour moi », a-t-il répondu. Denys vient de Kharkiv, à 30 km de la frontière russe, une ville russophone où beaucoup d'habitants ont des proches en Russie. Il travaille dans une start-up, un milieu qui n'est pas particulièrement politisé, contrairement à celui de Diana qui, à l'époque, était encore journaliste. « Et toi, Diana, ça ne te dérange pas ? », j'ai ajouté. Elle a haussé les épaules, l'air de dire « le cœur a ses raisons que la raison ignore ». Et ça se voyait qu'ils étaient profondément amoureux.

Avant l'invasion à grande échelle, je me disputais souvent avec mon compagnon sur le sujet de la langue. Il ne supportait pas qu'on s'adresse à lui en russe dans les cafés et, chaque fois, il en était tellement irrité qu'il ne donnait pas de pourboire. Il n'exigeait pas non plus qu'on lui parle en ukrainien, car ça aurait été agressif de sa part, mais il ne comprenait pas pourquoi on ne lui parlait pas dans sa langue dans son propre pays. Par principe, il ne s'exprimait en russe que hors d'Ukraine. Mais, pour moi, la langue n'était qu'un moyen de communication.

Pourtant, avec l'invasion, tout a changé. Moi-même, le 24 février, en rédigeant mon premier article, je me suis demandé : « Pourquoi écrit-on "Kiev", en russe, alors que les autorités ukrainiennes et une grande partie de la population disent "Kyiv", en ukrainien ? » En évacuation à Lviv au printemps 2022, je me suis mise de plus en plus à utiliser l'ukrainien, d'abord dans un savant mélange avec le russe, puis dans une langue plus « propre » avec le temps. Quand ma salle de gym à Kyiv a rouvert en juin 2022, tous les entraîneurs et les clients parlaient ukrainien, alors que je ne les avais jamais entendus s'exprimer autrement qu'en russe. Léra, ma colocataire, nous a envoyé petit à petit des messages vocaux en ukrainien. J'étais sous le choc car c'était la première fois que je l'entendais dans cette langue.

« Je ne veux plus parler russe, même si c'est compliqué pour moi de changer de langue. Je dis à mes collègues de parler ukrainien avec moi, c'est agréable de pouvoir le pratiquer. Dans notre ville, personne ne le parlait », me raconte Oksana, la mère de Diana. Nous nous retrouvons souvent dans sa cuisine à Obolon, la même où nous dînions aux chandelles entre amis avec Diana, avant l'invasion. Oksana m'envoie des SMS en ukrainien – il est plus facile pour elle de l'écrire que de le prononcer –, mais nous parlons encore en russe. Diana lui donne des cours par téléphone. Oksana a déniché un travail comme comptable, et son mari également. Ils se sont faits à notre petite vie de quartier. Vassil travaille dans les villages sur le Dniepr au nord de la capitale, qui ont gardé leur charme malgré les séquelles des combats du printemps 2022. Ils s'imaginent peut-être y acheter une maison, y reconstruire leur vie, en espérant toujours, au fond d'eux, pouvoir rentrer «chez eux». Deux rêves limités par la réalité.

En décembre 2022, l'anthropologue Volodymyr Koulyk a de nouveau réalisé une étude sur les langues parlées en Ukraine, presque un an après le début de l'invasion à grande échelle. La différence était énorme. «Les gens ne s'identifiaient plus seulement à l'ukrainien, ils voulaient le parler», explique le chercheur. «Ils ne souhaitaient plus parler russe, ou, en tout cas, c'est ce qu'ils déclaraient. Le pourcentage de gens qui disent parler ukrainien a particulièrement augmenté dans le sud et l'est, les régions les plus touchées par les combats. Le passage du russe à l'ukrainien est plus important chez les 18-30 ans, un signe que ce changement graduel de société continuera lorsque ces générations vieilliront.»

Au printemps 2023, quand je suis allée rendre visite à Diana et Denys dans leur nouvel appartement en Slovaquie, Denys ne parlait plus la même langue. Jamais je ne l'avais entendu utiliser l'ukrainien auparavant. Et là, même avec ses propres parents, il ne parlait plus le russe. J'étais très étonnée. Arrêter du jour au lendemain de se servir de sa langue natale, la langue de son enfance, la langue dans laquelle il a grandi, il a aimé, il a découvert le monde... « Qu'est-ce que cela te fait maintenant de parler russe ? », lui ai-je demandé. « C'est comme avoir de la merde dans la bouche », a-t-il répondu du tac au tac, une expression de dégoût sur le visage. J'ai voulu qu'il répète. Peut-être qu'il exagérait ? « Non, non, je me sens comme sale, comme si des mots étranges sortaient de ma bouche. Ça sonne faux. J'ai l'impression que je fais quelque chose de mal, que je me fais du mal. »

*

Denys, 25 ans, Kharkiv / Kyiv / Bratislava

Jusqu'en 2014, notre famille de Belgorod, en Russie, venait souvent nous voir, mais quand la Grande Guerre a commencé en 2022, ils n'ont rien dit. Aucun ne nous a écrit. Pas un message. Ils l'ont fait plus tard, lorsqu'il y a eu quelques bombardements à Belgorod, nous lançant : « Pourquoi vous nous tirez dessus ? » Qu'ils aillent se faire foutre. Avec ma famille, on parlait russe... enfin, pas tout le temps. Mon père était l'archétype de l'homme soviétique. Il était à la tête d'un sovkhoze, il a travaillé quasiment toute sa vie dans seulement deux lieux, il ne voulait pas sortir de sa ville. Mais, dans le village de ma grand-mère, où j'ai passé la plupart de mon temps jusqu'à mes 10 ans, nous parlions ukrainien ensemble et avec tout le monde. En fait, je ne sais pas si c'était de l'ukrainien ou juste un dialecte local. En tout cas dès qu'on rentrait dans Kharkiv, dès qu'on dépassait le panneau de la ville, on parlait russe, car c'était plus prestigieux, ça faisait plus éduqué. À l'école, puis à l'université, les cours étaient dispensés en russe. C'est seulement plus tard que j'ai fait la connaissance de Diana, qui parlait déjà ukrainien. Je l'ai suivie à Kyiv et la vie a, disons, commencé. Je l'ai rencontrée dans un cours de danse de salon du XIXe siècle à Kharkiv, quand elle faisait sa licence. C'était un peu nul, mais c'était un moyen de socialiser et de rencontrer des filles !

Je ne m'intéressais pas à la politique au sens large du terme. Je me souviens qu'un jour, quand j'étais encore petit, j'ai demandé à mon père : « Qui est notre président, Poutine ou Koutchma* ? » Les deux étaient des vieux croûtons, c'étaient les mêmes pour moi. Mon père m'a répondu : « Il n'y a pas de différence. » Russe, ukrainien... pour lui, c'étaient les restes de l'Union soviétique. Sur mon passeport, par exemple, la moitié du texte est écrit en ukrainien et l'autre en russe. Mais ces questions n'avaient pas une vraie place dans ma vie. Et c'est une histoire commune en Ukraine.

Lorsque Maïdan a commencé, à l'hiver 2013, j'avais 17 ans, j'étais en terminale. J'étais un gamin. Je savais que c'était mieux de rejoindre l'Union européenne que de faire une union douanière avec la Russie, mais comment et pourquoi le processus avait lieu, ça ne m'intéressait pas. J'en ai un peu honte avec le recul, mais je ne peux rien y faire. J'avais un système de valeurs simple, comme beaucoup de gens, je pense : on a un toit sur la tête, on a assez à manger, la télé fonctionne. C'est bon, ça suffit. La politique, c'est quelque chose de sale, ça ne concerne pas les petites gens comme nous. De toute façon, tous les

* Leonid Koutchma, président de l'Ukraine de 1994 à 2005.

politiciens sont corrompus et on ne peut rien faire. C'est comme ça que je raisonnais.

Et pareil avec la langue : je ne m'étais pas vraiment penché sur le sujet. Nous grandissions dans un environnement bilingue, mais tout était un peu mélangé. La frontière entre l'ukrainien et le russe était très fine. Je ne suis pas passé à l'ukrainien car je craignais la pression sociale. J'avais bien travaillé mon russe pendant des années, je n'avais pas à réfléchir pour le parler bien, utiliser de beaux mots, un langage soutenu. Pour arriver au même niveau en ukrainien, j'aurais dû faire beaucoup d'efforts. Pour moi, la langue était juste une manière de m'exprimer, ce n'était pas une question d'identité. Juste un outil de communication.

Avant l'invasion, je savais que la Russie était mauvaise, je ne consommais pas de contenus en russe, comme des séries ou de la musique. Selon moi, si Poutine comptait attaquer, ce ne serait pas à cause de la langue. Il trouverait une excuse pour nous envahir. Après le 24 février, j'ai pris conscience que je voulais prendre mes distances avec la Russie. Je ne veux rien avoir à faire avec eux. Je ne parle plus le russe.

Je considérais la langue russe comme un outil de communication. Mais, grâce à la politique du Kremlin, qui décrète que la Russie ne s'arrête nulle part, l'outil a changé de nature. C'est devenu très politique. Poutine veut nous « libérer » parce qu'on parle russe. Pendant la guerre, ça s'est transformé en un marqueur. Alors je veux montrer que je ne suis pas russe. Le 24 février, j'étais au Sri Lanka, j'étais heureux, ça aurait dû être de super vacances avec ma copine, je faisais du surf pour la première fois de ma vie. Et à cause de la Russie, ça a été horrible. J'ai vu les images, les bombes qui tombent sur ma ville, sur la ville où mes parents et mes amis vivent. Ça a été un choc. Mais comment peuvent-ils faire ça ? Puis le trou noir pendant les mois suivants. Immédiatement, je me suis mis à parler en ukrainien, même avec mes parents. On utilise le dialecte qu'on avait au village quand j'étais petit. Maman aussi ne parle plus qu'ukrainien avec moi. Papa a du mal, mais il me soutient. Il n'y a pas eu de résistance de leur part. Je ne me rappelle plus vraiment comment ça s'est fait, je me rappelle seulement que je ne voulais plus parler russe. Un peu avant l'invasion, j'y avais déjà songé. Mais je ne voulais pas « perdre » mon aisance et mes compétences en russe. Le 24 février, je me suis dit : « De quel autre signe de l'univers as-tu besoin pour faire ta transition vers l'Ukraine ? Qu'est-ce qu'il te faut de plus ? »

*

Denys ne l'a pas vu de ses yeux car il est resté à l'étranger, mais à Kharkiv, le quartier où il a grandi est constellé de ruines.

Pour Nastya, originaire d'Odessa, sa transition vers l'ukrainien en 2019 est encore un sujet de disputes avec ses parents. « Mon père me dit souvent, quand je m'adresse à lui en ukrainien : "Parle-moi dans une langue normale." Je ne sais pas comment réagir, je ravale mes émotions et je ne réponds rien. Au début de l'année, je lui ai offert un livre en ukrainien et il l'a jeté. Il a annoncé qu'il ne comprenait pas. Ma mère en a marre parce que, comme elle est fonctionnaire, elle se prend des amendes car elle refuse de parler ukrainien au travail, même si c'est la loi. Elle est tout le temps en train de se plaindre de "l'ukrainisation" de l'État. Et je ne comprends pas son choix. Plus je fais des interviews terribles, plus j'ai cette haine quand j'entends du russe. L'autre jour, un mec sur Tinder m'a écrit en russe, je lui ai demandé de parler en ukrainien. Il m'a rétorqué que ça n'avait pas d'importance, et je l'ai bloqué. Je ne saisis pas comment mes parents peuvent ne pas me comprendre, je leur explique souvent. Il y a quelques mois, une amie m'a appelée, elle vit au Danemark maintenant. Elle m'a appris que Taras, son ex et notre ami commun, est mort au combat. Elle me suppliait de la calmer, elle était hystérique. C'est une douleur immense. C'est cette autre réalité qui te rattrape, quand tes amis meurent ou que tu fais des interviews avec des victimes de guerre. La dernière fois, quand il y a eu la frappe sur la pizzeria de Kramatorsk, des tas de gens ont péri, dont deux gamines de 15-16 ans. Elles voulaient juste passer du bon temps devant un café, oublier la guerre. J'ai eu leur prof au téléphone, elle pleurait, elle disait que la mère de l'une d'elles cherchait une robe de mariée petite taille pour enterrer sa fille de 15 ans. Apparemment, c'est une tradition si la fille est morte avant le mariage. Quand j'ai publié l'article, une de nos lectrices a trouvé mon contact pour me prévenir qu'elle avait une robe qu'elle pouvait donner. Je raconte tout ça à mes parents, je ne leur parle qu'en ukrainien, et eux me balancent de parler dans une langue correcte ! Mais bon sang, lisez les infos, réveillez-vous ! Ce que j'ai entendu, c'est gravé en moi pour toute ma vie. Je ne suis pas prête à faire des compromis, à parler russe avec eux. C'est une question de vie et de mort, c'est la guerre. Je ne comprends pas ces gens, je ne leur demande pas de changer de langue, juste de respecter mon choix. S'ils veulent parler la même langue que cette horde de barbares, c'est leur droit, mais moi, je veux parler ukrainien, je ne veux pas écouter de musique russe. C'est dur car c'est ma famille, c'est ma mère et je n'en ai qu'une seule, mais c'est ma vie, ce sont mes valeurs et je fais ce que je veux. S'il faut que je coupe les ponts, je le ferai. »

« Pour certains, parler ukrainien est un moyen de préserver leur identité face à l'agression », explique Volodymyr Koulyk. « Le russe est le langage de l'ennemi, des assassins, des violeurs, c'est traumatisant pour certaines personnes, surtout chez les militaires revenant de captivité. Mais, pour d'autres, le russe est leur langue natale, qu'ils veulent conserver. Il existe l'argument selon lequel "Poutine n'a pas le monopole du russe. C'est ma langue, j'ai grandi avec, elle fait partie de moi, je veux la transmettre à mes enfants. Personne n'a le droit de me l'enlever". Autrement dit, sur le sujet, on assiste à un affrontement des points de vue, c'est une question très émotionnelle. D'autant que certains politiques utilisent l'argument de la langue pour des raisons populistes et électoralistes. »

Encore aujourd'hui, j'ai du mal à entendre de la musique russe. J'ai perdu l'habitude de le parler. Je me souviens des vidéos de soldats russes que j'ai vues au début de l'invasion, notamment une où ils exécutent des soldats ukrainiens. Sur Internet, les vidéos de torture étaient nombreuses, et j'ai dû en regarder quelques-unes pour le travail, même si j'essayais de le faire le moins possible.

Les soldats russes publiaient eux-mêmes en ligne leurs crimes de guerre : une vidéo où ils castrent un soldat ukrainien, d'autres où ils violent des femmes et parfois des enfants. C'était à ces images violentes que j'assimilais le russe. Elles effaçaient jusqu'à nos bons souvenirs avec des amis russes ou russophones. J'avais surtout appris le russe avec une amie d'Asie centrale. Nous écoutions de la musique en russe : Monatik, un chanteur ukrainien qui était très populaire partout dans l'ex-URSS, ou encore Monetochka, une artiste à la voix frêle qui chante des textes d'opposition. J'adorais ces musiques, mais, lors de la première année de la guerre, il était impossible pour moi de les écouter. En avril 2022, je suis allée au mariage d'une de mes meilleures amies, une russophone de Lettonie. Quand j'avais 14 ans, j'ai fait un échange de trois mois chez elle et, ensuite, elle est venue chez moi. Nos familles sont devenues amies, elle passait chaque été chez nous. Elle est issue d'une famille d'origine juive, russe, lettonne et ukrainienne. Nous parlions russe ensemble sans aucun problème. Mais, à son mariage, juste après Marioupol et la découverte des crimes de guerre à Boutcha, une sorte de dissonance cognitive s'est installée. Le russe a changé de connotation pour moi. Les images de torture ont plus marqué mon esprit que ces chansons ou que nos souvenirs heureux. C'est pareil pour Nastya. Je pense qu'avec le temps je pourrai à nouveau écouter ces musiques et parler russe, mais pas sûr que Nastya y parvienne. Et même si elle y réussit un jour, sans doute n'en aura-t-elle pas envie.

Payer

On dit que l'argent est le nerf de la guerre. Sur le quai de la gare de Kyiv, fin février 2022, je m'étais donc préparée à verser un pot-de-vin pour pouvoir monter dans un train d'évacuation. Mon rédacteur m'avait donné cinq billets de 100 euros, et j'avais réussi à retirer un peu d'argent le premier jour de la guerre. À Kharkiv, nous avions donné 500 euros à un chauffeur pour qu'il nous conduise. Pourtant, il était déjà grassement rémunéré par une agence de presse américaine. Il nous avait obligés à jeter nos affaires parce que, soi-disant, il n'avait pas assez de place. Mon collègue rouspétait énormément sur le prix, mais, pour moi, ces 500 euros étaient le prix de la survie, le prix pour éviter de me retrouver coincée pendant le siège. Les magouilles et les arrangements arrivent assez vite lorsqu'il y a une guerre. L'argent n'a pas de drapeau. À Kyiv, j'étais également prête à payer. Heureusement, il y avait suffisamment de places dans le train. J'avais pu monter gratuitement. Les femmes et les enfants d'abord. Plus on avançait, plus le claquement des rails et les sirènes laissaient place aux gémissements d'une foule désespérée. Juste avant un arrêt à Vinnytsia, j'ai entendu la jeune *provodnitsa*, l'hôtesse du train, en uniforme et maquillée, crier sur quelqu'un. C'était elle qui m'avait acceptée, c'était le troisième train qu'elle évacuait. Sa famille l'attendait à Zaporijjia, une ville stratégique dans le centre du pays qui, plus tard, sera tout près de la ligne de front. « Vous pensez que la vie de votre *koum** vaut plus que celle de cet enfant ? Si c'est le cas, justifiez-le devant tout le wagon, expliquez-le à ces gens qui fuient comme vous ! » hurlait-elle, au milieu des valises et des passagers pliés en deux. Même si je ne voyais pas le *koum* en question, je pouvais sentir les passagers le fusiller du regard. Nous étions déjà loin de Kyiv et des hostilités.

Dans notre compartiment, nous avons discuté du prix payé par chacun pour être amené à la gare. Certains avaient trouvé, par miracle, un Uklon, le Uber local, pour 300 hryvnias, l'équivalent de 10 euros à l'époque, seulement le double du prix habituel. D'autres avaient déboursé 150 dollars, la moitié d'un SMIC. D'autres encore avaient pu se déplacer gratuitement en taxi. Ce n'est que plus tard que le marché s'organisera et que les prix seront fixés. À la mi-mars 2022, les trains d'évacuation sont devenus gratuits, mais les hommes ne pouvaient plus y monter.

Léra a longtemps cherché un covoiturage pour faire sortir un ami d'une vingtaine d'années, qui était resté seul chez lui, à Obolon. On lui demandait 7 000 hryvnias, soit 230 euros. C'était le prix pour notre quartier. Si c'était gratuit pour les femmes et les enfants, personne ne voulait prendre un homme en âge de combattre. Finalement,

* Le parrain de leur enfant. Dans les pays de l'Est, c'est une relation importante.

Léra a réussi à dénicher quelqu'un qui a accepté de le conduire à la gare pour 1 000 hryvnias.

Combien vaut une vie ? Est-ce que la richesse peut vous sauver de la guerre ? C'est une question qui m'a beaucoup taraudée au début de l'invasion. La réponse n'était pas si évidente. Beaucoup de célébrités habitaient par exemple à Boutcha et à Irpin, dans de luxueuses maisons qui se sont retrouvées sous les bombes.

Quand le conflit a commencé, Daniil s'est posé lui aussi la question malgré lui. Cet entrepreneur dans l'informatique avait quitté l'Ukraine pour Chicago en 1999. Il parle anglais avec un accent ukrainien, et ukrainien avec un accent anglais. Le 24 février, il se réveille avec un profond sentiment d'impuissance. Dans le chaos de l'invasion, un couple d'amis américains le contacte. Quelques jours plus tôt, ils ont eu des jumeaux prématurés d'une mère porteuse dans une clinique de Kyiv. Maintenant, ils cherchent désespérément du lait maternel pour la maman. Daniil poste sur Facebook un message comme une bouteille à la mer : « Est-ce que quelqu'un connaît quelqu'un, qui connaît quelqu'un qui pourrait les aider ? »

À 6 000 km de là, au son des bombardements, Natalia sillonne la capitale en voiture. L'armée ukrainienne se prépare à un siège, mais cette agente immobilière n'a qu'une idée en tête : trouver de la nourriture infantile dans les dernières pharmacies ouvertes, d'abord pour des proches, puis pour d'autres parents en détresse. Deux heures plus tard, « par un pur hasard », les réseaux les mettent en relation. Les deux Ukrainiens n'ont pourtant aucun ami en commun. « Encore aujourd'hui, je ne sais pas qui nous a mis en contact», assure Daniil. «J'ai appelé Natalia, elle était au volant. Sa fille de 15 ans attendait toute seule à la maison. C'était la panique, le début de l'apocalypse. J'étais sous le choc et j'imaginais cette petite mère de famille effectuer ce travail héroïque sur ses propres deniers. J'ai vite compris qu'à Chicago je ne pouvais concrètement rien faire, et que si Natalia n'avait plus d'argent pour payer l'essence, elle rentrerait chez elle. Les parents n'auraient plus de lait, les personnes âgées isolées n'auraient personne pour leur amener des médicaments ou de la nourriture. Sur un coup de tête, je lui ai envoyé 1 000 dollars. Le vendredi, un jour après l'invasion, Natalia a été rejointe par six volontaires, le mercredi par 30, le samedi par 70. Et, rapidement, je me suis rendu compte qu'on pourrait, avec davantage d'argent, soutenir davantage de gens. J'ai alors demandé de l'aide à mon réseau de Chicago. Tout était basé sur la confiance. Je suis américain, bien intégré. Mes amis, mes collègues ou mes connaissances me font confiance. Ils me donnent 50, 80, 100 dollars. C'est un petit don aux États-Unis, mais, en Ukraine, on peut faire beaucoup avec ça. L'argent n'a pas la même valeur pendant la guerre. Au début, on avait de la chance. C'était incroyable de voir à quel point peu d'argent pouvait t'emmener loin. Tu pouvais sauver un enfant pour 50 dollars, littéralement. J'avais l'impression d'être un trader à la bourse : je parie 30, 50 dollars, ils seront peut-être perdus, mais si ça marche, c'est un enfant qui est secouru. Début mars 2022, c'était une course contre la montre. Par un contact de contact de contact, j'avais trouvé un volontaire qui évacuait les enfants d'un orphelinat de Kherson, tout seul, dans sa voiture de cinq places. Les Russes allaient prendre la ville. Nous lui envoyions de l'argent pour payer l'essence. Et je me suis dit que, si on lui procurait un bus, on pourrait évacuer 50 enfants. Finalement, avec des amis, on a rassemblé 5 000 dollars. Des bénévoles en Ukraine avaient déjà dégoté le bus. On l'a acheté, le mec l'a conduit jusqu'à Kherson deux fois. Il a évacué 80 enfants. Le soir même, la ville était occupée. Dans un autre orphelinat, les employés ont tenté de cacher les enfants, mais les Russes les ont kidnappés et les ont emmenés en Russie. C'est étrange à dire, mais la vie de 80 enfants valait 5 000 dollars. » Avec cette opération, Daniil a mis le doigt dans l'engrenage.

Au début de l'invasion, des milliers de « volontaires » ukrainiens se sont mis à aider l'armée ou les civils, en s'appuyant sur leurs fonds propres, leurs réseaux personnels et amicaux, l'Église, leurs voisins ou des associations locales. Acheter des gilets pare-balles, payer l'essence d'une voiture qui, dans les zones de combat, amène des vivres dans les caves où se cachent des civils. Les besoins ne manquaient pas, mais les fonds, oui. Daniil, avec ses connaissances, a financé directement ces volontaires. Pas besoin de papiers, de vérifications, d'assurance, comme pour les grosses organisations internationales, quasi absentes lors des trois premiers mois de la guerre. Aujourd'hui, l'entrepreneur dirige une association aux États-Unis afin de poursuivre ses activités appelée « Ukraine Trust Chain ». L'organisation, surtout financée par la diaspora ukrainienne, mais aussi russe et bélarusse en Amérique du Nord, soutient désormais 20 équipes dans les endroits les plus dangereux d'Ukraine. Discrètement, ils arrivent à acheminer des fonds dans les différents territoires. Au total, don après don, l'ONG a levé presque sept millions d'euros, évacué 58 000 personnes et distribué des dizaines de milliers de tonnes d'aide. « Maintenant, il est devenu beaucoup plus cher d'organiser les évacuations. Nos volontaires doivent parfois verser des pots-de-vin aux soldats russes pour qu'ils ferment les yeux. Avec la ligne de front qui se fige, il est aussi plus compliqué de passer entre les mailles du filet. Mais on peut quand même atteindre la zone de combat, car le système bancaire et l'économie ukrainienne tiennent bon. Je suis toujours impressionné par la résilience de l'économie. Un mois avant la chute de Bakhmout, il y avait encore un magasin qui fonctionnait dans la ville. J'envoyais de l'argent à une mamie qui achetait à manger pour toutes les personnes réfugiées dans sa cave. »

L'économie continue de tourner. Les institutions comme la poste, les banques, les transports sont résistantes. Les chaînes de supermarchés restent ouvertes, même près de la ligne de front. Pendant les premiers mois de l'invasion, un tiers des Ukrainiens ont perdu leur emploi. Mais, en 2023, le chômage a beaucoup baissé, avec 18,4 % d'inactifs en octobre. Un taux encore supérieur à celui d'avant-guerre, mais pas un effondrement de l'économie non plus. Cette relative croissance est liée à la reprise du travail dans de nombreuses entreprises, à la libération de certains territoires et à la réduction de l'intensité des hostilités dans plusieurs régions. Beaucoup d'Ukrainiens travaillent encore, surtout à cause de la pénurie grandissante de main-d'œuvre : les hommes mobilisables sont appelés dans les rangs. On observe alors que de plus en plus souvent les femmes prennent leur place, dans les champs, dans les usines, ou à la mine, des métiers traditionnellement masculins. Il semble que, à mesure que le temps passe, l'Ukraine s'habitue à une économie de guerre.

De nombreux Ukrainiens deviennent des professionnels de l'humanitaire, subventionnés par des organisations internationales. Si, les premiers mois, les bénévoles travaillaient gratuitement, avec le temps, soit ils s'arrêtent pour retrouver un emploi, soit ils se professionnalisent. L'organisation de Daniil finance ainsi le salaire de plusieurs personnes partout dans le pays, comme Ksénia, une fleuriste de Kyiv, qui avait dû abandonner sa boutique pour continuer ses activités caritatives. De toute façon, elle n'arrivait plus à faire de bouquets, cela lui semblait complètement inutile. Les seules fleurs qu'elle continuait à travailler étaient les pivoines ou les tulipes que les babouchkas dont elle reconstruisait la maison lui donnaient, en souvenir de la vie d'avant. Et là encore, Ksénia les vendait souvent «*za donat*», «pour des dons».

Les *donat* sont un autre phénomène de société qui s'est répandu avec la guerre. Il s'agit d'argent envoyé à de petites cagnottes lancées par de simples citoyens afin d'acheter du matériel au profit d'une unité particulière, souvent là où un proche est mobilisé. En 2014, déjà, la société civile ukrainienne s'était organisée pour pallier les déficiences de l'armée débordée par la première invasion russe. Les volontaires avaient équipé les soldats, des chaussettes aux gilets pare-balles. Les petits organisateurs de crowdfunding en 2014 avaient ainsi créé des fondations qui, désormais, récupèrent des dizaines de milliers d'euros. En 2022, le phénomène des cagnottes s'est démultiplié avec le nombre de soldats à équiper, et l'ampleur de l'attaque russe. La moitié des gilets pare-balles de l'armée ont, par exemple, été fournis par des associations, des proches de soldats, voire par les combattants eux-mêmes.

Tous les gens cités dans ce livre ont donné au moins une fois de l'argent pour équiper l'armée. Et ce n'est pas un biais : les sondages indiquent que seuls 13 % des Ukrainiens n'ont jamais fait de dons. Ceux-ci servent souvent à acheter un drone ou une voiture. Les militaires sont plutôt bien payés : de 500 à 2 500 euros pour les positions les plus dangereuses. Mais la majeure partie de leurs salaires passe dans l'achat de matériel, de drones, souvent cassés ou perdus, de voitures pour faire des missions ou d'essence, et servent à payer les réparations. Contrairement à l'armée française, celle de l'Ukraine ne posséde pas d'engins blindés. Les combattants se procurent des Jeeps sur leurs propres fonds. Sur mon Instagram, entre les *stories* de vacances et les photos de chats, je vois tourner des appels aux dons et des numéros de cartes d'amis, de connaissances et parfois même d'inconnus ukrainiens. Ici, un soldat a besoin de payer son traitement après avoir perdu sa jambe. Là, il faut un drone ou une voiture pour l'unité du frère d'une copine. De son côté, Myla veut aider son cousin à acquérir son équipement. En hiver, on demande des sacs de couchage – 20 °C ; en été, des uniformes légers. Diana a créé plusieurs cagnottes pour acheter un 4 × 4 à son frère, qui défend Kharkiv depuis le début de l'invasion. Après avoir trouvé la voiture en Europe, réglé les problèmes de papiers – c'est assez complexe car il y a des mécanismes pour éviter les détournements de fonds –, la voiture est finalement arrivée sur place, à la frontière russe, à l'été 2022. Enfin, l'unité de son frère ne devrait plus marcher sur des kilomètres pour rejoindre leurs positions ou transporter les blessés. Lors de la première sortie tant attendue de la voiture, les Russes les ont attaqués au mortier. Heureusement, il n'y a eu qu'un blessé léger. Mais la voiture était touchée. Diana et son frère étaient dégoûtés d'avoir perdu 7 000 euros en une seconde. Mon amie a posté cette histoire sur les réseaux sociaux, et en quelques jours, des centaines de personnes, des amis, des connaissances et même des inconnus, lui ont envoyé suffisamment d'argent pour racheter deux pick-up.

« Certains événements positifs ou négatifs sont des catalyseurs », explique Serhiy Prytula, un ancien animateur télé – imaginez Nikos Aliagas – à la tête d'une des plus grosses fondations soutenant l'armée. « Quand un Ukrainien ne combat pas et qu'il veut réduire le nombre de bombes qui lui tombent dessus, il donne. Après les victoires sur le champ de bataille, nous avons observé une augmentation significative des dons. En septembre, après la libération de la région de Kharkiv, c'était l'euphorie. Les gens voulaient remercier les soldats. Les Ukrainiens donnent pour contenir leur rage, pour avoir l'impression de faire quelque chose face à des événements particulièrement horribles, comme des frappes sur les civils. Faire un don, c'est un acte émotionnel. » Par exemple, le 10 octobre 2022, après les premières frappes sur les infrastructures électriques qui ont laissé des millions de personnes sans électricité, six millions d'euros ont été levés. En décembre 2023, après une cyberattaque sur l'opérateur Kyiv Star, 23 millions d'abonnés n'avaient plus de réseau. Près de 5,5 millions d'euros ont alors été récoltés en deux jours.

Pour son anniversaire, le 22 juin 2022, Serhiy Prytula – qui s'est essayé à la politique avant l'invasion – a appelé les Ukrainiens à participer à l'achat de drones turcs de combat Bayraktar. Son but était d'acheter trois appareils en sept jours pour un total de 12 millions d'euros. Deux jours plus tard, il pouvait déjà en acheter quatre. Finalement, le fabricant turc a décidé d'en offrir trois. Ces campagnes ne sont pas seulement une question d'argent, mais aussi d'espoir. Elles permettent de rallier la population autour d'un but positif dans une période emplie de tragédies.

Je me souviens que tout le monde en Ukraine parlait de la campagne d'achat des « Bayraktar du peuple ». Les grands-mères demandaient à leurs petits-enfants d'envoyer un ou deux euros. Mes amis partageaient en ligne la cagnotte en regardant les chiffres monter : il était possible de faire quelque chose. On s'en parlait comme on se réjouit de la victoire de notre équipe de foot à la Coupe du monde. « Tu as vu, on en est à cinq millions ! » En fin de compte, l'argent a été utilisé pour acheter un satellite pour le renseignement. En Lituanie, un mois auparavant, un présentateur télé avait appelé à une levée de fonds pour des Bayraktar. Plus de cinq millions d'euros avaient été réunis en trois jours.

Paradoxalement, plusieurs associations ukrainiennes, françaises ou internationales m'ont appris que, si beaucoup de dons sont venus d'Europe de l'Ouest au début de l'invasion, les particuliers et les entreprises occidentaux refusent de verser de l'argent qui sera utilisé pour l'armée. C'est encore un tabou, notamment en France. Les Français, encore très pacifistes, ont du mal à se dire qu'acheter du matériel militaire pourrait sauver des vies. Généralement, la guerre est un tabou jusqu'au jour où elle arrive chez vous. Les drones permettent, en l'absence d'artillerie, de larguer des bombes sur les soldats russes retranchés et d'éviter qu'ils ne tirent sur l'infanterie – des Ukrainiens lambda qui ont dû prendre les armes.

Les entreprises ukrainiennes font également des levées de fonds pour l'armée. Près de 90 % d'entre elles participent à l'effort de guerre d'une manière ou d'une autre, selon un sondage publié en janvier 2023. Cela peut se traduire par le maintien des salaires des employés qui ont pris les armes, par du mécénat pour aider à la reconstruction dans la région où l'entreprise est implantée, ou encore par la formation et l'embauche des déplacés internes. Mais, dans 63 % des cas, c'est un soutien financier direct à l'armée. Je suis toujours étonnée de constater que les entreprises et même les particuliers ukrainiens reversent tant d'argent, alors que beaucoup font tout pour éviter de payer les impôts. Des études menées par des économistes montrent que la population préfère soutenir des ONG ou des volontaires parce que, d'après elle, l'argent des impôts risque d'être détourné ou mal utilisé.

Les levées de fonds participatives sont devenues « le ciment de la société », selon Serhiy Prytula. Dans la rue, il n'est pas rare de voir des enfants chanter ou vendre de petits objets. Et il suffit de lire la presse régionale pour mesurer l'ampleur du phénomène. À Vinnytsia, une fanfare pour enfants a collecté 6 000 euros et réussi à acheter une voiture pour l'armée. Solomiya, 6 ans, joue de la flûte tous les jours à Dnipro pour pouvoir acheter des trousses de premiers secours. Sofia, 7 ans, a récolté 400 euros en chantant dans le jardin botanique de Kyiv. Serhiy Prytula a ainsi récupéré 200 000 euros en petites coupures de la part des enfants. Les bénévoles le répètent : « Il n'y a pas de petits dons ! » En 2023, sur le site de la fondation Reviens vivant, une des plus importantes en Ukraine, la somme moyenne était de 100 hryvnias, entre deux et trois euros. Pour la fondation Prytula, c'étaient 850 hryvnias, soit 25 euros.

« C'est très étonnant pour les Français de donner de l'argent à l'armée. Les Français me disent souvent, "C'est à l'armée de vous fournir du matériel" », explique Tetyana Ogarkova, qui a fait ses études en France. Avec son mari, elle fait du bénévolat depuis le début de l'invasion. « Pour les Ukrainiens, l'État ne peut pas tout gérer. Dans notre histoire, l'État était plutôt faible, fragile. C'est comme un bébé. Tu dois prendre soin de lui et, si tu t'en éloignes trop longtemps, il risque de mourir. En France, l'État est une figure paternelle : c'est papa qui va décider, qui va te nourrir, veiller sur toi. Ici, l'effort de guerre devient central dans la vie des gens. Maintenant, pour les anniversaires, on publie de très belles photos sur les réseaux sociaux, en faisant un post larmoyant et en écrivant : "Si vous voulez me faire plaisir, voici le numéro de ma carte, le lien de ma cagnotte pour acheter une Jeep pour l'armée." Car ce que je veux vraiment pour mon anniversaire, c'est la victoire, la fin de la guerre. Pour mes 43 ans, j'ai collecté la moitié du prix d'une voiture. Cela ne me rend pas triste que tout tourne autour de la guerre. Au contraire, tu as l'impression de faire partie de quelque chose de plus grand que toi. C'est une occasion de sortir de ce sentiment d'impuissance et d'inutilité. Le rapport à l'argent a été bouleversé. Il est plutôt mal vu de s'enrichir pendant la guerre. Enfin, quand tu es riche, c'est surtout mal vu de ne pas contribuer de manière visible. Mais attention : il faut le faire avec sincérité ! Si tu le fais seulement pour les photos, on va te critiquer pour ça. Ta valeur sociale a changé, ce n'est plus la taille de ta fortune qui compte, mais ce que tu en fais et combien tu donnes à l'armée ! Et, en même temps, il est important de noter que la société s'est appauvrie. Par exemple, nos salaires à la fac où j'enseigne ont été gelés, alors que l'inflation sur les produits de consommation en 2022 a presque atteint 27 %. Moi, j'ai d'autres sources de revenus, mais imagine les gens qui sont coincés dans les emplois publics, avec des salaires qui n'ont pas bougé d'un euro et les prix qui augmentent. Comment tu peux donner en même temps ? »

Depuis le printemps 2023, de plus en plus de volontaires me confient avoir du mal à réunir des fonds, que ce soit pour répondre aux besoins de l'armée ou à ceux des civils. « Avant, en moyenne, je pouvais fermer mes cagnottes en quelques jours. Maintenant elles traînent pendant des semaines, voire des mois », me rapporte Kateryna Halouchka, une bénévole bien connue en Ukraine, qui fait partie du bataillon médical Hospitalery. Durant un an, elle a soigné les blessés sur la ligne de front, avant de prendre quelques mois de « repos ». Désormais, elle lève des fonds et achète du matériel médical pour son unité. «Je n'en veux pas aux Ukrainiens. C'est normal qu'ils donnent moins. Mais on voit aussi que les dons des étrangers baissent. Ce n'est pas seulement de l'argent. C'est du matériel médical qui n'est pas livré sur la ligne de front, ou livré trop tard. Ce sont des gens qui meurent. Au début, les gens donnaient d'eux-mêmes, on n'avait aucun souci pour nous approvisionner. Mais désormais il faut faire le clown, produire du contenu.» En décembre, Kateryna a publié un «calendrier de l'avent» avec des histoires et des photos. Il y a quelques mois, un comédien a lancé deux cagnottes via un sondage. Les internautes pouvaient envoyer de l'argent pour qu'il se coupe les cheveux, longs jusqu'aux épaules, ou pour qu'il les conserve ainsi. D'autres chantent. Dans les concerts, les artistes mettent souvent aux enchères des instruments, des albums collector ou même – véridique –, lors d'un concert à Kyiv, une vieille canette de bière. Elle est partie pour 100 euros.

Car les dons ne sont pas qu'une question d'argent, rappelle Kateryna, c'est aussi un moyen de se sentir soutenu, de garder le moral. Au début de l'invasion, la jeune femme se souvient avoir découvert dans un carton de médicaments envoyé depuis l'étranger de petites fioles de parfum à la lavande pour les femmes combattantes. «Je ne sais pas qui a pensé à nous, mais quand nous étions sur la ligne de front, dans les hôpitaux de campagne pleins de boue, cette odeur de lavande était comme un baume au cœur», se rappelle-t-elle. À Paris, des Ukrainiens ont bâti un entrepôt à la façade recouverte des couleurs ukrainiennes afin de récupérer des dons, au 6 rue de Palestine, dans le 19e arrondissement. Au printemps 2023, je m'y arrête pour voir ce qui a été mis en place. Devant des paquets de gâteaux sur la table, je demande à la directrice, une trentenaire originaire de Crimée, si ce n'est pas une perte d'argent que d'envoyer de la nourriture à l'armée ukrainienne plutôt que de l'acheter directement là-bas. « Pas vraiment. C'est un monsieur très âgé, peut-être 85 ans, qui passe sans faute chaque semaine pour apporter ces biscuits pour nos soldats. Si un jour il ne vient pas, j'aurai peur qu'il ne lui soit arrivé quelque chose. C'est un moyen pour lui de se rendre utile, peut-être qu'il n'a pas les moyens de faire plus. J'ajoute ses paquets dans des colis d'aide médicale. Quand les soldats apprennent qu'un Parisien lambda, sans aucun lien avec l'Ukraine, leur envoie chaque semaine des biscuits pour les soutenir, ça n'a pas de prix. Ça leur remonte le moral. Ils sentent que toute l'Europe est derrière eux. »

Si la quantité de dons s'érode, peut-être est-ce à cause d'une division entre l'avant et l'arrière, entre les militaires et leurs familles, entre les civils proches de la ligne de front et ceux qui, plus loin, ont pu reprendre le cours de leur vie. De façon différente, certes, mais tout de même. Les enfants vont à l'école, les adultes au travail, le divertissement et les week-ends existent à nouveau, il est possible de savoir ce qu'on fera la semaine prochaine, on peut dépenser comme avant pour se faire plaisir, même si on ne va pas acheter un appartement ou prendre un crédit sur dix ans. D'ailleurs, les propriétaires réclament à nouveau à leurs locataires de payer leur loyer, et les employeurs qui maintenaient parfois les salaires des femmes parties à l'étranger leur ont demandé de revenir à leurs postes ou de démissionner. Même dans le Donbass, les habitants qui ont fui louent leurs appartements vides aux militaires pour des sommes astronomiques, en comptant sur leurs bons salaires ; une pratique qui énerve les soldats, mais qui peut se comprendre, tant la population est pauvre dans cette région. Malgré tout, dans plusieurs villes d'Ukraine, des activistes manifestent afin d'obtenir des municipalités qu'elles fassent don de leur budget à l'armée. « Pourquoi refaire les routes quand nous devrions jeter toutes nos forces dans la défense ? » Et pourtant, les municipalités y renâclent.

Denys explique très bien pourquoi, avec le temps, il donne moins. « Au commencement de la guerre, la vie avait été mise entre parenthèses. Elle est d'ailleurs encore sur pause sur certains aspects, mais, lors des premiers mois, il y avait cet espoir qu'avec la fin de la guerre il serait possible de retourner en Ukraine, de reprendre là où l'on s'était arrêté, de reconstruire. Alors, la première année, j'ai donné tout ce que j'avais. Avec Diana, nous avons envoyé des 4X4 pour nos amis qui se battent. Maintenant, comme il y a une pénurie, ils sont plus chers. C'était un bon investissement. Un investissement dans la victoire. J'ai cessé de compter, mais j'ai peut-être envoyé 50 000 euros la première année. Tu donnes, tu donnes, tu vois l'argent disparaître de ton compte. Au début, tu te dis que c'est utile, tu reçois des vidéos des voitures utilisées sur le champ de bataille. Tu persistes avec ce sentiment pendant deux, six, douze mois. Et puis, avec le temps et les voitures détruites, tu ne vois plus l'utilité, et tu n'as plus d'économies. Aujourd'hui, je prélève 20 % de mes revenus et je garde le reste comme un matelas financier, au cas où je perds mon boulot, ou si mes parents ou moi avons un problème de santé. Rien n'est pris en charge si on a un truc grave. D'un côté, tu veux pouvoir vivre, vivre ici et maintenant, et utiliser cet argent. Et de l'autre, vivre en Ukraine, revenir à la maison. C'est pour cela que tu donnes. Mais ce résultat n'arrivera pas de sitôt, si ? »

Je me demande parfois quel serait le coût de la paix. Un confrère m'a un jour raconté comment, pendant la guerre de Tchétchénie, alors qu'il couvrait le côté russe, il a surpris une unité en train de vendre des armes aux indépendantistes pour plusieurs dizaines de milliers d'euros. Les mêmes qui seront utilisés pour leur tirer dessus le jour suivant. Sur le même principe, les Ukrainiens ont promis des récompenses aux soldats russes qui se rendraient avec de l'équipement, un avion ou un hélicoptère, par exemple. Mais il faut être particulièrement habile, malin et chanceux pour se rendre.

Si le coût de la paix ne se chiffre pas, le coût de la guerre est connu. Presque 360 milliards d'euros, selon un rapport de la Banque mondiale publié en mai 2023. Suffisamment pour donner à chaque Ukrainien 8000 euros ou pour permettre à tout le pays de ne pas travailler pendant près de deux ans.

Allumer la lumière

On s'était promis qu'en octobre 2022 on fêterait mon anniversaire chez nous, à Obolon. Diana, Denys, Myra, Myla, Nastya, Léra et les autres se serreraient autour de notre petite table en verre dans notre cuisine violette. Myla nous aurait cuisiné de délicieuses pâtisseries compliquées à faire, comme celles qu'elle propose dans son café. Selon la tradition, le rebord des fenêtres déborderait de bouquets de fleurs. Finalement, j'ai été réveillée le 30 octobre 2022 par Nastya tenant un gâteau avec des bougies dans les mains, bien trop gros pour nous deux. Sur une quinzaine de personnes, il ne restait qu'elle. Les autres étaient partis ou à la guerre. Nous avons donc décidé d'aller au Closer, une salle de concert et boîte de techno connue. Myra, Myla et un couple d'amis m'ont fait livrer des fleurs par coursier directement dans la salle. Des gamins de 18 ans qui avaient monté un groupe de rock jouaient. Leurs amis étaient au premier rang à les encourager, ravis que la salle soit pleine. Ça me rappelait les concerts que nous faisions à Agen avec mes amis de lycée. Sauf que ces gamins levaient de l'argent pour l'armée et demandaient de faire une minute de silence pour les cinq cents morts de Boutcha. Avec émotion, ils chantaient la difficulté de vivre pendant la guerre, l'amour d'une femme pour un militaire. Nastya pensait à son date Tinder, qu'elle avait vu le jour précédent. Un garçon charmant qui s'était battu à Bakhmout. Nastya et lui s'étaient retrouvés lors de sa permission de deux jours à Kyiv. Ils étaient restés toute la nuit dans son appartement presque vide, à discuter de la guerre, de la vie, à écouter de la musique et à s'embrasser, en face de son barda de camouflage.

Le lendemain matin, le 31 octobre, je me suis levée très tôt, gênée par une légère gueule de bois amplifiée par le cri de la sirène qui m'avait réveillée. Le soleil rose caressait l'immeuble d'en face, atténuait ses traits rugueux, ses contours de béton soviétique, entouré de feuillus orangés. Les *khrouchtchevka,* ces bâtiments, il faut vivre dedans pour les aimer. La vie qui jaillit de tous les étages, la voisine qui fume sa cigarette, les enfants... Il faisait particulièrement doux pour un début d'hiver. Mais, pour moi, c'était l'hiver le plus sombre de ma vie, littéralement.

Vers 7 heures, les oiseaux se taisent. Les bombardements sont de plus en plus fréquents ces deux dernières semaines, après un été plutôt calme. Les Russes commencent à détruire petit à petit les infrastructures électriques. Moins de dix minutes plus tard, une explosion, proche cette fois. Nastya se précipite hors de sa chambre. Que fait-on ? Les vitres du balcon tremblent, on sent le souffle. Encore d'autres explosions. Ils tirent dans le quartier. Des missiles balistiques. On attrape de l'eau, notre sac à dos et on descend les neuf étages à pied. Sur le chemin du métro, nous voyons les colonnes de fumée à l'horizon, vers le barrage hydroélectrique du Dniepr et la station reliée. Les explosions de missiles et celles de la défense antiaérienne continuent. Les oiseaux se sont envolés dès la première détonation, les humains s'enfuient avec un peu de retard. Les Russes sont-ils en train d'essayer de faire sauter le barrage ? Nous serions tout de suite inondés.

Des femmes courent dans la rue avec leurs enfants dans les bras. Dans la station, les gens s'assoient sur des tapis de yoga. Un air de 24 février. Je fais des entretiens rapides sur le quai, une mère de famille m'explique qu'elle a préparé un sac en cas de frappe nucléaire. En revenant chez nous deux heures plus tard, on appuie sur l'interrupteur. Plus de lumière. On regarde nos messages. Plus de réseau. On veut faire la vaisselle. Plus d'eau. Le chauffage est aussi éteint. Nastya tourne en rond, elle ne peut pas travailler. Elle a prévu une interview à 11 heures avec des bénévoles américains, mais elle ne peut pas les avertir. Je n'arrive pas à joindre ma rédaction non plus. On est coupées du monde. C'est très anxiogène. Est-ce que le reste de la ville est dans la même situation ? Et si les Russes envoyaient ces frappes en prévision d'une nouvelle offensive ? Et si... et si... Il faut être doté d'un grand calme pour ne pas paniquer.

Quelques jours avant, le 10 octobre 2022, Moscou a inauguré l'hiver avec une campagne de frappes sur les civils et les infrastructures électriques. Près de 84 missiles balistiques et 24 drones suicides sont lancés sur toute l'Ukraine.

« Putain, ce n'est pas la fin du monde de ne pas avoir d'électricité, on n'est pas dans les tranchées, pourquoi c'est si difficile ! » dit Nastya en se rendant compte qu'on ne peut même pas tirer la chasse d'eau. Je ne l'ai jamais vue aussi énervée, elle qui ne dit jamais de gros mots. Elle fait les cent pas dans l'appart en chute libre vers le XVIIIe siècle. Nous sommes paralysées par le doute et l'indécision. Et si on allait dans le centre pour tenter d'avoir de l'électricité ? Mais si c'était pareil là-bas ? Pourtant, on ne va pas attendre des heures pour savoir ce qu'il se passe ! Finalement, Nastya se décide à préparer un colis humanitaire pour une femme qui a perdu sa maison dans une frappe et qui vit seule avec son fils. C'est une connaissance de sa collègue. « Je n'ai la tête qu'à ça, je suis tellement en colère, je ne peux rien faire d'autre. » Je lui donne un jean et un pull, et elle part à la poste son colis en main. On convient de se retrouver plus tard dans le centre-ville. Le reste de la journée et plusieurs fois pendant l'hiver, quand on aura peu ou pas de réseau à la maison, on signera nos SMS avec l'heure à laquelle on les a envoyés.

Je descends dans la rue à la recherche d'une connexion et je tombe sur une voisine, elle aussi un téléphone à la main. Elle tente de contacter sa fille pour vérifier qu'elle est vivante et que les bombes ne se sont pas écrasées chez elle. Il fait beau, la sirène vient de s'arrêter, les gens sortent du métro comme des animaux apeurés quittent leurs terriers. Certains s'approvisionnent en l'eau dans de grands bidons en plastique. Plus rien ne tombe du ciel, mais tous les magasins restent fermés. Les frappes que l'on a entendues visaient bien le barrage hydroélectrique de Vychhorod, qui n'a pas été endommagé, selon les autorités, mais des coupures ont été imposées par le gouvernement pour stabiliser le système énergétique – ce que les spécialistes appellent « le délestage ». À Kyiv, ce jour-là, près de 350 000 foyers n'ont plus d'électricité et 80 % des consommateurs de la capitale sont privés d'eau, d'après le maire. À la fin de l'alerte, vers 10 heures, les habitants du quartier s'attellent à chercher des solutions. Puisque les supermarchés et les centres commerciaux gardent le rideau baissé faute de courant, des dizaines de personnes patientent sous un dédale sombre de tôles pour acheter du pain, des piles, de l'eau et de la nourriture. La bouchère place de petites bougies au milieu des saucissons, dans un frigo éteint. « C'est romantique », ironise une cliente. « Les Russes n'arrivent pas à battre notre armée, alors ils se battent contre les civils », estime une autre. Plus loin, une commerçante prévoyante peine à faire fonctionner l'un des rares générateurs. Ce n'est que le début, personne n'est prêt. Plus tard, tous les commerces se doteront de ces engins. La symphonie des groupes électrogènes sera notre bande-son de l'hiver.

J'ai réussi à appeler quelques secondes ma cheffe sur mon téléphone français, en cherchant du réseau le téléphone en l'air. Pour ceux qui, comme moi, viennent d'un village situé dans une zone blanche, cela rappelle des souvenirs. Je dois envoyer mon papier, c'est bientôt la deadline, mais sans connexion ce sera compliqué. Impossible de commander un Uber sans 4G. Mais comment on faisait, avant ? Sur la place Minska, j'aborde un taxi avec une phrase digne d'un film : « Conduisez-moi où vous voulez, mais où je pourrais avoir du réseau. » Le chauffeur bedonnant comprend vite l'urgence et compte bien en profiter pour faire sa journée sur le dos d'une étrangère. Il me demande 40 dollars pour une course qui habituellement en vaut à peine cinq.

Finalement, je parviens à négocier 500 hryvnias, environ 15 euros.

En arrivant dans le centre, je vois les gens qui marchent comme si de rien n'était, les magasins ouverts. J'entre avec mon gros sac d'urgence sur le dos dans un de mes cafés habituels, allumé comme d'habitude, je demande d'une traite, en urgence, à un serveur un peu étonné : « Est-ce que vous avez du réseau, de l'électricité, de la nourriture (il est 15 heures, je n'ai pas mangé de la journée) et surtout de l'eau ? Est-ce que vos toilettes fonctionnent ? » Pas de chance, eux non plus n'ont pas d'eau. Il faudra encore se retenir et manger dans des assiettes en plastique. Le serveur doit penser que je reviens de la gare ou d'un long voyage, avec cet air pressé et anxieux. Et pourtant j'arrive juste de chez moi, un autre monde à quinze minutes de voiture.

Lors des premières coupures, on se dit qu'on va tenir. On allume religieusement les bougies, même quand il y a de l'électricité, pour économiser le courant, avec l'impression de participer à l'effort de guerre. Les appels à économiser se multiplient sur les réseaux sociaux. La fin de l'abondance à l'ukrainienne. Après tout, ce n'est pas grand-chose, nos amis dans les tranchées vivent sous les bombes.

Et puis, à mesure que les bombardements et les coupures s'éternisent, l'acte de résistance devient un désagrément. Toutes les semaines, on télécharge la liste des heures sans et avec courant. Au début, seules trois heures de coupure par jour sont prévues, puis six, puis neuf, puis neuf autres « peut-être sans électricité ». L'Ukraine plonge dans le noir. En hiver, il fait nuit dès 15 heures à Kyiv. J'ai peu de souvenirs de cette période, j'ai l'impression d'avoir vécu pendant des mois dans l'obscurité. L'éclairage public est éteint. Dans les rues, les silhouettes slaloment sur les trottoirs verglacés à la lumière des téléphones. On porte des bandes réfléchissantes sur nos vêtements pour éviter de se faire écraser. Plusieurs fois, je risque d'être renversée. Les accidents de voiture sont de plus en plus nombreux.

Dans le centre-ville, certains ont la chance d'être reliés à des cliniques ou aux bâtiments gouvernementaux et de ne pas manquer d'électricité. Mais, dans la banlieue, et en particulier à Obolon, la situation est catastrophique. Parfois, nous n'avons pas de courant pendant deux ou trois jours d'affilée. Nous n'avons pas de réseau non plus. Les tours téléphoniques ont besoin d'électricité pour fonctionner et, pendant de nombreux mois, celles qui nous entourent n'ont pas de groupes électrogènes. J'ai acheté une petite radio à piles que nous écoutons, Nastya et moi. Je me fais les ongles à la bougie et je joue au jeu vidéo *Animal Crossing* pour passer le temps. Nous mettons de la musique et nous dansons à la lumière des flashs de détresse de ma lampe frontale. Nous avons encore du gaz, mais j'évite de cuisiner. Quand je laisse les produits dans le frigo, surtout la viande et les produits laitiers, ils pourrissent en deux jours. Mais si je les pose sur le balcon – il fait – 10 °C –, ils gèlent ! Et impossible d'utiliser le micro-ondes, bien sûr. Pour les gens qui n'ont que des plaques électriques, c'est compliqué.

Heureusement, nous avons encore de l'eau chaude grâce à notre chauffe-eau. En revanche, les voisins ne peuvent pas prendre de douche chaude. En ville, une blague est en vogue : « Entre le gaz, l'électricité, l'eau chaude, le chauffage et le réseau 4G, si vous ne pouviez en choisir que deux, quelles options prendriez-vous ? » Un bon moyen de briser la glace. Durant deux ou trois jours, le chauffage s'arrête et je dois dormir dans un sac de couchage dans mon lit. Mais, je suis plutôt chanceuse : certains doivent dormir dans leur voiture avec le chauffage allumé parce qu'il fait trop froid chez eux. En décembre, je passe plusieurs jours chez ma belle-mère, nous essayons de préparer un bon dîner avec des bougies. Nous sommes en manteaux à l'intérieur. Elle remplit quelques bouteilles d'eau à glisser dans le lit comme des bouillottes. On laisse le gaz allumé pour réchauffer la cuisine. J'ai appris que mettre une brique sur le gaz permet de diffuser la chaleur plus longtemps. Je garde tout le temps un thermos avec de l'eau chaude pour pouvoir au moins faire du thé. Le moindre petit souci du quotidien se mue en un gros problème. Après une opération des dents de sagesse en septembre, j'ai des complications et je ne peux rien manger de solide. Je dois courir les ORL et les dentistes pour tenter de trouver une solution – ce qui m'amènera à devoir me faire soigner en France. L'occasion de tester le système de santé ukrainien. Les médecins ukrainiens acceptent de me recevoir hors du parcours de soin, pendant une alerte, sans électricité. Alors qu'en France, je ne parviens pas à avoir une ordonnance de mon dentiste « parce que c'est dimanche ».

Les coupures s'accompagnent aussi d'une charge mentale accrue. Chaque tâche ménagère, même la plus banale, devient un fardeau, prend plusieurs heures.

C'est la Russie qui décide quand vous pouvez y voir clair, faire tourner le lave-linge, vous sécher les cheveux ou utiliser l'ascenseur. Souvent, il faut que j'arrive en bas de mon immeuble pour me rendre compte qu'il n'y a pas d'électricité, et comme je ne veux pas monter les neuf étages plusieurs fois par jour, je me balade encore une heure dans le supermarché d'en face pour tuer le temps en attendant que le courant revienne. Je me dis que ce n'est pas très grave. Ma voisine Halyna Ivanivna, qui vend des objets le soir devant le métro pour compléter sa petite retraite, ne peut pas descendre car elle a un problème de hanche. Elle tente quand même plusieurs fois par semaine de sortir avec son énorme caddie rempli de produits. Je l'aide parfois, il est si lourd. Son fils passe aussi plus souvent. Une bénévole que je connais décide même de déménager. Elle habite au 25e étage et son chien s'est cassé la patte. Après deux mois à le porter plusieurs fois par jour pour le sortir, elle n'en peut plus. Son docteur lui ordonne de changer de logement pour qu'elle ne se casse pas le dos.

De temps en temps, je vais effectuer des missions hors de Kyiv, mais la situation empire partout en Ukraine. Selon le Programme des Nations unies pour le développement, chaque foyer ukrainien a dû tenir en moyenne cinq semaines cumulées sans électricité à l'hiver 2022-2023. Ce qui représente 35 jours dans le noir, parfois par des températures négatives. Un correspondant a acheté un abonnement Starlink et je me rends parfois chez lui pour travailler. Les envoyés spéciaux sont logés dans des hôtels équipés de générateurs, qui forcément deviennent beaucoup plus prisés. Mais, en tant que journalistes indépendants, nous n'en avons pas les moyens. Et personne ne va nous payer un générateur à 500 ou 1 000 euros ou encore un Ecoflow (une sorte de grosse batterie) à 300 euros, qui, de toute façon, ne peut pas faire fonctionner l'électroménager. J'apprends d'ailleurs à compter les watts. Les bouilloires et les sèche-cheveux sont les plus gourmands. Quand je rentre en France, je m'extasie devant la machine à laver, je suis tellement contente de ne pas devoir laver mes vêtements à la main. Et puis, je profite de pouvoir utiliser le sèche-cheveux quand bon me semble et d'avoir les cheveux propres. Avec – 5 à – 20 °C dehors, vous ne pouvez pas sortir les cheveux mouillés. Je ne vous dis pas le bonheur de finir de vous sécher les cheveux pile quand l'électricité s'éteint. Ni la colère quand, sur les horaires où vous êtes censé avoir du courant, il se coupe alors que vous avez encore les cheveux mouillés. Souvent, donc, on ne se lave pas les cheveux pendant plusieurs jours. Alors, à nouveau, je ressens la même sensation humiliante d'une atteinte à ma dignité que lors de ma fuite de Kyiv en février. J'ai une chevelure blonde, bouclée et épaisse, longue à sécher. J'adore mes cheveux, mais j'ai quand même pensé à les couper parce que je ne supportais plus de ne plus les laver comme j'en avais l'habitude. Et puis, je me suis dit que je n'allais tout de même pas faire une chose pareille à cause de la Russie. C'est mon identité, mes cheveux.

Plusieurs fois, le métro cesse de fonctionner pour économiser de l'électricité ou à cause de pannes. Il s'arrêtait déjà à 21 heures en raison du couvre-feu. Je n'habite qu'à vingt minutes en métro du centre, mais, avec tous ces problèmes de transport, Obolon devient très inconfortable et je n'arrive plus à travailler. Je loue des chambres à l'hôtel de temps en temps, mais, pour être sûre de bénéficier d'un générateur et de l'eau chaude, c'est au moins 50 euros la nuit. De toute manière, je ne veux pas dormir à l'hôtel, je désire juste être chez moi. Ma rage grandit contre la Russie. Nastya pense quitter l'appartement, elle a été prise dans un programme de six mois à l'étranger pour les journalistes. Elle ne souhaite pas y aller, mais en même temps elle aimerait pouvoir vivre comme avant.

Depuis le 10 octobre, j'ai l'impression que ma vie ne m'appartient plus. C'est comme si on m'avait privée de la familiarité, du calme de mon chez-moi. Dans votre propre foyer, tout devient étranger lorsque le froid vous assaille. Je n'éprouve plus de plaisir à rester dans l'appartement, à cuisiner ou à lire dans ma chambre. Je suis face à un dilemme : faut-il que je déménage ? Mais, à Kyiv, maintenant, il faudrait payer l'équivalent d'un loyer parisien pour bénéficier des nécessités minimales. Faut-il que je laisse tomber un endroit que j'adore parce qu'il n'est pas adapté à la guerre ? Je n'ai qu'à tenir jusqu'en février. Qu'à attendre que ça passe encore quelques mois, quelques semaines.

Les bombardements continuent. On les entend le soir. C'est effrayant : sans Internet, nous ignorons ce qui est touché. Quand la sirène retentit, nous ne savons pas si elle signifie qu'un avion a décollé ou qu'un missile a déjà été lancé. Je ne peux appeler ni les secours ni mes proches. Quand Nastya et Léra ne sont pas là, j'ai très peur de mourir, toute seule, sous les décombres. J'arrive à envoyer des messages le matin et le soir à mes parents pour qu'ils sachent où je suis et si j'ai tenu la nuit.

Les morts s'accumulent au fil des jours, même s'ils ne font plus la une des journaux. Sept à Kyiv, trois à Kryvyih Rih, cinq à Zolotchiv, dans la région de Lviv, onze à Kyiv... Autant de vies fauchées, de familles endeuillées, de gens qui ne verront jamais la fin de cette horreur. Le 14 janvier 2023, à Dnipro, 46 personnes sont tuées dans une frappe sur un immeuble de neuf étages qui s'est effondré. Les opérations de sauvetage durent trois jours. En plus de la peur de mourir, j'ai peur pour mes proches. Le père de Diana, Vassil, qui habite toujours dans notre quartier, à Obolon, et que je vois régulièrement avec Oksana, manque de disparaître dans une frappe en revenant du travail, le 23 novembre 2023. Oksana envoie un message à Diana pour la prévenir : « Papa est rentré à la maison. Il va bien, mais il se trouvait à Vychhorod au moment même où le missile est tombé sur un immeuble résidentiel. Il a vu des enfants ensanglantés, un homme sans jambe, la moitié de la tête explosée... une douzaine de voitures ont brûlé près de la maison... » La frappe a fait sept morts et trente-cinq blessés, dont six enfants.

Lors d'un autre bombardement à Lviv, le bâtiment de mon beau-frère a été touché. Heureusement, il était dans une autre ville avec sa copine, qui devait se faire opérer des dents de sagesse. Les fenêtres de la plupart des voisins ont été soufflées, tout comme leur ventilation. Il y a de la poussière partout dans l'appartement. À première vue, ce n'est pas grave. Mais, quelques mois plus tard, en nettoyant derrière ses deux écrans d'ordinateur, mon beau-frère s'est rendu compte que le mur était complètement déformé. Un bout de missile s'était enfoncé de l'autre côté du mur et avait laissé un creux aussi large que l'écran. En octobre, un missile a frappé la station électrique du village de la grand-mère paternelle de mon compagnon. Le jour suivant, elle se retrouve à l'hôpital à cause d'un AVC. Un mois plus tard, son autre grand-mère décède, à 95 ans. Son petit-fils Taras, qui s'était engagé dans l'armée avant le 24 février 2022, a réussi à obtenir une permission et à sortir du Donbass pour lui rendre visite une dernière fois. Les jours avant et après sa mort, mon compagnon, en France, ne pouvait pas appeler ses parents, car tout le village, assez reculé, n'avait plus d'électricité ni de réseau. Les funérailles se sont déroulées à la bougie.

À la mi-décembre 2022, Nastya s'est résolue à accepter le programme de six mois à l'étranger. Finalement, c'est l'électricité qui l'a fait flancher. Moi aussi, j'ai eu l'impression de me rendre. Mes problèmes de santé ont empiré. J'ai été obligée de rentrer en France. Au fil des mois, j'ai vidé mon appartement en donnant ou en jetant la plupart des vêtements et des meubles. Je préférais m'en débarrasser plutôt que de risquer de les perdre à nouveau, « si jamais les Russes revenaient », s'ils tentaient encore de prendre Kyiv. Le commandant des forces armées ukrainiennes, Valeri Zaloujny, nous a prévenus en décembre 2022 que les Russes n'avaient pas laissé tomber le plan de conquête de la capitale. Comme beaucoup d'Ukrainiens, j'avais gardé ma valise d'urgence prête si nous devions fuir la ville à nouveau. Est-ce que désormais il faudra toujours être prêt à tout abandonner du jour au lendemain ?

Le 18 décembre, le jour où j'ai quitté Kyiv pour plusieurs mois de repos en France, et rendu mon appartement, j'ai eu le sentiment qu'il n'était pas certain que je revienne.

*

Depuis, je suis revenue en Ukraine. J'ai décidé de faire des allers-retours. Je vis entre Kyiv et Paris. Nastya est revenue après ses six mois à l'étranger, et elle a repris notre appartement. J'y dors quand je passe en Ukraine, mais dans le salon cette fois. En novembre 2023, j'ai eu très peur de vivre à nouveau un hiver de frappe. Autour d'un thé, dans notre cuisine, Nastya m'a dit récemment, avec enthousiasme, qu'elle avait découvert une entreprise de Kharkiv qui créait des maisons entièrement sous terre. Des bunkers avec tout le nécessaire, qui résistent à une frappe directe. Tout le confort sauf des fenêtres. Elle aimerait bien pouvoir en acheter une, faire des plans pour l'avenir. Les achats d'appartements à l'est du pays et à Kyiv ont grandement chuté, les gens veulent louer. Mais Nastya, qui approche la trentaine et travaille depuis plusieurs années, aimerait commencer à construire quelque chose. « Tu veux vraiment acheter ta maison et vivre pour le restant de ta vie sans fenêtres parce qu'on se fait bombarder ? » je lui ai demandé. Je la comprends cependant, cela ne me paraît pas illogique. Une amie française qui habitait à Kyiv depuis plusieurs années avant l'invasion m'a également dit : « Après cette guerre, jamais je n'achèterai une maison près d'une frontière. Quelle qu'elle soit. » Moi, une maison perdue dans les Landes, près de l'Océan, perdue au milieu de nulle part, me paraît soudain attrayante.

S'ENGAGER

Les rayons brillants de la boule à facettes dansaient sur le plafond en ce 1er janvier 2022 dans l'appartement de nos amis de Lviv. Sur le buffet, des gâteaux, du foie gras, le fameux champagne de Bakhmout et la traditionnelle salade olivier, sorte de macédoine populaire au Nouvel An sous l'URSS. Autour de la table, deux couples d'amis de lycée de mon compagnon. Le groupe se retrouvait à chaque Nouvel An, et, ces dernières années, s'était ajouté une nouvelle tradition étrange : faire, à cette occasion, des demandes en mariage. Mon copain adorait taquiner ma peur de l'engagement en me disant que cette fois-ci ce serait mon tour. Finalement, il n'y a pas eu de bagues ce soir-là, juste des heures à écouter de la musique, à oublier les bruits de bottes à la frontière. Notre ami, Sachko, un puits de connaissance en musique, nous avait fait découvrir une chanson satirique de 2003 d'un groupe punk confidentiel de Lviv, Toster. Son couplet entêtant, qui faisait référence autant aux occupations nazie que soviétique, disait : « Je ne me battrai pas / Je préfère manger ! / Je ne me battrai pas / Il n'y a que des fascistes dans le coin ! »

Avant l'invasion, je passais mon temps à visiter l'Ukraine et à demander aux gens ce qu'ils feraient si la guerre arrivait. Prendraient-ils les armes ? Fuiraient-ils ? Attendraient-ils ? Qu'est-ce qui pèserait dans la balance ? Durant les premiers mois de l'invasion, la principale motivation pour prendre les armes était surtout la survie. Chacun s'est dit la même chose : on peut influencer le cours de la guerre ici et maintenant. Demain, ce sera peut-être trop tard. Le risque de mourir est grand, si on s'engage, mais le risque est aussi grand, si on ne le fait pas. L'adrénaline aide.

Le choix de s'engager ou non dans l'armée, de prendre le risque de mourir, est d'autant plus courageux que nul ne connaît l'issue de la guerre. Il est facile aujourd'hui de dire qu'on aurait été résistant pendant la Seconde Guerre mondiale quand on connaît la fin de l'histoire. Le 24 février, les personnes qui s'engagent ont une foi sans faille dans la victoire. On ne se lance pas dans une bataille quand on pense qu'on va la perdre. Aucun des Ukrainiens rencontrés au début de l'invasion, qu'ils soient militaires ou civils ne m'a dit imaginer une défaite. Difficile à mesurer en France, où beaucoup de mes amis me disent qu'ils préféreraient se cacher et attendre que ça passe si ça nous arrivait. Mais pour beaucoup d'Ukrainiens, la survie impose de se battre, car il n'y a pas de survie sous les Russes. D'autant plus que pour eux, il est peu probable que la Russie s'arrêtera là. Certains étrangers s'engagent dans l'armée ukrainienne ou bien dans l'humanitaire, beaucoup de Polonais, de Baltes, de Bélarusses, de Géorgiens, de Russes, mais aussi d'autres nationalités, éloignées de l'Ukraine.

Le 24 février, notre ami Sachko, qui n'a pas particulièrement la carrure d'un Rambo, est allé au bureau de recrutement pour s'engager. Plus d'un an et demi plus tard, quand j'arrive enfin à l'appeler en visio, pour qu'il me raconte, il a vieilli de cinq ans. Son visage est envahi par la barbe, ses yeux tirés, ses mains marquées par le labeur. Il dort et travaille dans une base avec quatre autres personnes, que j'aperçois en train de jouer à la console, de lire, ou de téléphoner derrière lui. Il sort tout juste de l'hôpital à cause d'une pancréatite après une longue mission dans le Donbass passée sans dormir, à manger n'importe quoi et à avaler des boissons énergisantes.

Sachko, 29 ans, Lviv

Sur le moment, je n'ai pas vraiment réfléchi. J'y suis allé, c'est tout. Même aujourd'hui, j'ai du mal à m'expliquer. J'aurais pu être bénévole, mais je voulais quelque chose lié au militaire. Je suis un officier de réserve : j'ai fait le département militaire de ma fac. C'est une formation de l'époque soviétique qui remplace ton service militaire d'un an. En gros, pendant deux ans, tous les samedis et pendant les vacances d'été, tu vas t'entraîner. Tu en ressors gradé. J'avais donc un peu d'expérience, ça faisait sens de l'utiliser. Mais, le 24 février, j'ai fait le tour des bureaux de recrutement et ils m'ont renvoyé chez moi. Il y avait trop de monde. « Ton tour viendra. » Et puis à l'été 2022, j'ai été appelé. Le commandant de mon bataillon m'a demandé ce que je savais faire. Ma formation datait de 2012, j'étais spécialiste des radiocommunications. À l'époque, les radios étaient grandes comme la moitié de la pièce. Aujourd'hui, elles tiennent dans le creux de ta main. Autant dire que je n'y connaissais rien. Mais je suis ingénieur en agroalimentaire. Je travaille dans l'industrie alimentaire depuis mes 19 ans. Ils m'ont donc mis à la tête du service chargé de la nourriture pour un bataillon. Nous devions organiser le travail de la cuisine, livrer les repas aux gars sur les positions. Nous étions basés dans une maison d'un village à 8 km de Bakhmout. Ça allait parce qu'aucune bombe ne nous tombait dessus. Mais c'était bruyant. Et puis, il y a eu un moment où plus personne ne voulait nous livrer les produits à cuisiner, car c'étaient des livreurs civils. C'était joyeux ! On devait gérer les livraisons nous-mêmes. Ensuite, nous avons été déplacés à Sviatohirsk, un village libéré à la limite avec la région de Kharkiv. Là c'était encore plus compliqué, car tout était miné, il n'y avait pas de réseau. Il fallait que j'aille chercher les livreurs dans la nuit pour qu'ils évitent de s'exploser sur une mine. Ça aussi c'était joyeux... Surtout l'hiver, quand il fait nuit à 15 heures et qu'il y a de la neige partout. En général, on allait deux fois par semaine sur les positions pour ravitailler. Une fois, des obus sont tombés sur la voiture, j'ai eu deux commotions. Et mon assistant a été blessé par des éclats au ventre.

Je ne peux pas dire que la guerre a changé ma vision de la violence. J'ai toujours adoré les films d'horreur, je regardais les tripes déchirées, le sang. Je n'ai pas vu la différence entre ce que j'ai vu au front et ce que j'ai vu à l'écran, à part qu'en vrai tu peux sentir et toucher. C'est peut-être parce que je n'ai pas vu d'Ukrainiens civils ou militaires mourir. J'ai vu des Russes morts, mais je m'en fous. Je vois ça de façon neutre, morts ou vivants, je m'en fous d'eux. Ils sont comme les cafards quand ils entrent dans ta chambre. Tu les tues, et c'est tout. Ce qui me donne la rage, c'est quand les Russes bombardent les civils dans les villes. Ici, c'est la guerre, c'est normal qu'il y ait des destructions. En juillet 2023, ils ont bombardé Lviv, ma ville, un bâtiment civil. Huit morts. Là, j'ai senti la rage.

En avril 2023, notre bataillon a été envoyé à la frontière avec le Bélarus. C'est beaucoup plus calme là-bas. Ce qui m'a le plus choqué dans l'armée, c'est la bureaucratie. Pour les livraisons les plus banales, il faut ma signature, celle du médecin et celle du commandant. Depuis avril 2023, nous fournissons toujours de la nourriture au bataillon, mais surtout on remplit des tonnes de papiers de merde. C'est vraiment un travail de comptable, de financier. On dort dans notre bureau et on remplit les papiers pour 2022, 2023, pour rattraper notre retard. Des papiers six jours sur sept. À Bakhmout, parfois les livreurs nous jetaient les livraisons et aussitôt repartaient. Il fallait aller vite.

J'ai l'impression que tous ceux qui voulaient rejoindre l'armée l'ont déjà fait. Qu'il n'y a plus de volontaires. Pourtant, tout le monde va devoir y aller. Cependant, je ne suis pas d'accord avec les méthodes de recrutement. On ne doit pas prendre les gens dans la rue. Il faut créer des conditions de travail confortables pour que les gens s'engagent dans l'armée. Par exemple, quand j'ai rejoint l'armée, j'étais choqué d'avoir un salaire. Je pensais qu'on allait travailler gratuitement *(rires)*. Beaucoup de gens imaginent que l'armée c'est attendre une kalachnikov à la main. C'est normal, c'est l'image qu'on voit à la télé. Mais moi, par exemple, je ne suis jamais resté dans une tranchée. Les Ukrainiens pensent que si tu vas à la guerre, tu vas forcément mourir. J'ai un pote à Lviv, il a un permis poids lourds. Je lui ai dit de venir ici, il y avait un poste pour lui dans notre unité, il fallait juste nous conduire à droite à gauche et transporter des marchandises. Mais il ne veut pas. Il se dit que je lui mens, qu'aujourd'hui on a besoin d'un chauffeur, mais que demain on l'enverra au front. En réalité, il est terrifié par tout ce qui est militaire. J'ai proposé un poste administratif à un autre ami, avec moi, dans un endroit calme, il m'a dit non. D'ailleurs, je ne lui parle plus. Je ne parle plus aux réfractaires qui se cachent. Pour moi, ce n'est pas grave de ne pas être dans l'armée, si tu as un bon salaire et que tu donnes. J'ai un ami par exemple, il recycle des batteries de cigarettes électroniques en batteries externes pour les militaires. Il m'a payé des papiers A4. Il a une imprimante 3D à la maison et il imprime des pièces pour les drones. S'il est appelé, il ira, il ne se cachera pas. Mais il n'ira pas de lui-même, car il travaille et il a un bon salaire.

Je comprends les gens qui ne veulent pas se battre. Moi non plus, si j'étais à leur place, je ne voudrais pas. Je resterais tranquillement chez moi, j'irais au travail, et c'est tout. J'en ai ma claque de cette merde, pour être honnête. Je ne crois pas que l'Ukraine arrivera à démobiliser les soldats qui se battent depuis deux ans. Ils veulent faire des contrats de dix-huit mois, mais ils n'y arriveront pas je pense. Il n'y aura pas assez de monde pour nous remplacer.

J'ai changé en un an et demi dans l'armée. Avant j'écoutais de tout en musique, du rap au funk, mais maintenant je n'ai que trois chansons en boucle. Quand j'étais à Bakhmout, je mettais surtout *Verdun*, du groupe 1914, de Lviv. C'est du heavy metal avec des paroles sur la Première Guerre mondiale et, en fond, des bombardements. Le chanteur est un fan d'histoire. Il a créé le groupe 1914 en 2014. *Verdun* évoque les tranchées profondes, l'artillerie, les lignes de défense, les nouvelles armes testées sur le champ de bataille. Le parallèle avec notre situation est évident. Pendant que j'écoutais cette chanson, le soir pour m'endormir, on entendait le grondement de la guerre. Les murs tremblaient, comme si le plafond allait s'effondrer sur nos têtes. C'était dans le thème.

*

Si on revient à notre table du Nouvel An, on y rencontre les formes d'engagement les plus diverses. L'épouse de Sachko a repris son ancien travail dans un magasin de camping à Lviv. L'agence de voyages où elle travaillait a évidemment fermé au début de la guerre et elle voulait se sentir utile. Sacs de couchage, ballons de gaz, rations, la plupart de leurs clients au magasin sont désormais des militaires ou leurs familles. Dans l'autre couple, l'un ne veut pas aller se battre, se cache de la mobilisation, continue de travailler à l'usine et fait des dons. Sa compagne est devenue une bénévole active qui passe son temps à chercher des radios, des gilets pare-balles et des voitures pour l'armée.

La propension des gens à s'engager dépend de facteurs variables. Les femmes sont traditionnellement vues comme celles qui doivent être sauvées. Elles participent à l'effort de guerre à travers l'aide alimentaire, le soutien moral et psychologique, le *care*. Les épouses de soldats, par exemple, jouent un rôle crucial, mais peu reconnu dans la société, m'a expliqué Ivona Kostyna, de l'ONG Veteran Hub, elle-même ancienne militaire, dont le mari est parti se battre en 2022. « Dans une guerre totale, la société – aussi progressiste soit-elle – revient aux stéréotypes traditionnels de genre. Les hommes doivent défendre leur pays et les femmes prendre soin d'eux. Elles assurent le relais là où l'État échoue, ou n'est pas assez fort. Elles se transforment en infirmières, psychologues, kinésithérapeutes, juristes, assistantes sociales. Elles fournissent les unités en matériel. Les épouses en Ukraine ne sont pas dans une position passive. Elles portent seules toutes les responsabilités qui auparavant étaient partagées, vis-à-vis des enfants, des parents, des grands-parents... Si ces femmes n'étaient pas là pour assumer la vie familiale, personne ne pourrait se battre. »

Les femmes doivent aller contre les idées préconçues pour participer à la résistance armée. Jusqu'en 2018, elles n'avaient pas le droit de rejoindre les positions de combat et elles étaient donc enregistrées comme infirmières ou cuisinières, même si elles étaient en réalité snipers ou fantassins. Ce n'est qu'avec un mouvement intense de la société civile que l'égalité des droits – ou en tout cas des devoirs – a été atteinte... sur le papier. En 2022 et 2023, j'ai rencontré de nombreuses femmes qui passaient des jours à faire le pied de grue devant les bureaux de recrutement afin d'être enrôlées. Parfois, on refuse même de les inscrire à des postes de combat. Près de 60 000 femmes servent dans l'armée ukrainienne, 40 % de plus qu'en 2021.

En août 2022, la sœur de Myra, 20 ans, a rejoint un bataillon médical. Elle travaillait dans un orphelinat de Lviv qui accueillait les enfants de l'est. Ces enfants ont souvent des parents qui attendent dans les caves du Donbass. C'était trop pour elle. Elle est partie dans la région de Kharkiv, lors de sa libération, secourir les blessés. Une fois sur place, ses frères d'armes lui ont dit qu'elle s'était engagée pour trouver un mari. Et, pour son propre père, «la guerre est une affaire d'hommes. Son devoir est d'être à la maison et de faire des enfants».

Mon amie Nina, qui travaillait dans les ressources humaines avant le 24 février, a passé l'invasion à participer à l'effort de guerre, même si, comme la plupart des Ukrainiens, elle a l'impression de ne pas en faire assez. Son rapport entier au travail, au sens de la vie s'est transformé durant la guerre.

Nina, 26 ans, Kyiv

Avant, le travail c'était juste gagner de l'argent. Je n'avais pas vraiment en tête le fait que je voulais faire quelque chose d'utile pour la société. Je voulais pouvoir m'acheter une voiture, un appart et d'autres choses banales. Et puis, avec Maïdan, ça a un peu évolué. Je faisais mes études d'anglais à Kyiv à l'époque. J'ai encore des frissons en pensant aux colonnes d'étudiants qui se dirigeaient vers la place en chantant l'hymne. J'ai pensé à mon grand-père qui était membre de la résistance ukrainienne, il s'était fait arrêter à 19 ans pour avoir distribué, dans son village en Galicie, des tracts antisoviétiques: vingt-cinq ans de goulag pour avoir «trahi la patrie». Finalement, il a fait cinq ans de colonie à Vorkuta, dans le Grand Nord, et après il a travaillé dans une mine là-bas, car il n'avait pas le droit de retourner en Ukraine.

Avec l'émotion, le 24 février, j'ai pensé m'engager dans la défense territoriale à l'ouest, chez mes parents, où je me suis réfugiée. Ma copine de lycée y est allée. Maintenant, elle est à l'est. Mais je n'ai pas été assez courageuse. Au début, j'ai gardé mon travail de RH dans une start-up. J'ai commencé à faire un peu de bénévolat, mais j'étais très tourmentée. Je suis ici et mes compatriotes sont là-bas à se battre à ma place. Je pense que je n'avais pas assez de courage pour aller à la guerre.

C'est marrant de se dire ça aujourd'hui, mais on a fabriqué plein de cocktails Molotov. Ils ont été envoyés à Kyiv. Et puis nous avons accueilli, pendant plusieurs mois, un jeune de 18 ans que j'ai rencontré sur Twitter. Il venait de Kyiv, et ses parents se sont retrouvés sous occupation vers Izioum.

Après quelques mois, quand ça s'est calmé à Kyiv, je suis retournée chez moi, j'ai repris le travail. Je me suis engagée bénévolement dans une grande fondation, d'abord à temps partiel. Je devais récupérer des fonds pour la construction d'habitats modulaires dans la région de Kyiv. Et puis j'ai démissionné de mon travail, tout en continuant la fondation gratuitement, sur mes économies. En hiver, ils m'ont proposé un salaire minuscule; ça couvrait à peine mes courses et mes charges et certainement pas mon loyer. J'étais dans un dilemme. Participer à la reconstruction, OK, c'est important. Ces gens-là pleurent sur tes épaules quand tu vas les voir. Mais ce n'est pas la priorité. La priorité, c'est l'armée. Car de nouvelles maisons sont détruites chaque jour. J'ai regardé les offres dans l'armée, mais c'était très compliqué ensuite d'être démobilisée, et je ne me sentais pas prête à aller sur le champ de bataille. J'avais peur de mourir sous un bombardement. Et en même temps, je peux mourir dans mon lit à Kyiv à cause d'un missile. Je ressentais une sorte de culpabilité, et, en même temps, j'avais le sentiment d'avoir un devoir face à tous ces combattants qui sont morts.

Et puis, en mars 2023, une connaissance m'a proposé un travail de traductrice à l'étranger, sur une base de l'OTAN, à travers l'entreprise de son amie. J'avais trois jours pour décider si j'y allais. Je ne voulais pas quitter le pays, mais je voyais aussi mes économies diminuer. Alors j'ai accepté. Je n'y connaissais rien à l'armée. Vraiment rien. Alors j'ai commencé à regarder des vidéos YouTube sur les différents types d'armes : comment elles fonctionnent, comment les utiliser. J'avais un manuel de 200 pages sur les différents types de mines.

Une fois sur place, sur la base de l'OTAN, je ne me suis pas sentie à ma place à l'entraînement. Au début, ça fait peur, les explosions rappellent les bombardements à Kyiv. Et puis on s'habitue. Pour les soldats ukrainiens, c'était comme des vacances. Ils étaient nourris, ils n'avaient pas à dormir dans les tranchées ou dans les tanks. Il y avait un emploi du temps. Ils plaisantaient sur le fait qu'ils avaient gagné un mois de vie par rapport à leurs frères d'armes restés au front. Un mois où ils ne risquaient pas de mourir.

Je pense que tu peux t'en sortir avec le sentiment de culpabilité si tu as l'impression que tu en fais assez. Sur la base, pendant les semaines d'entraînement, nous travaillions constamment à faire des traductions, six jours sur sept, de 7 heures à 20 heures. Et le soir on préparait les textes du lendemain jusqu'à deux heures du mat'. Je n'ai jamais autant travaillé de ma vie. Je n'avais pas le temps de me sentir coupable.

*

Avec la peur, la culpabilité est peut-être le sentiment le plus partagé par les Ukrainiens. Les réfugiés à l'étranger se sentent coupables de ne pas être en Ukraine. Les civils en Ukraine, de ne pas être au front. Les soldats, de ne pas être en première ligne. Ceux en première ligne, d'avoir survécu quand leurs frères d'armes sont morts. Les soldats ont dix jours de permission par an. Mais souvent, le repos ne se trouve qu'à l'hôpital, après une blessure. Les volontaires, qui désormais deviennent professionnels, travaillent jusqu'au burn-out. Longtemps, il n'y avait ni week-ends ni vacances. Toutes les forces devaient être dédiées à arrêter cette tragédie. Aujourd'hui, il est encore tabou de prendre des vacances à l'étranger, par exemple. Mais avec le temps apparaît la nécessité de trouver un rythme soutenable. Car la guerre est partie pour durer.

Pour les hommes mobilisables entre 18 et 60 ans, la pression sociale est énorme. Les mois qui passent leur donnent le temps de peser le pour et le contre, de se torturer avec cette question. Beaucoup de facteurs pèsent dans la balance. Quel est le risque de mourir ? Fais-tu confiance à l'armée ? C'est là que la corruption entre en jeu. Des dizaines de milliers de personnes au minimum ont payé ou trouvé un moyen pour éviter de servir. Un ancien membre d'un bureau de recrutement de l'ouest du pays me racontait que les pots-de-vin pouvaient atteindre 10 000 euros. De temps en temps, il recevait un coup de téléphone après avoir convoqué le fils d'une personnalité. Même si beaucoup de gens célèbres, de politiques et leurs enfants combattent également. Les étudiants, les pères de trois enfants, les hommes avec un handicap lourd ou qui s'occupent d'un proche malade sont exemptés – même si les conditions deviennent de plus en plus strictes. Les moins de 27 ans ne sont – en théorie – pas appelés. La structure démographique du pays n'aide pas à relever le million de soldats déjà engagés. En 2021, l'Ukraine comptait 12 millions d'hommes entre 18 et 60 ans. Mais près de 9,5 millions ont plus de 30 ans. L'Ukraine a en effet connu une forte chute des naissances dans les années 1990.

Même s'il existe des sanctions si vous vous dérobez à l'armée, certains hommes ignorent tout simplement la convocation. Pour le moment, les autorités ne pourchassent pas les resquilleurs. En théorie, les sanctions vont de trois à cinq ans de prison si, déjà dans l'armée, vous ne vous présentez pas à la base. Les rares condamnations ont été à de la prison avec sursis. Et plusieurs soldats m'ont confié qu'à l'entraînement, il y avait toujours une petite proportion de conscrits qui avaient déserté. Plusieurs milliers d'hommes ont également fui illégalement à l'étranger, soit en se faisant passer pour des volontaires qui partaient chercher de l'aide humanitaire, soit en traversant illégalement la frontière, par la forêt, la montagne ou les rivières, en Roumanie, en Moldavie ou en Hongrie. Au-delà de la peine éventuelle, la réelle sanction demeure le coût social de cet évitement de l'armée. En Ukraine, il est très mal vu, pour les hommes, de ne pas aller se battre et encore plus de fuir le pays clandestinement.

*

En août 2023, j'étais en reportage dans le Donbass quand j'ai reçu un message d'une amie française, Céline. Elle était en vacances avec son copain ukrainien dans les Carpates. «La police nous a contrôlés alors qu'on était à l'arrêt de bus, et ils ont amené Mark au *viyskomat* car il n'est pas dans les listes.» Un frisson m'a parcourue, je savais déjà que ce n'était pas bon. Les *viyskomats* sont les bureaux d'enregistrement militaires. En principe, les policiers ne peuvent pas y emmener quelqu'un sous la contrainte, mais j'avais entendu des histoires à propos d'hommes enrôlés de force alors qu'ils étaient dans la rue.

Pendant une journée, avec Céline et les amis de Mark, nous remuons ciel et terre. Nous faisons des documents, nous traduisons les lettres des employeurs de Mark, qui travaille dans l'humanitaire. Lui, en attendant, ne doit rien signer au bureau d'enregistrement. Il faut encore qu'il passe devant une commission médicale. Normalement, les appelés ne peuvent être présentés le jour même, cela nous laisse une marge de manœuvre. On pourrait alerter les médias, mais il ne veut pas. Cela lui causerait du tort et surtout ça donnerait une mauvaise image de l'armée ukrainienne. L'armée ukrainienne, c'est comme une mère, tu peux ne pas vouloir la voir, parfois elle a ses défauts, mais tu lui dois tout, donc tu ne peux pas lui tourner le dos. Sans doute, est-ce pourquoi, finalement, Mark a signé son engagement. Au fond, je m'en doutais : il y a plusieurs mois de cela, il m'avait dit qu'il y réfléchissait. En attendant, Céline est depuis des heures devant le centre de recrutement avec les copines des autres garçons qui, avec Mark, se sont fait attraper.

Le soir même, Mark est emmené à la base militaire pour commencer l'entraînement. C'est l'avocate de son organisation qui me l'annonce par téléphone. C'est le seul moment, depuis des mois, où je m'effondre. « C'est trop tard, c'est un soldat maintenant. »

Le jour suivant, je rentre à Kyiv pour voir Céline. Elle n'est plus que l'ombre d'elle-même. Elle ne mange pas, ne dort pas, ne veut rien. Ce qu'elle craignait, depuis le début de l'invasion, est arrivé. Son monde s'effondre. Je sais que je ne peux rien pour Mark, mais, au moins, je peux rester avec elle. Même si mon ami vit déjà dans un autre monde, des traces de sa présence dans l'appartement sont encore visibles : sa guitare en face de l'entrée, ses vêtements en train de sécher. « Et si on allait le voir ? » ai-je proposé à sa compagne. Je connais la base militaire où il a été envoyé à côté de Lviv, je crois qu'il pourra peut-être sortir. D'ailleurs, Céline doit lui apporter des affaires : le jour de son départ, il n'avait que son sac de randonnée. Nous partons donc en train chez mes beaux-parents, qui nous accueillent. Et le dimanche, Lyuba nous accompagne en voiture à la base. Trois femmes dans un crossover rouge sur les chemins sableux, sans panneaux, de Galicie, au milieu des champs fleuris. Drôle de sortie dominicale. Après dix minutes de route dans la forêt, un checkpoint apparaît. De nombreux véhicules sont garés non loin. Des gens font des barbecues avec leurs proches en uniforme. Au loin, un couple est allongé sur un drap. Au checkpoint, deux conscrits très peu aimables essaient de nous impressionner avec leurs kalachnikovs, probablement non chargées. Et puis, une ombre kaki s'approche, une arme automatique à l'épaule. Est-ce lui ? «Je l'ai reconnu à sa démarche, il a une démarche de brave homme, comme son père. D'homme serviable qui fait tout bien dans les règles», m'a dit plus tard mon amie. Mais, sur le moment, son visage se décompose. «C'est horrible», souffle-t-elle en lui faisant un signe, un sourire forcé sur le visage. Je vais cueillir des fleurs avec Lyuba dans la forêt, pour qu'ils puissent rester quelques heures ensemble. Et puis, nous repartons, toutes les trois.

Les mois suivants ont été rythmés par l'incertitude et les faux espoirs. Le couple n'a pu se voir qu'une seule fois, une seule journée en quatre mois. Mark, qui était dans l'infanterie, voulait être transféré dans une autre unité. L'infanterie cela signifie la première ligne. Puisqu'il parle plusieurs langues, sait manier une arme, qu'il a des qualifications dans la logistique, il a multiplié les CV, les lettres de motivation et les entretiens pour les offres de postes dans des unités du commandement. Elles s'affichent sur des sites internet ou même directement sur Facebook.

Jusqu'en décembre 2023, je n'ai jamais eu le temps de discuter avec lui de ses motivations ou de son expérience.

Mais un jour, avant d'être envoyé sur la rive gauche du Dniepr, il est enfin transféré dans une unité du commandement, à Kyiv.

Mark, 33 ans, Donbass, Kyiv

Pour moi, la guerre a commencé en 2014, à Donetsk. Je travaillais dans une usine comme ingénieur, pour des clopinettes. Je m'en foutais de la politique, d'être engagé. Et puis le 6 janvier 2014, j'ai rejoint des potes à Maïdan, à Kyiv. J'y ai passé deux jours et une nuit. Et ce que j'ai vu m'a changé... ou plutôt, ce que j'ai ressenti. Cela a modifié ma vision du monde, ma vision des gens autour de moi.

J'ai commencé à soutenir la révolution, je suis allé manifester à Donetsk. Et, en avril 2014, il était déjà clair que nous devions faire quelque chose pour arrêter ce « séparatisme » russe, pour que les Russes ne créent pas le chaos. Leurs agents étaient sur place. La situation n'a fait qu'empirer à partir de là. En mai 2014, les Russes ont occupé une partie du Donbass, dont mon village natal. Ils ont lancé des expéditions punitives. Ils intimidaient la population, cherchaient n'importe quelle excuse pour attraper des gens et en faire un exemple pour les autres. Si vous soutenez l'Ukraine, vous serez kidnappés, torturés, tués, etc. Ils ont aménagé des chambres de torture à Sloviansk, à Donetsk. Dans notre village, ma mère était prof d'ukrainien. Elle a dit dans ses cours qu'il n'était pas normal que des hommes armés viennent et contrôlent le village. Ils ont d'abord essayé de la tuer en la jetant dans les escaliers de l'école, mais ça n'a pas marché. Et puis, un jour de mai, ils sont venus en voiture à la maison. Ils nous ont menacés avec des armes, ils ont tiré partout. Un voisin est arrivé en voiture, certains d'entre eux ont commencé à lui courir après et les autres sont restés à nous menacer, mais finalement ils nous ont laissé vivre. Le jour suivant, j'ai fui pour Kharkiv, puis pour Kyiv. Mes parents ne sont partis que quelques jours. Ils ont vécu chez eux clandestinement jusqu'à la libération, un mois plus tard. J'ai essayé de me créer une nouvelle vie à Kyiv. Tout ce qu'il s'était passé avant, tout ce que j'avais, tout ce que j'étais, j'ai fait une croix dessus. Le premier jour du reste de ma vie.

J'ai commencé à être bénévole, c'est d'ailleurs l'ONG dans laquelle j'étais volontaire qui m'avait trouvé un logement gratuit. À l'époque, ce n'étaient même pas des organisations, on appelait ça des « initiatives », c'était juste des citoyens comme les autres qui essayaient d'aider. Au début, j'étais journaliste pour un média local, j'utilisais mes contacts dans le Donbass pour raconter ce qu'il se passait sur place. Ensuite, j'ai recommencé à aller dans le Donbass comme volontaire. Mon village a été libéré. En 2015, j'ai commencé à être impliqué dans des distributions humanitaires, surtout aux civils. J'ai accompagné des journalistes étrangers, j'ai commencé à me professionnaliser pour les ONG ukrainiennes et internationales. Toutes ces années, j'ai tout fait : traducteur, chauffeur, chargé de projet, c'était mon travail.

Lors de l'été 2014, comme beaucoup de gens, j'ai sérieusement réfléchi à m'engager dans l'armée. J'ai pesé le pour et le contre. Mais quelque chose m'a retenu. D'abord, je n'y connaissais que dalle à tout ce qui est militaire. Évidemment, dans le contre, il y a le fait que tu peux mourir, c'est pas terrible. Puis, j'étais déjà volontaire. J'avais déjà une utilité. Parfois tu apportes plus à la société, ou même à l'armée, en étant simplement volontaire. J'ai quand même fait des formations pour me préparer, pour apprendre à me servir d'une arme, les premiers secours. Ce mouvement en 2022, où tout le monde s'est préparé à la guerre, je l'avais connu presque dix ans auparavant. Le 24 février, j'étais dans le Donbass avec des journalistes français quand ça a commencé, je travaillais pour eux comme fixeur, je leur trouvais des contacts. Lorsque ça a commencé, mes amis, qui venaient d'entrer dans l'armée, m'ont appelé, ils m'ont demandé si, moi aussi, j'allais m'enrôler. J'avais déjà davantage de connaissances militaires, mais j'avais une tâche à accomplir. Je suis parti à Kyiv avec les journalistes. À ce moment-là, tous les Ukrainiens, et le monde entier, ont ressenti qu'il fallait faire quelque chose d'utile. S'engager d'une manière ou d'une autre. Se battre, aider, faire des dons, amener des donations, faire quelque chose. Je savais comment les médias occidentaux fonctionnaient, que c'était important qu'ils écrivent la vérité sur cette guerre, qu'ils racontent les horreurs qu'il se passait ici. Les Russes ont à nouveau occupé mon village. J'ai forcé mes parents à fuir en France. Ils ont passé quatre mois dans la famille de ma copine.

C'est seulement plus tard que j'ai commencé à avoir des doutes sur mon rôle. Qu'est-ce que je fais ? Est-ce suffisant ? Ne faudrait-il pas plutôt que j'aille me battre ? Est-ce que ce que je fais n'est qu'une excuse pour ne pas y aller ? Je ne pouvais pas appeler ce que je faisais « être sur le front médiatique », comme on dit « le front économique ». Il n'y a qu'un seul front. Et quelqu'un se bat à ma place. Mais je savais, grâce à l'expérience de 2014, que, si je partais maintenant, je serais dans la première vague des combattants, et c'est dans la première vague qu'il y a le plus de morts. Chez moi, la culpabilité éclot plus de mon fait que de celui de la société. Au bout de trois semaines, je suis allé à Lviv, et j'ai pu parler à un psychologue, qui m'a aidé à faire mon choix : ne pas m'engager sur le front, et l'accepter. À ce moment-là, il y avait des milliers et des milliers de gens qui faisaient la queue devant les centres de recrutement, plus motivés que moi, avec plus d'expérience.

Et puis j'ai recommencé à travailler dans l'humanitaire. C'est devenu évident qu'on n'avait pas assez de gens expérimentés dans ce domaine dans le pays. Et l'ampleur des besoins a explosé. C'est un système complexe, l'effort de guerre, car chaque secteur affecte un autre. Tu peux t'engager comme humanitaire, comme politique, comme journaliste, tu peux te battre ou travailler dans l'industrie de la défense. S'il n'y a plus de bénévoles pour fournir du matériel, alors l'armée s'effondre. Sans le soutien et les dons des simples citoyens, également. Après quelques mois, je croulais sous le travail. Je gérais trois jobs en même temps, des projets à plusieurs millions d'euros. Tout ce temps, j'ai donné plusieurs milliers d'euros de mon salaire à l'armée, à mes amis qui s'étaient engagés, sans y réfléchir. J'ai de l'argent de côté, je le donne. C'était évident.

Quand l'invasion a commencé, c'était simple. Tu les tues ou ils te tuent. Point. La décision doit être immédiate. Personne ne pensait à l'argent ou à la politique. Mais, avec le temps et la stabilisation du front, grâce à ceux qui le tiennent, tu te mets à réfléchir. Il y a des pertes, du coup, la politique revient. Nous entrons dans un autre monde, les gens se fatiguent de la guerre, ils veulent autre chose, ils veulent du positif. L'esprit critique revient. Tu te poses des questions : si je m'engage, comment savoir si le commandement est bien ? Est-ce que les blessés sont bien traités ? Est-ce que ça paye suffisamment ? C'est comme ça dans toutes les guerres. Les gens veulent vivre, ils ne veulent pas se battre. Le sentiment de menace immédiate disparaît. Surtout quand tu habites à Kyiv, où tu peux vivre à peu près normalement.

Je ne voulais pas y aller. C'est humain. L'essence d'une personne, c'est l'amour, pas la destruction. Et là, on détruit tout devant tes yeux. Je ne veux pas tuer les Russes. Parce que ce sont des humains aussi. Mais on dirait qu'ils vivent pour tuer des gens, pour nous tuer. La Russie ne s'arrêtera pas. Le Kremlin peut envoyer des millions de personnes comme chair à canon, ils n'en ont rien à foutre de leur population. Et eux resteront des esclaves, ils obéissent et c'est tout. Et Poutine continuera, jusqu'à s'asseoir sur le trône. On les repousse ou on devient des esclaves. C'est le seul choix qu'on a.

Je n'en veux pas aux recruteurs. Ils ont un plan, et ils le remplissent. Ils doivent trouver 500 soldats pour une unité. Ils ont un peu un job de merde, disons-le. Et parfois ils le remplissent illégalement. Mais c'est ta responsabilité de servir, de remplir ton devoir, de défendre ton pays, comme de payer tes impôts. C'est dans tous les pays comme ça. Si je n'étais pas allé avec eux au centre de recrutement, un militaire du centre de recrutement serait venu. Dans mon cas, les procédures ont été violées. C'était semi-légal. Mais, en même temps, je n'avais pas d'excuses pour ne pas servir. Une fois que tu rentres dans l'armée, tu perds tes libertés. Des règles différentes s'appliquent. Ce n'est pas seulement en Ukraine. Même dans les pays en paix, quand tu es militaire, c'est compliqué de changer d'unité. C'est normal, car si tout le monde fait ça, c'est le bordel. Il y a un besoin de l'armée, on y répond, c'est tout. Il y a une hiérarchie claire. Si j'avais su, j'aurais pu me mobiliser moi-même, me préparer et choisir mon unité. C'est le modèle que l'armée essaie de promouvoir, de mettre en place. Nous devons nous améliorer. On ne battra pas les Russes sur la quantité, on les battra sur la qualité. C'est ça ma lutte.

Bien sûr que j'étais en colère quand c'est arrivé, mais plutôt à cause de la manière dont j'ai été mobilisé. C'est pour ça que, depuis le début, pendant quatre mois, j'ai essayé de changer d'unité. Si, en 2014, je n'avais pas eu le souhait de combattre, comme je l'ai eu en 2022, j'aurais trouvé un moyen d'éviter l'armée. J'aurais fait un scandale à la police. Je ne serais pas monté dans leur voiture. Je ne serais pas entré dans le bureau de recrutement. J'aurais appelé un avocat immédiatement. Mais je ne l'ai pas fait, car, en moi, j'avais cette sensation que ça suffit... ça suffit de fuir. Je dois y aller à cette foutue guerre, car trop de gens y ont déjà été pour moi. Mon tour est arrivé.

Aimer

Avant l'invasion, je retrouvais souvent Liouda dans le même café de Kyiv, en face du Palais des congrès, pour un cours de perfectionnement en russe. On devait discuter déclinaisons, exceptions et conjugaisons, mais on finissait toujours par parler de société et d'amour. Liouda, 30 ans, en couple depuis six ans, se plaignait des pressions de ses proches. Il était temps, d'après eux, de dire oui. En moyenne, les Ukrainiennes se marient vers 25 ans, après deux ou trois ans de vie commune. Mais Liouda ne croyait pas au mariage. Ses parents n'étaient pas franchement l'incarnation d'une union heureuse. Elle ne voulait pas non plus faire une grande fête et inviter la tante machin qu'elle n'avait pas vue depuis trois ans.

J'ai revu Liouda après la bataille de Kyiv, en juin 2022. Avec la fatigue, je ne comprenais pas pourquoi elle secouait sa main gauche, avant de remarquer une alliance à son annulaire. Ça s'était décidé sur un coup de tête, pendant l'invasion, quand son copain et elle se cachaient chez eux des bombardements en regrettant de ne pas fabriquer des cocktails Molotov. Déjà, ils pensaient à rejoindre la défense territoriale. S'ils ne se mariaient pas maintenant quand le feraient-ils ? « Et si on meurt demain ? »

Liouda avait eu une très bonne excuse pour s'unir sans invités. Juste pour elle et son copain.

De nombreux Ukrainiens se sont mariés depuis le début de la guerre. En mars 2022, les futurs époux se pressaient au bureau de recrutement militaire, avant d'aller à celui de l'état civil. Sur les six premiers mois de 2022, près de 106 000 mariages ont été célébrés, 21 % de plus que les années précédentes, avec un pic en mars, avant de partir au front, et en été, lors des premières permissions. Nastya Zoukhvala, une humoriste ukrainienne, m'a raconté son mariage militaire « typique ». Le 11 juin 2022, après six ans de vie commune, le couple se marie dans l'urgence lors de la première permission de deux jours de Serhiy. Cérémonie en petit comité dans le palais des mariages. Elle, chemise traditionnelle et jogging, des fleurs dans les cheveux. Lui, en uniforme. « La cérémonie s'est faite rapidement. Jusqu'à la dernière minute, je n'étais pas sûre qu'il viendrait. Il devait récupérer de l'équipement, des uniformes, des chaussures, une trousse de secours... Le soir, nous sommes allés au restaurant avec quelques amis, et puis il s'est éclipsé, car, le jour suivant, il devait partir dans le Donbass. C'est ça, un mariage militaire typique : c'est du romantisme fataliste. Tu essaies de prendre ce que tu peux dans un environnement où tu ne contrôles rien. Et puis, surtout, il ne faut pas se voiler la face, on le fait en pensant au pire scénario. Si je suis juste sa copine, je ne suis personne pour lui aux yeux de l'État. S'il est blessé, je ne peux pas aller le voir à l'hôpital. S'il est porté disparu, je n'ai pas accès au dossier. » Se marier permet d'avoir un statut, d'obtenir des compensations en cas de décès, mais surtout des droits. Moi-même, je me suis pacsée en France pendant la guerre – à défaut de pouvoir réunir nos familles lors d'un mariage – au cas où il m'arriverait quelque chose. C'est d'ailleurs pour cela que de nombreux soldats homosexuels – mais pas uniquement – militent depuis des mois pour la création d'un mariage civil à l'image du Pacs en France. Une demande qui aurait été inimaginable il y a encore quelques années dans ce pays conservateur.

Même si les militaires ne sont plus obligés d'être présents à la cérémonie depuis le début de l'invasion, Nastya et Serhiy voulaient absolument se marier côte à côte. Aujourd'hui, il n'est également plus besoin de se déplacer plusieurs fois à l'état civil : il suffit de remplir les documents en dix minutes avec une adresse mail sur l'application gouvernementale Diia. Le lendemain, vous n'avez plus qu'à aller à la mairie et vous dire oui.

Au début de l'invasion, quand je m'étais repliée à Lviv, je rencontrais régulièrement des amis de Kyiv qui avaient quitté la capitale encerclée par les Russes. Comme moi, ils sursautaient au moindre bruit et semblaient constamment sur le qui-vive. Mais, en même temps, être ici leur offrait la possibilité de se relâcher, de ressentir des émotions, enfin en sécurité après des jours ou des semaines à vivre dans le danger. Souvent, c'était le moment des grandes décisions. Je me souviens de Iourko, mon ami prof d'ukrainien, que j'ai vu dans un café de Lviv, entre deux sirènes, avant le couvre-feu. Ce linguiste avait d'abord quitté la capitale et marché 25 km vers le village de sa grand-mère, puis il était retourné à Kyiv pour devenir bénévole dans un bataillon médical. Il avait réussi à évacuer son ex. Ni lui ni moi ne nous rappelons notre rencontre. En revanche, je me souviens très bien qu'il était sur le point de se remettre avec son ex, qu'il me disait aimer et vouloir absolument épouser. Des mois plus tard, quand je le revois à Kyiv, il s'étonne que je lui demande s'il est marié : « C'était avec le stress, après que j'ai cru que j'allais mourir. »

Nastya a vécu quelque chose de similaire lorsqu'elle a habité quelques semaines chez ma belle-mère. Avant l'invasion, elle me disait qu'elle voulait se consacrer à sa carrière, peut-être aller à l'étranger. Les rendez-vous galants, ça ne l'intéressait pas. Mais, une fois à Lviv, le stress l'a rendue méconnaissable. Elle était absente, éteinte, comme si on lui avait volé sa joie de vivre. Et puis, quand Lyuba, fidèle au cliché de la mère ukrainienne, lui avait demandé si elle avait un copain, elle avait répondu : « Non, mais je suis prête à me poser, je veux trouver un homme qui m'aime et fonder une famille. Faire beaucoup d'enfants ukrainiens. J'envie les gens qui ont survécu à ces dernières semaines avec quelqu'un qu'ils aiment. Le travail, ça va, ça vient, la famille, ça reste. »

Aujourd'hui, elle ne s'en souvient plus, elle ne veut absolument ni relations, ni enfants, et elle déteste quand je la taquine à ce sujet. Ma belle-mère demande régulièrement où sont tous les enfants ukrainiens qu'elle lui avait promis.

Si beaucoup d'Ukrainiens se sont mariés pendant la guerre, ont emménagé ensemble, beaucoup d'autres ont adopté des chiens ou des chats. Chaque fois, il s'agit avant tout de se sentir maître de son existence, à l'heure où l'on vit dans l'incertitude permanente du lendemain. Pour les militaires, l'amour pendant la guerre est comme un bol d'air entre l'horreur des batailles. Le corps nécessite de la tendresse, désire quelque chose d'humain. Pour les soldats, trois mois de relation suffisent avant la bague au doigt. La vie est intense, chaque mois compte pour des années, mais passe infiniment vite.

Depuis quelques mois, je suis sur Instagram l'histoire d'amour de Max, un ami de Diana avec qui nous étions allés à un festival à l'été 2021. Il s'est engagé immédiatement dans l'armée le 24 février. En décembre 2022, il a écrit à Svitlana, une bénévole de Lviv qu'il ne connaissait pas, pour lui demander si son fonds pouvait lui trouver une jeep. Le fonds a livré la voiture un an plus tard. Entre-temps, ils ont eu le temps de se marier, et, aujourd'hui, elle est enceinte de leur premier enfant. « Ils étaient ce dont chacun d'eux avait besoin à ce moment-là », se réjouit Diana. On dit que les couples heureux ne se regardent pas l'un l'autre, mais regardent ensemble dans la même direction. Un alignement des valeurs, de leur mission. L'avenir dira s'ils continueront de regarder dans la même direction, après la guerre. D'autant que Max demeure une exception. La natalité a fortement baissé en Ukraine. Comment élever un enfant quand on risque de tout perdre en un instant ? Pourtant, de plus en plus de militaires préservent leur sperme avant d'aller au combat, au cas où ils seraient blessés et ne pourraient plus concevoir d'enfants. Les autorités réfléchissent même à rendre la procédure gratuite.

Au-delà du changement éventuel de comportement vis-à-vis de la parentalité, l'invasion a agi comme un test de compatibilité des valeurs pour les couples. Comme pour mes amis Nazar et Marichka.

*

Nazar, 29 ans, Lviv

Aux infos, tout le monde a parlé de ces belles statistiques: l'augmentation des mariages de 21 %. Mais la réalité, c'est que pendant la guerre beaucoup de relations qui existaient avant le 24 février se sont terminées. Dans des situations de stress extrême, les gens se voient sous un jour nouveau. Les personnalités se révèlent.

Le soir avant l'invasion, nous avons eu une conversation sérieuse, Marichka et moi. Je lui ai dit que nous devions quitter l'Ukraine. Mais elle ne voulait pas. Elle voulait rester pour nos grands-parents et nos parents, pour s'occuper d'eux si quelque chose arrivait. Moi, je voulais qu'ils viennent avec nous, qu'ils aillent à l'étranger. J'ai essayé de la convaincre de partir avant que ça commence. Après, avec la loi martiale, je savais que je ne pourrais plus m'en aller. Je me suis couché avec ces peurs, j'ai dormi en sueur toute la nuit. Et en me réveillant à 7 heures, mon pire cauchemar est devenu réalité. Après dix minutes de crise d'angoisse, j'ai repris mes esprits. Il fallait réunir au même endroit nos familles éparpillées en Ukraine. Je n'ai même pas songé une seconde à partir, alors que c'était encore possible. C'est seulement le soir du deuxième jour, quand j'ai vu que la frontière était fermée pour les hommes, que j'ai compris que je n'aurais plus le choix. Je n'avais pas de regrets, c'était comme ça.

Je me suis mis à prendre soin de nos familles. Je les réveillais en pleine nuit pour aller à la cave quand il y avait des alertes. Nos grands-mères me détestaient. J'ai recommencé à fumer cigarette sur cigarette, alors que j'avais arrêté. Après le cinquième jour, je suis retourné au travail à l'usine. Nous ne faisions plus que de la nourriture pour l'armée : des biscuits, du café... Plusieurs autres usines avaient été bombardées, donc ça reposait sur nous. Certains ont pris les armes, moi je suis juste allé au travail.

La guerre a été un test pour les relations, un crash-test. Et la nôtre n'a pas tenu. Après quelques jours, j'ai commencé à paniquer comme un enfant, à avoir peur. Elle me l'a reproché plus tard. Marichka est partie la troisième semaine à l'étranger, car elle a de la famille là-bas. Ma mère et nos grands-mères sont allées avec elle. Très vite, elle s'est mise à faire des allers-retours avec l'Ukraine, mais la distance n'a quand même pas aidé.

Avec la guerre, je me suis rendu compte que nous sommes différents, elle et moi. Peut-être qu'on est mieux séparés. Parfois, l'amour c'est comme ça.

La question des enfants est devenue critique. Moi je voulais qu'on fonde une famille, qu'on avance. Mais elle voulait qu'on attende le retour de la paix. Elle s'est jetée à corps perdu dans le volontariat, elle passait ses jours et ses nuits, que ce soit à l'étranger ou en Ukraine, à discuter avec des militaires, à leur trouver de l'équipement. Elle avait déjà fait ça en 2014, mais là, elle n'en dormait pas, des mois durant. Elle a des problèmes de santé, mais, sinon, je pense qu'elle aurait rejoint l'armée. Je lui ai dit que j'ai des amis qui ont eu des enfants, mais pour elle c'était impensable : ce sera après la victoire, après la fin de la guerre. Mais elle peut encore durer cinq ans. Il faut bien vivre !

Finalement, après quelques mois, à l'été 2022, c'était déjà clair que nous allions divorcer. Peut-être que c'est mieux comme ça. Je pense que même si l'invasion n'avait pas eu lieu, on aurait rompu tôt ou tard. La guerre, c'était seulement un catalyseur. Elle l'est pour tout le monde, et pas qu'en amour d'ailleurs.

Pour moi, une des raisons pour lesquelles nous avons rompu, c'est qu'elle me reprochait de ne pas m'être engagé. Marichka ne me l'a jamais dit en face, mais j'ai mes preuves. Elle a dit à ma mère : « Il me disait avant la guerre qu'il n'irait pas se battre, mais je pensais qu'il changerait d'avis. » Elle a déclaré à ma mère qu'elle n'avait pas élevé un homme. Ça me rend dingue. C'est à cause de... comment ça s'appelle ? Le patriarcat. Qu'est-ce que ça veut dire « élever un homme » ? Ça veut dire qu'on doit élever des terminators, des cowboys ? C'est quoi « être un homme » ? Quand les militaires ont commencé à envoyer des convocations pour l'armée à l'été 2022, j'ai senti la pression sociale. Les gens te regardent dans la rue et je vois dans leur regard qu'ils se disent : « Mais pourquoi t'es là et pas au front. »

Je suis effrayé à l'idée de la guerre totale, de la mort, comme tout le monde. Je pense que je serais inutile au front, je serais paralysé par la terreur. Ma peur est réelle. C'est dangereux de vivre ici. Je sais que c'est moche, que c'est une opinion impopulaire, mais c'est comme ça. Mon meilleur ami est parti à la guerre. Je craignais qu'il me juge aussi, mais il ne m'en veut pas. Notre relation est comme avant. On continue à parler, à rigoler, parce que je lui parle comme avant, pas en le voyant comme une victime ou en le mettant sur un piédestal.

Il y a aujourd'hui toute une aura autour des soldats. Être militaire, aujourd'hui, ça marche bien avec les filles. Par exemple, sur la messagerie Telegram, il y a un groupe fermé pour les militaires, « des cartes postales pour nos chatons ». Les cartes postales sont en fait des *nudes* (des photos dénudées). Parfois les militaires répondent avec leurs propres photos. Les filles adorent les militaires. Tiens, par exemple, même ma sœur a commencé à sortir avec un soldat ! Un Irlandais, d'origine ukrainienne, de la troisième brigade d'assaut. Il a dit dans les médias que ses parents avaient caché son passeport pour qu'il n'aille pas à la guerre, mais il y est allé quand même. Il a 19 ans, et elle en a 21. Je suis impressionné, ils se connaissent depuis trois mois, ils ne se voient jamais, mais ils ont une relation sérieuse. Mon pote militaire me le disait, les célibataires qui sont arrivés à l'armée, quand ils trouvent quelqu'un, ça va vite. En quelques mois, ils peuvent être mariés. C'est peut-être ce qu'il se passera avec ma sœur. C'est un maximalisme juvénile.

Je pense que la guerre va encourager les changements dans la société, qu'on va aller vers des relations plus libres. Avant, c'était université, travail, copine, mariage, enfants. C'était une ligne bien définie. La guerre chamboule tout. Il n'y a plus d'ordre. La guerre détruit tout. Pas seulement physiquement, mais moralement. Avec les relations, elle est sans merci, impitoyable. Bien sûr, elle n'est pas vraiment ici. À Lviv, il n'y a pas beaucoup de bombardements, on n'est pas dans les tranchées. Mais l'expérience de la guerre, avec Marichka, nous a permis de mieux connaître l'autre, autant elle que moi.

La question des relations pendant la guerre est pleine de contrastes. Pour certains, leurs sentiments se sont amplifiés, les relations sont devenues plus solides. J'ai un copain qui a eu un bébé, certains se sont mariés. C'est le revers de la médaille. Ceux qui étaient prêts à ces secousses ont pu les affronter et en faire une opportunité, les transformer en quelque chose de positif. Maintenant, j'ai une nouvelle copine, et mes sentiments sont simples. Je vis ici et maintenant. Je ressens de l'amour pour elle, ici et maintenant. Peut-être que ça durera, peut-être pas. C'est compliqué, car aucun plan ne peut être fait pour l'avenir. On vit avec la phrase *carpe diem* comme totem. Tu sais que, demain, tu peux sortir dans la rue et te prendre un missile ou une convocation à l'armée. Les recruteurs sont venus plusieurs fois à l'usine pour ramasser des hommes, mais je les ai évités. J'ai l'impression que mon temps de civil est compté.

Avec la guerre, on vit au jour le jour. De plus en plus de gens trompent leurs partenaires. Les militaires sont à la guerre, ils sont dans une situation de stress, leurs femmes ne sont pas là, ne les comprennent pas, ne vivent pas la même chose qu'eux. Ils ont des aventures. Et les femmes aussi, à l'arrière. Le mari est à la guerre, elles restent seules. Par exemple, sur une appli de rencontre, après le divorce, j'ai rencontré une femme de 37 ans qui a commencé à tromper son mari pendant la guerre.

Ils ont un désir ardent de vivre, de ressentir, d'aimer. C'est naturel face à toutes ces destructions.

*

On a l'image de la guerre avec des bombes, des ruines, des missiles qui volent dans le ciel, des blessés. Mais pour moi, la guerre, c'est surtout l'expérience de la séparation, des relations longue distance forcées. Huit millions d'Ukrainiens ont fui à l'étranger, surtout des femmes et des enfants. Au moins un million de soldats sont au front. Les familles sont séparées depuis déjà deux ans. Et certains prennent des risques pour être réunis.

Un autre ami, rencontré pendant la guerre, a quitté le pays. Nous nous sommes connus un peu par hasard, à Kyiv, alors qu'il avait du mal à joindre les deux bouts. Il avait perdu son entreprise d'import-export de pièces détachées. Une partie de son matériel avait été détruite pendant les combats. Il avait vendu le reste pour envoyer sa femme et ses deux enfants en bas âge à l'étranger. Je les entendais gazouiller au téléphone quand on se retrouvait. Cela se voyait que ses enfants lui manquaient. Avant l'invasion, ce n'était pas vraiment la joie avec sa femme, ils avaient même pensé à divorcer. Mais avec la guerre, la seule chose qui s'était mise à compter pour lui était de sauver sa famille.

Un jour de brouillard, en décembre, en bas de chez moi, il m'a annoncé qu'il quittait le pays pour les rejoindre. « Je ne fais que survivre. Il n'y a pas d'avenir pour moi ici. » Son frère, à l'étranger, lui avait envoyé 8000 euros pour payer un passeur qui lui fournirait les documents nécessaires à son départ. Mais ce dernier, véreux, lui avait demandé d'en réunir 2000 de plus en moins de trois jours. Quand je l'ai vu, à ce moment-là, il était sur le point de tout perdre. J'ai pensé que s'il n'y arrivait pas, il se suiciderait. Finalement, il a réussi à réunir la somme et à traverser la frontière. Cela me serre le cœur, mais je n'ai plus jamais eu de nouvelles. Il a certainement disparu pour éviter les autorités ukrainiennes et tous les gens à qui il devait de l'argent.

Pour les militaires, se réunir dépend des permissions, des décisions que prennent les commandants. Certains soldats que j'ai rencontrés me disent avoir du mal à visualiser le visage de leurs épouses, après un an. Aussi parfaites que soient les nouvelles technologies, elles ne remplacent pas la réalité concrète des relations et, encore moins, les contacts physiques. Au bout de quelques mois, les familles perdent inévitablement les petits rituels qui font le ciment du quotidien : un baiser, un dîner en famille, une histoire de papa au coucher. La vie continue des deux côtés.

Les psychologues estiment qu'au bout de six mois de séparation, une nouvelle routine, un nouveau cercle social se forment. La vie continue de chaque côté. Pourtant, il y a de belles histoires, des gens qui parviennent à trouver des moyens de communiquer, comme le mari de Natalia. Quand il a le temps et l'accès à Internet, il cuisine en même temps qu'elle, le soir. Elle fait une soupe dans leur cuisine à Lviv. Lui fait soigneusement réchauffer sa ration, dans son abri souterrain plein de souris, en racontant sa journée. Des pères, pour éviter que leurs enfants n'oublient leurs visages, lisent les histoires du coucher depuis la caserne, par téléphone. Vassil, un autre soldat, raconte comment sa femme l'appelle le soir, depuis l'étranger où elle s'est réfugiée, et lui chante des chansons. « Quand ma femme m'appelle, je me sens tout de suite plus à l'aise. C'est ma zone de confort. Mais, sur les positions et avec le stress, c'est dur de ne pas m'endormir. Au bout d'une chanson, bercé par sa voix, je sens que mes yeux se ferment, mais elle continue de chanter pendant une demi-heure. »

Maintenir la communication est compliqué, avec des vies si différentes. Bien souvent, les militaires évitent de raconter à leurs partenaires ce qu'il se passe vraiment, de peur de les effrayer. « J'ai envie de savoir ce qu'elle fait au quotidien, j'ai envie qu'elle me raconte sa journée et j'ai envie de me taire. Pour parler de choses plus profondes, il faudrait que je puisse me détendre, que je ne sois pas, ici et maintenant, concentré sur la tâche que j'ai à accomplir », poursuit Vassil. Les militaires ont bien souvent le droit à seulement dix jours de repos par an. Et faute de pouvoir quitter le front, ils vont dans les villes proches de la ligne de front comme Kramatorsk, devenue la capitale du Donbass et du romantisme. Pour une journée ou deux, les épouses de soldats – ce sont en majorité des femmes – bravent le danger pour aller voir leurs bien-aimés. Comme Volodymyr et Anastasia, qui se retrouvent, en août 2023. Il porte 31 roses blanches pour le 31e anniversaire de son épouse. Elle venait de laisser ses deux enfants à sa mère. Elle avait passé une journée dans le train, traversé tout le pays depuis Rivne pour quarante-huit heures ensemble. Discuter sur un banc, marcher dans un parc tant que les bombes ne tombent pas. Aller ensemble dans un café, ou à la plage. Retrouver une intimité dans les appartements de Kramatorsk.

Le sexe fait partie du quotidien. Mais, pendant la guerre, la question de la logistique et du manque d'intimité complique les choses. Notamment pour les soldats, qui vivent souvent les uns sur les autres, dans les casernes ou sur les positions. Je me souviens d'une très sérieuse discussion avec un commandant d'unité dans le Donbass. Ce sympathique quinquagénaire me parlait de ses batailles, en faisant défiler des images et des vidéos sur son smartphone, quand une photo de seins est apparue sur son écran. Embarrassé, il a tenté de faire comme si de rien n'était. J'ai trouvé ça touchant. Au vu du style du soutien-gorge, de l'âge de la femme et de la pose gênée, son épouse n'était pas une grande habituée des *nudes*.

Le commandant n'est pas une exception. Même si c'est un tabou dans la société ukrainienne, le sexe existe pour les soldats : dans les hôpitaux après une blessure, dans les casernes, dans les voitures surtout, et, parfois dans les tanks en réparation. Sur X (ex-Twitter), la communauté des militaires en discute de temps en temps. Je suis ainsi tombée sur un sondage d'Alina Sarnatska, une assistante sociale devenue militaire, qui a interrogé des soldats. « Avez-vous déjà couché pendant une mission ? » Un militaire sur 10 répond oui. Certains – hommes ou femmes – donnent des détails : « Tous les week-ends, dans un appart en ville, c'est pas très officiel, mais j'ai le droit de sortir près de la base », « Oui, pendant une de nos attaques d'artillerie », « Merci à nos mains et nos sacs de couchage »,

« Avant de partir en mission de combat, en mars, j'ai fait une demande en mariage au checkpoint, et nous sommes partis un peu plus loin pour coucher ensemble, dans la voiture. Maintenant j'ai un fils et une permission pour le voir après sa naissance », « J'essaie de me rappeler ce qu'est le sexe », « On se lave une fois par mois, comment on pourrait avoir du sexe ? », « J'aimerais bien au moins me masturber, mais il n'y a pas de porte là où je dors », « Ça compte si c'était avec une fille (une volontaire) qui amenait une nouvelle voiture pour notre unité près de Bakhmout ? » Ce n'est pas pour rien que les maisons closes se sont développées dans les villes près de la ligne de front, avec certaines travailleuses du sexe qui disent se sentir partie intégrante de l'effort de guerre.

Comme les autres aspects de la vie, le sexe n'échappe pas aux changements de paradigme causés par la guerre. Les sexologues observent deux types de bouleversement dans les périodes de stress, en partie liés aux changements hormonaux. Certaines personnes ont commencé à faire l'amour plus souvent. Les psychologues précisent que c'est tout à fait normal. Après tout, nous sommes des mammifères, et l'instinct de reproduction est ancré en nous. Le sexe peut être un mécanisme de défense, un moyen – pas toujours le meilleur – de faire baisser l'anxiété et la peur, de gérer nos émotions. Je me souviens d'une amie qui, au début de la guerre, évacuée à Lviv, était logée par son ONG avec d'autres collègues. Son copain lui a rendu visite après une longue séparation et ils ont couché ensemble sur le balcon, la seule pièce vide... En mars, quand il fait – 2 °C... Pendant la guerre, les sensations sont accrues. Une fois à Kharkiv, je me suis retrouvée toute seule dans l'unique hôtel de la ville doté d'un générateur. Quelques heures plus tôt, il y avait eu de grosses frappes. Une dizaine de militaires de la Légion étrangère, des Polonais, sont alors entrés pour fêter un anniversaire. Dans mon protocole de sécurité, cela aurait suffi à me faire fuir, car, par leur présence, l'hôtel était devenu une cible de choix. J'ai commencé à paniquer, il faisait nuit, ça bombardait à l'extérieur. Quand, tout d'un coup, j'ai entendu les voisins. Un couple en pleins ébats. Je les imaginais jeunes et beaux, car, en tout cas, ils étaient endurants. Que faire d'autre dans cette ambiance de fin du monde pour se sentir vivants ? Pourquoi faire attention aux voisins quand on sera peut-être ensevelis sous les décombres demain ? L'amour procure une sensation de plaisir, de confort, de sécurité. C'est aussi pour cela que les Ukrainiens se mettent en couple et se marient très vite pendant la guerre.

Il arrive cependant que le stress bloque toute libido. Les médecins constatent une augmentation des dysfonctionnements sexuels. Des gens qui n'ont plus envie. Là encore, une réaction naturelle. Notre organisme est fait pour mettre nos fonctions reproductives sur pause en cas de danger, pour mieux nous défendre ou fuir. La guerre épuise nos ressources, ne laisse parfois plus d'énergie pour les relations sexuelles, même si le partenaire est présent. Certains se sentent coupables, estiment que le sexe, comme la fête ou le plaisir, ce n'est pas « *na tchasi* », dans l'air du temps. Les sexologues constatent que cette tendance diminue, en partie, avec le temps et l'habituation au conflit. De leur côté, les couples séparés par la guerre s'ingénient à conserver des relations physiques – au moins temporairement. Les *nudes*, le *sexting*, les appels, et même les sextoys contrôlés à distance deviennent plus populaires. Reste que le plus dur est d'ignorer le temps que la séparation va durer.

*

Pour les jeunes de ma génération, entre 20 et 30 ans, le marché de la drague a été bouleversé par la guerre. En Ukraine, les relations sont compliquées. Dans notre tranche d'âge beaucoup d'hommes sont militaires. Comment entamer une relation quand l'autre personne ne maîtrise plus rien de sa vie ? Nastya a ainsi passé quelques mois à parler par SMS avec un soldat de Bakhmout. Il disparaissait pendant des jours. Sur le front, les problèmes d'une fille de Kyiv, les coupures d'électricité et les bombardements sporadiques doivent lui paraître bien lointains, alors qu'il risque sa vie chaque seconde. Les rendez-vous entre ces filles civiles et les militaires qui reviennent pour quelques jours seulement d'un environnement extrêmement dangereux sont parfois difficiles. Une amie a ainsi passé deux heures dans un café en silence avec un militaire qui revenait de Bakhmout. Il était mal à l'aise, mais cherchait tout de même une certaine tendresse. Une amie de Diana voyait souvent un militaire en permission. Une fois, chez elle, il a laissé sa grenade dans sa poche par inadvertance et l'a passée à la machine. Pas d'accident, mais elle a supprimé Tinder de son smartphone.

Nina, une autre de nos amies, avait eu une relation avec un camarade avant qu'il aille à l'armée, plusieurs mois avant le 24 février. Un jour, il avait coupé les ponts brutalement, d'une façon pas très élégante. « Mais, quand la guerre totale a éclaté, je me suis tout à coup dit, mon Dieu, quel homme incroyable et courageux, il est parti à la guerre pour nous protéger. C'est comme si, soudain, j'avais oublié qu'il avait disparu du jour au lendemain, sans explication, a raconté Nina. J'ai essayé d'avoir de ses nouvelles, mais il ne répondait pas au téléphone. J'ai écrit à son frère pour savoir. Et, fin mars, sans prévenir, au milieu du siège, il m'a appelée, juste quelques minutes, alors qu'il était à Marioupol. Il avait appris que je cherchais à savoir s'il était vivant. Peu après, il a été porté disparu. Je l'ai retrouvé en cherchant les réseaux de la propagande russe. Finalement, un ami m'a envoyé une vidéo d'un prisonnier, et je l'ai reconnu. Il était à l'hôpital, en très mauvais état, battu, les côtes cassées, et ses yeux, ses yeux très bleus remplis de sang. J'étais soulagée, car il était vivant. »

Il a fini par être échangé, après plusieurs semaines de captivité. Je suis allée le voir à l'hôpital, où Nina passait désormais sa vie. Il y avait entre eux une complicité évidente. Elle prenait soin de lui, car il était gravement blessé, elle l'aidait à effectuer ses exercices de kiné. Elle dormait sur place, en l'admirant profondément, même s'il semblait plutôt toxique : l'appelant un jour, l'envoyant balader le lendemain. En vérité, il ne voulait pas de relation sérieuse. Avec les semaines, il est devenu une célébrité, un héros en Ukraine. Nina l'admirait toujours autant puis, enfin, elle a eu la force de rompre : il avait plusieurs filles en même temps.

À l'étranger, pour Myra qui s'est réfugiée à Francfort, la situation n'est pas meilleure.

*

Myra, 25 ans, Kyiv / Francfort

J'ai l'impression que la guerre occupe une place importante dans ma vie amoureuse. Par exemple, il m'est très difficile d'être sincère dans mes sentiments. Après le premier rendez-vous, beaucoup d'Allemands que j'ai rencontrés n'ont pas donné suite. Ils me trouvaient trop agressive. Au début, je parlais assez ouvertement de la guerre, de ma colère, de ma tristesse. Beaucoup de garçons ne me disaient pas spécifiquement qu'ils ne voulaient plus me parler à force de m'entendre sur le sujet, je sentais juste qu'ils étaient mal à l'aise. Un jour, après avoir bu une bière avec un Allemand, il m'a écrit poliment qu'on ferait mieux de ne plus se voir, parce que nos centres d'intérêt différaient et que la politique ne l'intéressait pas tellement. On n'avait même pas vraiment parlé de la guerre, juste du fait que j'avais dû quitter mon pays, de ma vie quoi ! Un autre, quand je lui ai dit que ma sœur avait des problèmes psychologiques après être revenue du front, m'a rétorqué que c'était trop lourd pour lui. Parfois, lors d'événements, ou en ligne, je rencontre des gars, au contraire, très politisés. Généralement, ils commencent à m'expliquer les causes de la guerre, les conséquences pour l'Ukraine, les différents types d'armes qui existent. Souvent ils sont fascinés par le militaire, alors que je n'en ai rien à faire. J'ai l'impression qu'ils sortent avec moi parce que je suis ukrainienne. Il y en a eu un, par exemple, sur Tinder, à qui j'ai seulement parlé par message. Il voulait me convaincre que j'avais un stress post-traumatique «parce que tous les Ukrainiens ont un stress post-traumatique». Et après il m'a envoyé beaucoup de vidéos de combats, de Russes morts. C'était étrange.

Avec mon ex-petit ami aussi, nous avons rompu à cause de la guerre. Nous nous sommes rencontrés sur Bumble. Nous étions d'accord sur le fait que les Russes étaient coupables de la guerre, mais nous nous disputions constamment à propos de l'Ukraine. Il était obsédé par le bataillon Azov*. Son père était un communiste grec. Il avait grandi dans des milieux de gauche, avec un poster de l'URSS dans sa chambre et un exemplaire du *Capital.* Il me répétait: «Mais pourquoi tu es aussi extrême?» Je déteste l'Union soviétique, pour moi c'était comme l'Allemagne nazie. Ils ont fait des millions de victimes. Il était terrifié chaque fois que je disais ça. Quand je lui ai fait découvrir l'existence de l'Holodomor, il a dit que ses sources expliquaient qu'il s'agissait simplement d'une famine, et non d'un génocide, et que j'étais extrême à nouveau. Mes ancêtres ont souffert de l'Holodomor. Une fois, je lui ai envoyé une jolie photo de moi à Kyiv. Il se trouvait qu'il y avait derrière moi une affiche «Libérez les défenseurs d'Azovstal», l'usine de Marioupol où étaient les soldats ukrainiens pendant le siège. Il m'a répondu: «Pourquoi es-tu si nationaliste? Pourquoi défendez-vous les nazis?» Il a fini par me dire que j'étais une nazie. J'ai

* Voir les excellents travaux du chercheur Adrien Nonjon, notamment son livre *Le Régiment Azov. Un nationalisme ukrainien en guerre* (Cerf, 2023).

compris que je ne pouvais pas être avec une personne qui a des opinions si opposées aux miennes et avec qui je ne peux pas être moi-même. Résultat, je ne suis pas sortie avec quelqu'un depuis un moment.

Récemment, je pensais que seul un Ukrainien pourrait me comprendre. Mais ici, il n'y en a pas. Ils sont tous en Ukraine. J'ai eu un petit *crush* pour un garçon, mais il est dans l'armée. Est-ce que je veux quelqu'un ici, ou est-ce que je veux quelqu'un qui me comprend ? Au fond, je ne sais pas pourquoi j'y réfléchis. Cela ne sera pas possible avant longtemps.

Haïr

En décembre 2021, j'étais en reportage à Kharkiv, quand un homme d'une cinquantaine d'années a fait un arrêt cardiaque devant moi et des dizaines de passants, en pleine rue. Des ambulanciers ont tenté de le réanimer pendant de longues minutes, et, au bout d'un certain temps, je suis partie à mon interview juste en face. En ressortant à la tombée de la nuit, l'homme était encore là, allongé par terre, son corps recouvert d'un drap blanc qui, sous le souffle du vent, laissait apparaître son visage décoloré. J'étais bouleversée par la vision de ce cadavre. Mis à part mon grand-père dans la chambre funéraire, c'était le premier que je voyais de ma vie. Pourquoi les ambulanciers l'avaient-ils laissé dehors ?

Un an plus tard, le jour où j'ai rendu les clés de mon appartement à Obolon, un fourgon bloquait l'allée qui mène à mon immeuble. Soudain, deux grands gaillards sont sortis avec un grand sac mortuaire. Ils n'avaient pas de brancard, et peinaient à porter un corps qui semblait peser au moins 100 kilos. Les deux fossoyeurs grommelaient et, rendus maladroits par le poids, cognaient par moments le sac contre la rampe d'escalier de l'entrée. Ils avaient dû descendre neuf étages à pied à cause des coupures d'électricité. Quelques mois plus tôt, une telle scène m'aurait choquée. Après Boutcha, même la vision d'un SDF allongé dans une rue parisienne, ou d'une bâche noire rappelant les housses mortuaires, m'horrifiaient. Mais là, j'observais la situation avec calme. Ici, il s'agissait sans doute d'une personne âgée, morte de vieillesse. C'est une belle mort, mourir de vieillesse. Soudain, prendre conscience de ma placidité m'a emplie d'une grande tristesse. La guerre m'avait pris une certaine innocence. Si les crimes de guerre, les récits de torture et les conséquences des frappes me révulsaient auparavant, je m'étais accoutumée à cette routine morbide dans les villes et villages libérés. Combats, libération, découverte des crimes de guerre : aujourd'hui je ne pleure plus après les interviews. Je suis seulement en colère. S'habitue-t-on donc à vivre au milieu de la mort et de l'horreur ?

Avec la guerre, le rapport à la violence et à la mort s'est modifié chez les Ukrainiens. Je le vois chez des amis et auprès des gens que j'interviewe. Après une frappe, la vie continue, chacun fait ce qu'il a à faire, alors que le cadavre reste devant les bâtiments en ruine en attendant l'arrivée des experts légistes. Les scènes de crime sont permanentes. Dans les territoires libérés, il m'arrivait de croiser des villageois qui venaient de trouver un cadavre, parfois un ou deux mois après la bataille. Lorsqu'il s'agissait de celui d'un Russe, c'était une bonne nouvelle. Au début, leurs réactions me choquaient. Et puis, j'ai compris que pour survivre les individus se désensibilisent à la violence. Je me souviens d'un procureur que j'avais rencontré dans un village libéré. Il était midi, et il buvait déjà une bière au milieu des ruines sous le soleil de l'été. C'était un jour comme un autre pour lui. Sur son téléphone, il me montrait avec fierté les photos de cadavres russes. Parfois même des selfies, dans des wagons réfrigérés. Il avait la charge de retourner les cadavres des Russes et de les échanger à la frontière. Ce magistrat n'avait pas l'air d'un méchant homme. Juste d'un homme détruit par ce qu'il avait vu. Il faisait ce sale boulot depuis 2014, et voir les corps des Russes lui procurait une sensation d'apaisement. Ils sont morts donc je suis vivant. «J'ai choisi de m'occuper du retour des corps des Russes car je n'arrivais pas à travailler avec ceux des nôtres, c'était trop dur, surtout les civils», m'a-t-il confié, animé d'une haine inouïe.

Ma consœur et ancienne collègue Veronika Melkozerova a parfaitement décrit cette haine ressentie par les Ukrainiens dans une chronique pour le magazine américain *The Atlantic*. En juin 2022, cette journaliste ukrainienne avait rencontré Natalia, son mari et sa belle-fille, dans le centre de Kyiv. Natalia venait de survivre au siège de Marioupol, où elle avait vu ses voisins et ses amis mourir de faim, de froid ou sous les balles de snipers russes. Son fils de 21 ans avait été envoyé de force en Russie. En se baladant dans la capitale avec la journaliste, la famille était tombée, place Saint-Michel, sur une exposition de matériel militaire russe détruit. Des lance-roquettes, des tanks, des véhicules blindés à côté de voitures de civils criblées de balles pendant la fuite d'Irpin. Natalia avait fouillé dans son sac, en avait sorti un rouge à lèvres et s'était dirigée vers le véhicule le plus proche, un lance-missiles mobile. «Brûle, Russie, comme tu as mis feu à mon Marioupol», avait-elle inscrit en rouge. La foule l'avait regardée en silence. Personne ne l'avait arrêtée. «Depuis ces derniers mois, alors que les forces russes ont lancé une nouvelle invasion de l'Ukraine, nous avons essayé de rester humains, d'être meilleurs que notre ennemi, écrit Veronika. Tout le monde sur la place ce jour-là savait que c'était mal de souhaiter qu'un pays entier brûle. Mais les mots de Natalia parlaient pour nous. Nous ne pouvons pas rester la victime parfaite – progressiste, indulgente, aimable. Secrètement, nous aspirons à la revanche. Peut-être n'est-ce plus vraiment un secret. Plus que jamais, je me sens en colère et remplie de haine. Je suis en colère parce que la Russie, l'agresseur, pourrait s'en tirer avec ce qu'elle a fait à l'Ukraine. Je suis en colère parce que mes amis, mes proches et moi-même sommes constamment en danger. Mais je n'ai aucun moyen d'évacuer cette émotion, et c'est ainsi que ma colère et ma haine s'accumulent en moi.»

«On pourrait croire que je suis folle, mais j'ai l'impression de m'être enfin défendue», lui avait dit Natalia. Puisqu'il est difficile pour les civils d'extravertir leur rage, beaucoup d'Ukrainiens font des «dons de colère»: après de grosses frappes, ils envoient de grosses sommes d'argent à l'armée.

En août 2022, j'ai revu Myra pour la première fois à Kyiv après son exil en Allemagne. Nous nous sommes baladées comme avant, au coucher du soleil, dans la capitale. Elle me racontait sa vie en Allemagne. Je lui parlais de mes reportages à Kharkiv, à Kyiv et dans sa région. Désormais, c'était devenu ça notre vie. En arrivant sur la place Saint-Michel, elle s'est tue: devant nous des tanks étaient exposés. À part dans les musées de la Seconde Guerre mondiale, elle n'en avait jamais vu. Et ceux-là étaient venus pour la tuer. Nous nous sommes assises sur le trottoir et nous les avons observés en silence dans la lueur de la nuit. « Cela rend la chose très réelle », a soudain chuchoté Myra. Les larmes perlaient au bord de ses yeux, de tristesse et de rage aussi. Comment avaient-ils pu faire ça ? Puis, elle s'est levée, a attrapé une pierre et l'a lancé sur le tank. Et une autre, et encore une autre, de toutes ses forces. Encore et encore, avant cette fois d'éclater en sanglots. Ces cailloux n'arrêteraient pas les Russes. Un groupe de quinquagénaires est soudain passé à côté de nous. « Pas mal les filles, mais c'est des grenades qu'il faut lancer ! » a crié l'un d'entre eux avec un sourire. Et, en un instant, la haine s'est éteinte, remplacée par un sentiment de communion.

Quelques mois plus tard, en décembre 2022, Myra et Myla sont venues nous voir à Paris pour passer Noël chez nous. Il y avait trop de bombardements et de coupures d'électricité, et cela coûtait trop cher de rentrer dans leurs familles en Ukraine. En nous baladant dans la ville, nous entendions de nombreux touristes russes dans la rue ou dans les bistrots parisiens. Dans ce genre de situations, Myra, Myla et mes autres amis ukrainiens ressentent toujours un mélange de dégoût et d'agression. Chaque fois, on tend l'oreille, on cherche, selon l'accent, à distinguer si ce sont des Russes ou bien une autre nationalité. On traque des signes qui divulgueraient leurs opinions : un drapeau ukrainien ou un slogan antiguerre. On attend qu'ils parlent de politique pour décider si notre sentiment de danger est justifié. Près de chez nous à Paris, un nouveau magasin a ouvert pendant la guerre : Irina Russian Nails. On ne connaît pas l'histoire de cette Irina. Peut-être qu'elle était en France avant l'invasion. Peut-être que le nom fait simplement référence à la technique de manucure russe. Mais pour deux réfugiées ukrainiennes dont le pays a été attaqué par la Russie, il est impossible de ne pas éprouver un sentiment d'injustice. « Nous, on fuit les bombardements, et eux viennent ouvrir des salons de beauté ? » se sont insurgées mes amies. Rien, ni sur la devanture ni sur les réseaux sociaux ne révèle une quelconque position contre la guerre.

« J'ai l'impression que j'ai l'obligation d'être une "bonne victime", que je n'ai pas le droit d'être en colère ou agressive, de me défendre. Je ne dis jamais que je veux que tous les Russes meurent, parce que je ne le pense pas, sauf quand je suis vraiment en colère. Mais, pour être honnête, je ne déteste pas les Russes parce qu'ils sont russes. Je pense simplement qu'ils doivent collectivement assumer les conséquences de leurs actes depuis 2014. Même les gens dans l'opposition, ceux qui ont quitté la Russie, je sais que beaucoup d'entre eux ne sont pas prêts à payer des réparations, à reconnaître les crimes de la Russie sous l'URSS. Beaucoup d'entre eux ne pensent pas que la Crimée fasse partie de l'Ukraine, bien qu'elle ait été annexée illégalement lors d'un référendum organisé par des hommes armés. Parfois, on me dit : "Il faudrait que les Russes et les Ukrainiens arrivent à se parler, regardez on ne déteste pas les Allemands aujourd'hui." Mais il a fallu la capitulation et la dénazification. C'est ça qui devrait arriver aux Russes. »

Le rouge à lèvres et les pierres ne suffisent pas à étancher la haine et la colère. Les Ukrainiens veulent la justice, demandent la création d'un tribunal spécial. Déjà, des groupes d'activistes pourchassent les criminels de guerre. Une tâche à laquelle ils sont prêts à dédier toute leur vie, même après la fin de la guerre. Faute de quoi, la haine se poursuivra, dans un cycle meurtrier infini.

Je vois de plus en plus d'Ukrainiens crier vengeance. Les crimes de guerre s'accumulent, les pertes aussi. Mais la guerre ne s'arrête pas, et il n'y a pas de justice. Après la mort de son mari Rouslan, Nadia Bila a créé un fonds à son nom pour aider les victimes de la guerre. Sur les photos de ses réseaux sociaux, son visage angélique est souvent entouré de fleurs. Mais après des mois, cela ne lui suffisait plus, aussi a-t-elle rejoint l'armée comme brancardière. Fin décembre 2023, elle a écrit un texte très partagé sur Internet, accompagné d'une photo d'elle en uniforme, dans une tranchée, les yeux dans le vide, du sang sur les mains. Une histoire qui n'a rien d'une exception.

« Dans la soirée, j'ai appris qu'une personne grièvement blessée ne pouvait pas être évacuée. Le gars attendait depuis longtemps de l'aide, mais un drone ennemi était suspendu dans le ciel au-dessus de lui et guettait l'équipe d'évacuation. Finalement, le commandant de la compagnie a choisi le bon moment et a risqué sa propre vie pour aller le chercher. Ils ont réussi à l'emmener à l'abri le plus proche. J'y suis allée tard dans la nuit, j'espérais aider. Il a fallu plusieurs heures de lutte pour le garder en vie, on a dû s'y reprendre à cinq ou six fois pour faire une perfusion, il n'avait plus de veines. Par miracle, je suis parvenue à en trouver une. On commence à verser les solutions, la tension remonte, encore quelques injections et on peut respirer. Il est stable. Les gars se sont précipités vers l'évacuation, on le charge dans la voiture, et je lui dis : "Ça y est, mon garçon, tiens bon. C'est fini, les médecins t'attendent, juste un petit peu de patience et tout ira bien." Ils partent vers l'hôpital, je m'assois et, à ce moment précis, le médecin militaire a pris cette photo. Un instant plus tard, nous entendons une puissante explosion. Notre groupe d'évacuation ne répond plus. Ces salauds les attendaient… Ils sont tous morts.

« Quand j'ai rejoint l'armée, beaucoup de gens m'ont demandé : "Tu y vas pour venger ton mari ? Tu veux du sang ?" et j'ai toujours répondu : "Je ne vais pas tuer, je vais sauver. Pour que personne d'autre, comme mon mari, ne soit laissé sans soins médicaux sur le champ de bataille." Et, lorsqu'on me demandait si j'allais prodiguer des soins médicaux aux prisonniers, j'ai toujours répondu que oui, c'était mon devoir. Mais aujourd'hui, je ne veux plus sauver, je veux tuer. Et si possible, je veux les voir rendre leur dernier souffle, voir leurs mères et leurs épouses hurler sur leurs tombes. Et je ne porterai pas secours à un prisonnier. Et je n'en ai rien à foutre de votre humanité, de votre droit de la guerre et de vos conventions. Et je veux chier sur votre humanité, les règles de la guerre et toutes sortes de conventions. Soyez maudits, vous, les Russes ! Vous, vos enfants et vos petits-enfants, pour tout le chagrin que vous avez apporté sur nos terres. »

Trois jours plus tard, le 29 décembre, Moscou a lancé l'une des attaques les plus importantes depuis le début de l'invasion, qui a duré dix-huit heures. Au moins

122 missiles et 36 drones kamikazes ont été lancés sur toutes les villes d'Ukraine, faisant quelque 60 morts et 160 blessés. La plupart des missiles et drones ont été interceptés par les défenses ukrainiennes, mais près de 100 maisons, 45 immeubles, des écoles, des églises, des hôpitaux et des centres commerciaux ont été endommagés. Depuis son balcon, Nastya pouvait voir un immeuble touché partir en fumée.

*

« La guerre ne nous vole pas seulement notre joie, elle nous vole notre douleur, notre droit à nous plaindre. Car il y a toujours quelqu'un qui souffre plus que toi. Cela te fait te sentir coupable », disait l'humoriste ukrainien Anton Timochenko dans une interview. J'entends souvent cette remarque quand j'interroge des gens, même de la part de ceux qui ont énormément souffert. À la fin des entretiens, il est fréquent qu'ils ajoutent : « Mais je ne peux pas me plaindre. » Un ancien prisonnier sur son lit d'hôpital « ne peut pas se plaindre », car ses frères d'armes sont encore aux mains des Russes. Une femme qui a perdu sa maison dans un bombardement « ne peut pas », car sa voisine a perdu son fils. Un civil, blessé dans un bombardement, ne se plaint pas, car « au moins » il ne vit pas sous occupation. Un soldat, sur une position un peu à l'arrière, ne peut pas davantage, « car d'autres sont en première ligne ». Et, en première ligne, on ne peut pas se plaindre, car on est vivant.

J'observe ce syndrome du survivant chez de nombreux Ukrainiens, la culpabilité d'être en vie dans le hasard de cette guerre qui fauche à tour de bras. La guerre ne vole pas la douleur, comme le dit Anton Timochenko. Elle enlève plutôt la capacité de l'exprimer et de l'écouter gronder en vous. À force de voir des horreurs, les individus s'y habituent. La compassion s'érode. La surprise et le choc disparaissent face aux injustices. La colère s'installe. Une sorte de hiérarchie des souffrances se met en place dans la société, accompagnée d'une autocensure difficile à briser.

Comme l'explique l'artiste ukrainienne d'origine afghane Mariam Naiem, quand la colère n'a nulle part où aller, elle se retourne contre les siens. « Dans toute société, des conflits et des malentendus surviennent, c'est une situation normale. Cependant, lorsque nous sommes confrontés à la guerre, nous sommes obligés de nous regrouper pour atteindre un objectif commun. À ce moment-là, nous ressentons l'importance d'être ensemble et de nous soutenir mutuellement. Cela ne nous empêche toutefois pas de nous impliquer dans des conflits politiques et culturels destructeurs, qui se terminent souvent par des reproches réciproques. » Depuis 2023, j'entends de plus en plus souvent les accusations de la part des uns contre les autres, même chez mes amis, plutôt tolérants : « On ne gagne pas la guerre, car il y a plein d'hommes qui restent chez eux à ne rien faire au lieu de combattre », « La guerre a commencé à cause des russophones, s'ils avaient parlé ukrainien, Poutine n'aurait pas attaqué », « Les civils vivent comme s'ils avaient oublié la guerre alors que, nous, les soldats, on se tue à défendre le pays depuis deux ans ». Toutes ses accusations se nourrissent de la même colère, de l'épuisement, de l'injustice. D'ailleurs, certains peuvent exprimer leur exaspération quand ils sont dans un mauvais jour, et changer d'avis le jour suivant. Un soldat au front peut être en colère un lundi envers les civils qui continuent à vivre leurs vies, puis se rappeler le mardi que c'est pour cette vie qu'il se bat ; pour que des Ukrainiens, à l'arrière, puissent travailler, aller au restaurant, faire la fête, avoir des enfants, vivre en somme.

Mes amis partis à l'étranger ont ainsi l'impression qu'on leur en veut de ne pas être revenus en Ukraine. Myra m'a parlé d'une enseignante de sa ville natale qui voulait envoyer de l'argent à sa sœur parce qu'elle pensait qu'elle se battait, mais à ce moment-là, celle-ci s'était démobilisée pour continuer ses études, et elle passait quelques mois à l'étranger. Quand Myra lui avait appris ce départ, cette femme qu'elle ne connaissait pas personnellement a commencé à lui dire qu'elle avait abandonné sa patrie. C'est en tout cas ce dont Myra se souvenait. Mais, lorsqu'elle a relu le message, elle s'est aperçue qu'il n'y avait aucune agressivité chez la professeure. En vérité, pendant la guerre, l'individu se sent menacé, le cerveau scanne toutes les informations en y cherchant la preuve qu'il a raison d'être méfiant. Chaque remarque ambiguë peut être assimilée à une attaque.

Chaque fois qu'on évoque ceux qui vous indignent, on se sert de formules caricaturales : « le réfractaire à la mobilisation », « le russophone qui attendait la Russie », « le civil qui a un train de vie luxueux, alors que d'autres se battent au fond des tranchées ». Pour avoir interrogé chacun de ces « personnages », la réalité est plus complexe. Les individus ne rentrent jamais parfaitement dans les cases qu'on a construites pour eux.

L'impérialisme russe, l'oppression se cachent derrière ces divisions. Selon Mariam Naiem : « La discorde et la division de la société, un sentiment de honte pour son propre peuple, tel est le but de l'Empire », puis, la jeune femme, qui appelle à l'unité, ajoute : « Et quand bien même la véritable injustice est que la Russie a attaqué l'Ukraine, il est plus facile de trouver un coupable dans ses propres rangs. »

La hiérarchie des douleurs est un piège. Encore plus à mesure que le temps passe, et que l'aide occidentale et les ressources de l'Ukraine diminuent. On ne peut pas dire que la société se divise entre « ceux qui vivent la guerre » et « ceux qui semblent l'avoir oubliée », comme le décrivent parfois les médias. Quand un missile fait huit morts, que les enterrements de soldats se multiplient à Lviv, tout un pays est, petit à petit, par capillarité, touché. Vous ne le verriez pas en tant qu'étranger, mais lorsqu'on tend l'oreille, la guerre est dans toutes les conversations, affecte toutes les vies. Je dirais plutôt que la société commence à être divisée en deux, mais que chaque individu peut passer d'un côté à l'autre en un instant. Il y a ceux qui, progressivement, commencent à vivre avec la guerre, à faire des plans pour un avenir un peu plus lointain, à avoir une place dans leur vie pour autre chose que la survie – ce qui n'est possible que parce que la situation militaire s'est stabilisée et que des centaines de milliers d'hommes tiennent 1 200 km de « ligne de front chaude », comme l'appelle le commandement ukrainien. Ce sont d'ailleurs eux, la deuxième partie de la population : les soldats, leurs familles, les volontaires, les habitants des zones de combats, ceux des zones libérées ou sous occupation, des gens qui vivent dans un temps et face à un horizon réduits, qui ne savent pas ce qu'ils feront demain, après-demain, et dont la vie est seulement dédiée à la survie.

*

Myra, 27 ans, Kyiv / Francfort

Je n'aurais jamais cru être capable d'une telle haine. Pendant l'invasion, j'ai eu quelques moments où j'ai ressenti des émotions très fortes que je n'avais jamais ressenties de ma vie. Lorsque nous avons appris ce que les Russes avaient fait à Boutcha, par exemple. C'était bouleversant, ce mélange de colère, d'incrédulité, de frustration, d'impuissance, de peur. Mais il y a un sentiment plus fort que les autres que j'éprouve depuis le début de la guerre. C'est comme si, avant, je voyais le monde à travers des lunettes roses, et qu'en un instant elles avaient été brisées. À l'école, on nous parle de la Seconde Guerre mondiale, on nous apprend que les guerres c'est mal, et qu'elles ne se reproduiront plus jamais. Aujourd'hui, nous vivons dans un monde nouveau, il y a un État de droit, les gens sont protégés, personne ne peut vous torturer ou vous abattre. Le sentiment le plus fort, c'est celui que tout ce qu'on vous a appris n'était qu'un mensonge. Cette impression de sauvagerie, d'agression. Ces corps allongés dans leur jardin à Boutcha, ça pourrait être moi ou mes proches et ça m'a terrifiée. Un autre moment où j'ai éprouvé un sentiment profond d'injustice, c'est quand l'un de mes amis a été tué au combat, Sacha. C'était la première fois que j'éprouvais ça. Nous avions l'habitude d'aller danser ensemble. Nous nous retrouvions souvent dans des fêtes. Il est parti comme volontaire, il avait 23 ans. Ils me l'ont volé comme ils ont volé ma vie. D'une certaine manière, la guerre, pour moi, est devenue vraiment réelle à ce moment-là. Et en même temps, comme je ne suis jamais allée sur sa tombe, presque deux ans après, j'ai encore du mal à croire qu'il n'est plus là. J'ai l'impression que je vais revenir après la guerre et qu'il sera là. Il avait toute la vie devant lui. C'est tellement injuste. C'était un grand danseur, une grande personne, un grand professionnel, et ils lui ont juste ôté la vie.

C'est dur ici, car j'ai l'impression qu'en partant d'Ukraine j'ai perdu le droit de me plaindre, celui de ressentir la douleur. En Allemagne, j'en ai eu le droit les premiers mois. Mais maintenant que la guerre ne fait plus la une des journaux, j'ai l'impression que je ne peux plus en parler honnêtement. Que je n'ai plus le droit d'être en colère, d'être triste, de pleurer. Je n'ai qu'une seule amie avec qui je peux parler franchement de la guerre ici. Elle est lituanienne, donc elle comprend ma relation avec la Russie, elle aussi a été colonisée, sa famille a souffert. Mais la plupart de mes autres amis, allemands ou d'Europe occidentale, ne comprennent pas. Ils ne veulent pas entendre ce que c'est la guerre.

Durant les premiers mois en Allemagne, quand on pensait encore qu'on allait rentrer assez vite, je lisais les infos tout le temps. J'étais obsédée, je lisais tout sur la guerre, j'écoutais des podcasts, j'en parlais à tous les étrangers que je croisais. Et puis, j'ai compris que la guerre allait durer, que nous allions rester ici pour longtemps, pour des années... Je ne pouvais plus vivre ainsi, dans cette dissonance entre les horreurs qui défilaient sur mon téléphone et la vie réelle. J'ai commencé à prendre un peu de distance avec la guerre, pas de façon permanente parce qu'elle est toujours là, mais au moins à m'en éloigner un peu, à m'autoriser à vivre ici. J'ai commencé à sentir la différence avec mes amis qui sont restés en Ukraine. Les politiques aussi jouent là-dessus, même Zelensky, quand il a appelé à rentrer et à travailler pour l'Ukraine dans son discours du Nouvel An, a dit qu'on doit « choisir qui on veut être. Faire le choix de qui je veux être. Une victime ou un gagnant ? Un réfugié ou un citoyen ? ».

Je suis partagée quand j'entends ça. D'un côté, je comprends pourquoi il dit ça. Il ne faut pas que tout le monde fuie. Mais de l'autre, j'en ai marre de ces discours qui culpabilisent les Ukrainiens restés à l'étranger. Je me sens mal en Ukraine, je ne veux pas rester alors que la guerre fait rage. C'est stressant, c'est effrayant, c'est un manque de sommeil permanent. J'ai l'impression que seuls les gens qui sont restés et qui se sentent malheureux à cause des bombardements sont « de bons Ukrainiens ». Mais ce n'est pas comme si j'avais déménagé et que je m'en fichais, ou comme si l'Ukraine était derrière moi. Non, j'y pense tous les jours, je parle de l'Ukraine, je fais des dons. D'une certaine manière, j'ai l'impression que ce que je fais ne sera jamais assez. J'ai l'impression que nous sommes mauvais, que nous ne sommes pas de vrais citoyens, même aux yeux de mes amis.

Je ne peux pas partager ma vie sur les réseaux sociaux ni être moi-même auprès de mes amis en Ukraine. Je ne peux pas partager les bonnes choses, le fait que je parte en vacances, car « comment je peux faire ça pendant la guerre, quand des gens meurent ». Mais je ne peux pas non plus partager mes douleurs, mes peines. Je suis irritée par la bureaucratie ici, par les difficultés liées au fait d'être à l'étranger. C'est difficile de survivre sans langue. Je ne peux pas aller chez le médecin, je ne sais jamais quand je reviendrai en Ukraine, ma famille me manque. Mais je n'ai pas le droit de me plaindre, car je ne suis pas en Ukraine. Pour mes amis qui sont restés là-bas, mes problèmes ne sont pas de vrais problèmes. Les vrais problèmes, ce sont les raids aériens et les bombardements.

La plupart de mes amis en Ukraine ont cessé de me parler. Le seul avec qui je continue de communiquer, c'est Petya, bien qu'il soit militaire. Il s'intéresse à ma vie ; nous pouvons parler du fait que c'est difficile ici. Mais mes autres amis ont arrêté de me parler. Ils m'ont mise en sourdine sur les réseaux sociaux. Il s'est passé tellement de choses en deux ans. Nous avons des vies très différentes et très peu de choses en commun.

Lorsqu'il y a un agresseur et que vous ne pouvez pas riposter, vous commencez à exprimer votre agressivité au sein du groupe. Les gens sont épuisés, ils ont beaucoup perdu, ils luttent constamment contre l'incertitude. La frustration a besoin de sortir, et elle ne peut pas être dirigée contre les Russes, alors ils commencent à blâmer d'autres Ukrainiens, ceux qui sont à l'étranger ou ceux qui parlent russe. On le voit surtout sur les réseaux sociaux. Je pense d'ailleurs que la situation s'est aggravée par la faute des algorithmes, qui favorisent ces messages de haine. J'en vois constamment apparaître dans mon fil d'actualité, alors qu'en réalité très peu de gens vont me le dire en face.

Depuis la fin de la bataille de Kyiv et la disparition de la menace existentielle pour l'État ukrainien, je dirais, il y a des tensions, mais aujourd'hui, il semble qu'elles s'expriment de façon plus dramatique. Dès qu'il y a une grosse frappe ou une attaque avec beaucoup de morts, les Ukrainiens s'unissent, mais dès que c'est calme, on recommence à se détester, à s'engueuler. Il faut qu'on surmonte ce problème pour avancer. Après tout, c'est normal d'avoir des expériences différentes pendant la guerre, des émotions et des sentiments qui varient. Avoir le droit de les exprimer, d'exprimer nos idées, c'est ça qui nous différencie de la Russie.

Vivre

Depuis le 24 février, le voyage entre l'Ukraine et la France est toujours douloureux. On doit désormais passer des heures à attendre à la frontière polonaise, roumaine, hongroise ou moldave, parfois sous la pluie ou les pieds dans la neige. Il faut revenir à une époque sans avions, puisque plus aucun ne vole au-dessus de l'Ukraine. C'est d'ailleurs pourquoi je garde comme une relique ma dernière carte d'embarquement à l'aéroport de Boryspil. Aujourd'hui, la navette entre mes deux maisons prend au moins deux jours, quand six heures auparavant me suffisaient, de porte à porte, entre Kyiv et Paris. Chaque fois que je traverse la frontière, je me sens emplie d'un immense chagrin, qu'aucun mot français aussi puissant soit-il ne peut décrire. C'est ce que j'appelle en plaisantant le « syndrome de Przemyśl », du nom de la ville polonaise où les trains arrivent. Là où la distance symbolique entre l'Ukraine et le reste de l'Europe s'exprime le plus clairement.

En juin 2023, faute d'avoir trouvé un train pour la Pologne, où je pouvais prendre un avion vers Paris, j'ai embarqué dans un bus de nuit. Mes voisines devaient rejoindre le Danemark et leur nouvelle seconde maison, d'autres se rendaient en Allemagne. Le voyage était devenu une routine. Le paysage défilait et témoignait du temps qui avait passé. En prenant l'avenue de la Victoire à Kyiv, l'avenue de la mort du début février, où les combats avaient lieu, je regardais les tranchées comblées, même si le checkpoint demeurait à l'entrée de la ville. Derrière les fenêtres sales du Flixbus, les châtaigniers et les lilas en fleur dansaient dans la lumière du coucher du soleil. Les monuments soviétiques dédiés aux villes héroïques de la Seconde Guerre mondiale avaient été remplacés par d'autres à Irpin, Boutcha..., et enfin, il y avait de nouveau des bouchons le long des huit voies de 12 km. En arrivant au niveau de la base militaire, je me suis souvenue de la bataille qui s'était déroulée ici, des bombardements, du chaos et de l'incompréhension. Ne restait, des véhicules blindés, des morceaux de métal calcinés, des vies fauchées, qu'un trou dans la chaussée. Un bouquet de fleurs, dorénavant séchées, marquait l'endroit où les premières personnes avaient perdu la vie. Les victimes avaient pu être identifiées, malgré l'absence de corps. Les familles avaient pu faire leur deuil.

En continuant sur la route de Borodyanka, celle que j'empruntais pour aller faire des reportages sur la libération et les crimes de guerre, j'ai vu des gens rentrer chez eux, faire une dernière course, entre les ruines et les bâtiments flambant neuf. Après de longs débats, il avait été décidé de détruire certains immeubles emblématiques, sur lesquels les Russes avaient lancé des bombes de 500 kilos. Il faut bien vivre. Un immense monument a été érigé aux soldats tombés pour la défense de Kyiv. Mais, même si les cicatrices visibles se refermaient, je sentais, dans l'esprit des Ukrainiens, que le traumatisme resterait. Comme ne se comblerait jamais le vide laissé par ceux qui n'étaient plus là. Selon un sondage publié en juin 2023, deux tiers des Ukrainiens ont au moins un proche mort pendant la guerre. Sur un site, une ONG ukrainienne, Memorial, raconte leurs histoires. Quelques jours plus tôt, j'avais parlé à une bénévole qui, chaque jour, écrit trois portraits de civils ou de militaires ayant perdu la vie. D'une voix douce, elle détaille les histoires, les noms, les visages qui l'ont le plus marqué. Iouri, le mineur retraité d'un village de la région de Donetsk, qui, jusqu'au bout, n'a pas voulu quitter sa maison, pour rester avec ses pigeons et son berger allemand, malgré les frappes. Viktoria, sommelière enceinte de six mois, tuée avec son mari Oleksandr par un missile russe, alors qu'ils dormaient dans leur lit à Kyiv le 17 octobre 2022. Antonina, Nina et Nadia, trois employées d'une école de Nikopol détruite dans un tir d'artillerie et que toute leur ville pleure encore. J'ai cherché longtemps, mais je n'ai pas trouvé les noms des personnes décédées sur l'avenue de la Victoire.

Les psychologues ukrainiens l'affirment : la guerre n'est qu'une succession de deuils ; vous avez accepté une perte, mais on vous prend encore quelqu'un ou quelque chose que vous aimez. Pourtant, il faut vivre avec cette douleur, la surmonter. Certains Ukrainiens, dans ce livre, ont réussi à continuer leur vie. Pour d'autres, le passé ne passe pas. Nastya n'a pas voulu relire son témoignage à propos des premiers jours de février et des semaines dans le bunker. Trop éprouvant. « Je ne veux plus jamais y penser, je veux juste oublier, jamais je n'en parlerai à mes enfants si j'en ai, je ne veux pas leur transmettre ce traumatisme», m'a-t-elle dit. Difficile d'ancrer cette expérience dans le passé, alors qu'elle est encore actuelle, et difficile également d'accepter ce qui a eu lieu, sans se sentir en sécurité. Le corps demeure en alerte. Nastya est revenue travailler en Ukraine après son séjour de six mois à l'étranger dans le cadre d'un programme pour journalistes. Étrangement, comme la plupart de mes amis, à l'étranger, le chagrin et le désespoir l'envahissaient davantage qu'ici : enfin en sécurité, elle pouvait se permettre d'éprouver des émotions.

Le temps passe, la guerre reste. Un sentiment étrange s'est emparé de moi lorsque les premiers livres sur l'invasion ont été publiés, quand les premiers films de fiction sont passés dans les cinémas ukrainiens. Des séries ukrainiennes mielleuses, sortes de comédies romantiques à l'américaine en temps de guerre, ont même été diffusées sur Netflix. Peut-être, après la stupeur et le déni, ai-je perçu qu'il n'y aurait pas de retour en arrière, que ce que nous avions vécu sortait du temps présent pour entrer dans l'histoire. Mais après tout, ainsi que je le fais dans ce livre, peut-être est-ce la seule façon d'assimiler le fait que ces deux premières années de guerre appartiennent au passé, même si ce long jour de février continue. La guerre n'est plus une parenthèse, elle fait partie du quotidien. Et il faut apprendre à vivre avec.

Deux ans après le début de l'invasion, j'ai dû quitter mon appartement, dont l'électricité allait être définitivement coupée. Du jour au lendemain, je suis devenue une correspondante de guerre toujours sous pression et au cœur d'un danger permanent : mes amis sont réfugiés ou au front, et, en 2024, l'existence de ceux qui ne se battent pas se résume à attendre leur tour d'aller sur le champ de bataille. Mon cercle social a complètement éclaté. Notre santé physique et mentale en a pris un coup. Nos rêves ont disparu. Ou du moins sont-ils devenus un seul rêve commun : que ça finisse, et qu'à nouveau nous puissions vivre. Je n'ai gardé dans mon téléphone que les photos du temps *d'avant*.

La première année de la guerre, si vous demandiez à des Ukrainiens quel était leur rêve, ils répondaient tous la même chose : la victoire. « Et vous, que ferez-vous le jour de la victoire ? » Dans les premiers mois, cette discussion revenait sans cesse, chacun y répondait différemment. « Je rentrerai chez moi. » « J'embrasserai ma femme et mon fils, que je n'ai pas vus depuis des mois. » Un jour un soldat a répondu, à mon grand étonnement : « J'irai en voiture, en road trip, jusqu'au Luxembourg. »

Parfois, durant les premiers mois, je m'imaginais la fin de la guerre, la victoire. On se retrouverait à Obolon avec Nastya, Myla, Myra, Diana, Mark, Denys. Moi et mon compagnon reviendrions nous installer en Ukraine. Si elle est encore en vie, on irait voir sa grand-mère au village. On irait sur la tombe de son autre grand-mère, décédée pendant l'invasion. Ce serait le printemps, et on pourrait cueillir des groseilles. Taras, son frère, aurait pris quelques années. Pas trop, j'espère. Puis, on prendrait un train pour Kyiv, comme on l'a fait des dizaines de fois. On irait sur la place Maïdan, là où on s'est rencontrés. Ce serait la victoire. Après quelque temps, mes parents viendraient enfin découvrir l'Ukraine, ainsi que mes amis français. À Obolon, on prendrait un nouvel appartement avec une chambre d'amis, rien que pour eux. Il n'y aurait plus ce rideau de fer entre mes deux vies, ce mur qui sépare mes deux vies depuis le 24 février.

Mais aujourd'hui, les gens que j'interviewe parlent plus souvent de « quand ça se finira » que de « victoire ». Trop a été perdu pour parler de victoire. Car, au fond, on ne rêvait pas de la victoire, on rêvait que la vie redevienne comme avant. Il y avait encore un espoir que « deux, trois semaines, et ça serait fini ». Après de multiples destructions et les dizaines de milliers de blessés, de nombreuses personnes ne seront pas là pour le voir. L'insécurité sera toujours présente, et le fait d'avoir vécu cette expérience dans sa chair – la peur d'être tué – ne s'effacera pas. L'homme se nourrit de ses expériences passées pour se protéger des dangers. Désormais la guerre est à l'horizon des possibles, notre vision du monde en est bouleversée : puisque le pire scénario a eu lieu, il pourrait bien se répéter. Au fond, n'est-ce pas ce qui explique pourquoi votre arrière-grand-mère gardait sa valise sous le lit, et pourquoi la mienne ne tient pas pour acquis d'avoir de la nourriture sur la table, alors qu'elle a vécu la majeure partie de sa vie en mangeant à sa faim ?

Aujourd'hui, les photos de l'exercice Orion, qui a eu lieu au printemps 2023, me ramènent en arrière. L'armée française a en effet réalisé un exercice militaire à grande échelle, multi-armées et multinational, auquel ont participé 20 000 soldats, afin de simuler des batailles face à un envahisseur fictif. Les images des militaires s'entraînant arme à la main dans les villages français m'ont rappelé cet exercice de la défense territoriale auquel j'avais assisté à Kharkiv en décembre 2021. J'ai grandi dans les Landes, où j'entendais passer les avions de chasse de la base de Mont-de-Marsan sans vraiment lever la tête. Désormais, quand ils nous survolent mon corps est parcouru d'un frisson. Le même que celui que j'éprouve chaque premier mercredi du mois lorsque retentissent les sirènes. Je ne me souviens même plus de la première fois où je les ai entendues en Ukraine. Je sais juste que maintenant elles n'ont plus la même signification : aujourd'hui je m'attends au bombardement qui va suivre. Nos sirènes, nos avions, notre armée semblent pour certains l'héritage d'une époque révolue. Mais on n'effectue pas des exercices pour rien. Il faut arrêter de penser que la guerre appartient au passé, qu'elle n'arrive qu'aux autres. Elle est déjà là. La réalité des Ukrainiens n'est pas très loin.

Ce n'est pas seulement l'Ukraine que la Russie a attaquée. C'est l'Europe et les valeurs de l'Europe. C'est le concept de liberté, de choix, de souveraineté, de droit international. Aucun des accords internationaux n'a arrêté cette guerre. Le mémorandum de Budapest, quand l'Ukraine a rendu son arsenal nucléaire, donnait pourtant des garanties de sécurité. Les Ukrainiens estiment aujourd'hui que le seul moyen de vivre en paix est un changement de régime en Russie. Des négociations ne feraient que repousser une nouvelle invasion. Poutine l'a répété : le changement de régime à Kyiv est encore son but. « Avant 2014, j'étais la première génération qui vivait dans une Ukraine indépendante et en paix, sans le traumatisme lié à l'occupation ou à la guerre russe», m'a dit Myra. Désormais, la première génération épargnée sera la suivante.

Je me suis aperçue d'une conséquence inattendue de la guerre totale chez les Ukrainiens. Avec la guerre, et le risque permanent de tout perdre, on chérit davantage ce que l'on a. Nina me l'a dit quand elle est venue me rendre visite à Paris, épuisée après deux mois de travail sur la base de l'OTAN. «Ce que m'a appris la guerre, c'est que chaque nouveau jour est précieux. Le temps est plus court en temps de guerre, il faut donc apprécier le moment présent, vivre dans l'instant. Par exemple, il y a quelque temps, je me suis inscrite à un cours de chant. C'était en pleine nuit, à Kyiv, pendant des bombardements. Je me cachais toute seule dans le couloir. J'ai toujours voulu chanter, depuis des années. Et je me suis dit: "Mon Dieu, si ce missile s'abat sur moi, je n'aurais jamais essayé de le faire!" Avant l'invasion, ma vie se résumait à gagner suffisamment d'argent pour m'acheter une voiture, un appartement. Mais, maintenant, je comprends que ce n'est pas l'important. Car ma voiture, mon appartement pourraient être détruits en un instant par une bombe ou un drone. Seuls les gens comptent. Nous ne sommes pas ici pour longtemps, alors, l'important, c'est de prendre du plaisir à vivre, à profiter de ses proches. Dorénavant, c'est cette idée qui me guide comme l'étoile Polaire dans la nuit.

«En même temps, la réalité de la guerre est double. Vivre sa vie c'est super, mais quand tu apprends des mauvaises nouvelles, qu'un ami a été tué, tu n'as plus envie de rien. Après tout, l'un n'existe pas sans l'autre.

Tu ne peux pas ressentir la vie d'une façon aussi intense, si la mort n'est pas toute proche. »

Désormais, Myla a retrouvé le plaisir de se parfumer et de s'apprêter. C'est un plaisir pour moi de pouvoir utiliser le sèche-cheveux ou de faire tourner une machine quand je veux. Tetyana ressent un bonheur immense à emmener ses enfants à la fête de l'école, ce qu'elle faisait avant en traînant les pieds. Sachko et son épouse Natalka, Mark et Céline savourent chaque seconde ensemble. Et moi, j'apprécie toujours plus les rares moments que je passe avec mes amis ukrainiens. Après le début de l'invasion, j'ai cru qu'on ne se reverrait plus, qu'avec la distance les liens se distendraient. Notre cercle social a certes éclaté, entre ceux qui ont fui à l'étranger, ceux qui participent à l'effort de guerre, ceux qui sont à l'armée. Mais cela nous a soudés. Dès que j'entre dans l'appartement de Myra et Myla à Francfort, que Diana et Denys viennent nous voir à Paris, j'ai l'impression d'être de retour à Kyiv.

Je me souviens d'une rencontre avec Masi Nayyem, un avocat de Kyiv. Son frère Mustafa, aujourd'hui à la tête de l'agence pour la reconstruction, avait lancé un tweet afin d'appeler à manifester en novembre 2013. Un appel qui a mené à Maïdan, puis à la première invasion russe en 2014. Cet activiste de Maïdan, et avocat célèbre en Ukraine, a pris les armes une première fois en 2015 contre la Russie. Ensuite, Masi est retourné à la vie civile en 2016, et a développé son cabinet. Mais le 24 février, le vétéran de 38 ans a repris les armes. En juin 2022, gravement blessé à la tête, il a perdu un œil. « La guerre nous permet d'apprécier ce qu'on a. Il y a toujours du positif et du négatif: d'un côté, j'ai perdu l'odorat et une partie de la vue, mais de l'autre, j'apprécie ce que j'ai, je suis tellement heureux d'avoir deux jambes et de pouvoir marcher.

« Mais en même temps, la Russie m'a pris mon passé, mon présent et mon avenir. Toutes ces années où je me suis battu, j'aurais pu me marier, avoir des enfants, développer mon entreprise, ou tout simplement profiter de la vie. Nous avons perdu la chose la plus précieuse : le temps de vivre. La majorité des Ukrainiens ne pardonneront jamais la Russie pour ça. »

Toute l'énergie qu'il avait mise à construire, à rêver pendant Maïdan, à désirer fonder une famille, à créer des entreprises, cette énergie, aujourd'hui, il la met à survivre à la guerre. Myra, Myla, Denys, Diana..., la plupart d'entre eux n'avaient pas 18 ans quand la guerre a commencé, en 2014. Et maintenant, c'est à leur tour de lutter.

Chronologie

24 août 1991 : Proclamation de l'indépendance de l'Ukraine.

5 décembre 1994 : Signature du mémorandum de Budapest par les États-Unis, le Royaume-Uni, la Russie et l'Ukraine. Kyiv abandonne ses armes nucléaires héritées de l'URSS en échange de garanties de sécurité et du respect de son intégrité territoriale. La France et la Chine signeront le mémorandum plus tard.

Novembre 2013-février 2014 : Révolution de Maïdan. Le 21 novembre 2013, le président ukrainien Viktor Ianoukovitch, proche de Moscou, refuse de signer un accord d'association avec l'Union européenne. Les citoyens protestent massivement sur la place Maïdan à Kyiv et dans de nombreuses villes du pays. Le président finit par fuir en Russie le 22 février 2014, après avoir lancé une opération pour récupérer le contrôle de la place, faisant 95 morts.

Février-mars 2014 : La Russie, inquiète de perdre son influence, annexe la Crimée en envoyant, à partir de février, « des petits hommes verts », des soldats sans insignes, et, le 18 mars, en organisant un référendum, non reconnu par la communauté internationale.

Printemps 2014 : Dans le Donbass, les mouvements anti-Maïdan, manipulés par les oligarques locaux et la Russie, se transforment en un soulèvement armé. La Russie envoie ses troupes, finance des séparatistes régionaux et crée les deux républiques autoproclamées de Donetsk et Louhansk. L'armée ukrainienne, désorganisée, et des milliers de volontaires s'arment pour reprendre le contrôle de la région, lors de combats meurtriers. À partir de 2015, la guerre évolue en conflit dit « de basse intensité ». Entre 2014 et 2022, elle fera plus de 14000 morts, 30000 blessés et 2 millions de réfugiés vers l'Ukraine.

24 février 2022 : Après avoir massé des troupes à la frontière durant des mois, la Russie lance – officiellement cette fois – l'invasion de l'Ukraine. Elle qualifie cette attaque d'« opération spéciale de démilitarisation et de dénazification du pays ».

2 avril 2022 : Après leur échec dans la bataille de Kyiv, les troupes russes se retirent du nord de l'Ukraine ; on découvre les massacres de Boutcha et des autres localités auparavant sous leur contrôle.

20 mai 2022 : Fin du siège de Marioupol. La ville est détruite à 90 % et occupée par l'armée russe.

Septembre 2022 : Libération de la région de Kharkiv par l'armée ukrainienne.

11 novembre 2022 : Libération par l'armée ukrainienne de la ville de Kherson, la seule capitale régionale conquise par les Russes.

Octobre 2022-janvier 2023 : Les Russes frappent les infrastructures électriques. Des millions d'Ukrainiens font face à des coupures régulières d'électricité, de chauffage, de réseaux et d'eau.

Mai 2023 : Chute de Bakhmout dans le Donbass après des mois de batailles sanglantes.

6 juin 2023 : Destruction du barrage hydroélectrique de Kakhovka. Des dizaines de milliers de personnes sont affectées par la montée des eaux. L'impact écologique est immense.

14 décembre 2023 : Ouverture des négociations pour l'adhésion de l'Ukraine à l'Union européenne.

Remerciements

Merci à tous les Ukrainiens et Ukrainiennes qui ont répondu à mes questions au fil des mois et dont la résistance et la force m'inspirent au quotidien, en particulier à mes amis et aux autres témoins, qui m'ont fait confiance pour partager leurs histoires dans ce livre.

Celui-ci ne pourrait pas exister sans les rédactions qui m'ont soutenue. Je tiens à remercier chaleureusement *L'Express*, *Mediapart* et *Le Figaro* de m'avoir donné la chance de couvrir l'Ukraine, ainsi que l'Agence France-Presse et *Ouest-France*. J'adresse une pensée particulière à Charles Haquet et Cyrille Pluyette pour leur soutien et leur bienveillance.

Merci à Gwendal Piégais, qui a su faire les bons rapprochements, et à Sibylle Grimbert, mon éditrice.

Je souhaite aussi remercier mon compagnon pour m'avoir soutenue depuis sept ans, en Ukraine, en France et ailleurs, en temps de paix et en temps de guerre. Merci à ma belle-famille pour m'avoir accueillie dans ces moments difficiles comme l'une des leurs. À mes parents pour leur soutien indéfectible, malgré la douleur que cette guerre apporte. À mes amis et ma famille en France pour avoir été aussi compréhensifs malgré mon absence. C'est aussi pour vous que j'ai écrit ce livre, pour tenter de créer des ponts entre « mes deux vies ». Merci à Anjali, Margot, Alice, Océane et Pauline pour leur relecture et leur écoute attentive. À la fondation Zellidja qui m'a permis, en 2016, de découvrir l'Ukraine.

Je pense aussi à mes compagnons de route de l'AFP, Ionut Iordachescu, Joe Stenson, Marion Payet, Daphné Rousseau, et à mes consœurs et confrères avec qui j'ai partagé les bons comme les mauvais moments de cette guerre, Astrig Agopian, Daniela Prugger, Gulliver Cragg, Fabrice Deprez, Stéphane Siohan, Sébastien Gobert. À Kristina Berdynskykh, une des journalistes les plus talentueuses que je connaisse, qui m'inspire chaque jour. Merci également à toute l'équipe du *Courrier d'Europe centrale*, et à Ioulia Shukan et Alexandra Goujon pour nos conversations, qui ont inspiré ce livre. Merci à Yaroslav et V., mes chauffeurs.

Table des matières

Cet ouvrage a été imprimé par
Firmin Didot
Groupe CPI Mesnil-sur-l'Estrée
pour le compte des éditions Plein Jour
16 bis, rue d'Odessa, Paris XIVe
en février 2024

Dépôt légal : mars 2024
N° d'édition : 1124 – N° d'impression :
Imprimé en France